中国近代史学文献丛刊

王　东　李孝迁／主编

抗战时期教育部史地教育委员会史料汇编

胡逢祥／编校

上海古籍出版社

上海市教育委员会科研创新计划重大项目
"重构中国：中国现代史学的知识谱系（1901—1949）"
（2017-01-07-00-05-E00029）

国家社科基金重大项目"二十世纪中国史学通史"（17ZDA196）

丛刊缘起

学术的发展离不开新史料、新视野和新方法,而新史料则尤为关键。就史学而言,世人尝谓无史料便无史学。王国维曾说:"古来新学问之起,大都由于新发现。"无独有偶,陈寅恪亦以为"一时代之学术,必有其新材料与新问题",取用此材料,以研求问题,则为此时代学术之新潮流;顺此潮流者,谓之预流,否则谓之未入流。王、陈二氏所言,实为至论。抚今追昔,中国史学之发达,每每与新史料的发现有着内在联系。举凡学术领域之开拓、学术热点之生成,乃至学术风气之转移、研究方法之创新,往往均缘起于新史料之发现。职是之故,丛刊之编辑,即旨在为中国近代史学史学科向纵深推进,提供丰富的史料支持。

当下的数字化技术为发掘新史料提供了捷径。晚近以来大量文献数据库的推陈出新,中西文报刊图书资料的影印和数字化,各地图书馆、档案馆开放程度的提高,近代学人文集、书信、日记不断影印整理出版,凡此种种,都注定这个时代将是一个史料大发现的时代。我们有幸处在一个图书资讯极度发达的年代,当不负时代赋予我们的绝好机遇,做出更好的研究业绩。

以往研究中国近代史学,大多关注史家生平及其著作,所用材料以正式出版的书籍和期刊文献为主,研究主题和视野均有很大的局限。如果放宽学术视野,把史学作为整个社会、政治、思潮的有机组成部分,互相联络,那么研究中国近代史学所凭借的资料将甚为丰富,且对其也有更为立体动态的观察,而不仅就史论史。令人遗憾的是,近代史学文献资料尚未有系统全面的搜集和整理,从而成为学科发展的瓶颈之一。适值数字化时代,我们有志于从事这项为人作嫁衣裳的事业,推出《中国近代史学文献丛刊》,计划陆续出版各种文献资料,以飨学界同仁。

丛刊收录文献的原则：其一"详人所略，略人所详"，丛刊以发掘新史料为主，尤其是中西文报刊以及档案资料；其二"应有尽有，应无尽无"，丛刊并非常见文献的大杂烩，在文献搜集的广度和深度上，力求涸泽而渔，为研究者提供一份全新的资料，使之具有长久的学术价值。我们立志让丛刊成为相关研究者的案头必备。

这项资料整理工作，涉及面极广，非凭一手一足之力，亦非一朝一夕之功，便可期而成，必待众缘，发挥集体作业的优势，方能集腋成裘，形成规模。华东师范大学历史学系，在史学理论与史学史研究领域有着长久深厚的学术传统，素为海内外所共识。我们有责任，也有雄心和耐心为本学科的发展贡献绵薄之力。在当下的学术评价机制中，这些努力或许不被认可，然为学术自身计，不较一时得失，同仁仍勉力为之。

欢迎学界同道的批评！

前　言

抗战时期，为动员全国一切力量投入民族救亡运动和加强大后方的文化教育事业，国民政府教育部应时之变，设立了一系列新的机构和专业委员会，史地教育委员会便是其中之一。通过现存的相关原始材料，详察该会的整体运作及所推出的各项举措，无疑可增进了解战时大后方的文化生态，尤其是史地学科建设及其社会教育功能发挥的情状，从中获得有益的启示。

一、史地教育委员会的设置与运作

民国政府教育部史地教育委员会成立于1940年4月，它的成立，不但是出于战时提倡民族主义的需要，也是对此前教育界本国史地教学不振的一种反拨。

新文化运动以后，在盛倡科学主义的氛围下，不少文教界新派学人强调治史"只是为学术而作工夫，所谓'实事求是'是也，绝无'发扬民族之精神'的感情作用"。[①]此种观念，在推崇科学精神方面固有其积极意义，然对文史学科在提高国民人文素质方面的社会功能和责任则未免有所虚化。与此同时，政府和一些学界名流片面提倡实用科学（理工科），也导致历史学在新式教育课程知识结构及现代求职场中的地位有所降低，由此引发了不少人对之的轻视态度。1931年7月，缪凤林针对当时历史教学不振的现状，忧心忡忡地指出："最近中央大学入学试验，二千五百数十人中，以'府兵'为国府之卫队，'青苗'为青海之苗民

[①] 胡适：《致胡朴安函》，见梁颖整理《胡朴安友朋手札·胡适函》，《历史文献》第二辑，上海科学技术文献出版社，1999年，第188页。

者,多至二百余人;知崔浩、王应麟为何代人者,则仅十数人。噫,以吾民族积史之富,史类之繁,并世诸国直无俦匹,今读书十二年、毕业中小学之学生,不知国史顾如此。部颁高中课程标准,国史学分已少至外国文十之一者(英文30学分,国史3学分),教育家尚有提议再事削减、哓哓致辩者。"①李季谷参与陕西地方的高考阅卷,也发现学生历史知识程度普遍甚低,许多人连中日马关条约和鸦片战争距今多少年也答不上来;陕、川、云、贵等地中学入学考试同样暴露出历史地理成绩"特别不佳"的现象。②而1934年吴晗对清华大学4000余考生历史试卷统计的结果表明,及格者仅四分之一;能说出"廿四史"中八种书名的不到一半;很多人搞不清历朝的先后,百分之七十的人把宋司马光误说成汉代人,而能答出"九一八"发生在哪一年的竟不到一半,尽管离事变的发生还不到三年,可见"具有本国通俗历史常识的高中毕业生寥寥可数"。③

在民族危机日趋深重的年代,此现象引起了朝野各方的忧虑,连蒋介石后来也对此表示了不满:"过去我们一般学校只重在教授外国文和理化数学等功课。对于史地教学,教师与学生都不知注重……这实在是我国教育最严重的一个错误。以致教出来的学生大多缺乏史地的知识。多数学生对于本国的历史地理,所得知识既极浅薄,多半模糊影像,甚至忘记了自国的历史,忘记了自己的祖先,忘记祖先所遗传下来的固有的疆土!不知自己祖国的历史和地理的人,怎能叫他爱国呢?"并要求今后"一定要特别注重历史、地理的教育,以激发国民爱国卫国的精神。"④据此,时任教育部长的陈立夫决定设置史地教育委员会,从教材、教法等改进入手,以期纠正其在国民教育中的偏弱现状,"使一般现在之人,借过去之教训,觉察其当前之义务与努力之途径",⑤进而激发民族自豪与自卫的信心。

关于史地教育委员会的成员,按其章程规定,乃由教育部"司长三

---

① 缪凤林:《中国通史纲要·自序》,南京钟山书局,1931年,第6—7页。
② 李季谷:《抗战建国中的历史教育》,《教育杂志》第30卷第8号,1940年8月。
③ 吴晗:《中学历史教育》,《独立评论》第115号,1934年8月26日,14—17页。
④ 蒋介石:《革命的教育》(1938年8月28日),张耕法编《蒋主席青年问题言论集:青年与教育》,世界书局,1946年,第19—20页。
⑤ 陈立夫:《史地教育委员会第一次全体会议开会词》,《教育部史地教育委员会概况(第二号)》,1941年铅字排印本,第61—62页。

人、秘书一人、参事一人、国立编译馆馆长、教科用书编辑委员会主任委员为当然委员",另聘任国内相关史地专家十五至二十一人组成。①而据当时各方的报道,其最初成员的构成应包括当然委员七人和聘任委员十九人,共二十六人,惜其提供的名单大多不全。

如较早报道史地教育委员会成立消息的《新闻报》和《时事文汇》,在涉及具体人员时,都只列举了当然委员吴俊升、顾树森、陈礼江和张廷休等四人,以及聘任委员吴稚晖、吕思勉、张其昀、蒋廷黻、顾颉刚、钱穆、陈寅恪、黎东方、傅斯年、胡焕庸、黄国璋、徐炳昶、雷海宗、张西堂等十四人,两者相加,仅二十一人。②而《前线日报》和《新闻报》对史地教育委员会第一次全体会议的报道,也仅提到出席会议为十五人,列举的具体名单中,真正为该委员会成员的更少至十一人。1940年12月出版的燕京大学《史学年报》对此的报道,虽补全了七名当然委员,提到的聘任委员亦仅十二人。

正因当时多数报道语焉不详,使后人论及此事时,对该会初期委员的详细名单颇费猜测。如近年台湾学者郭长城的论文称:1940年"教育部颁发第一届史地教育委员会委员聘书,计20名,扣除部长陈立夫、次长顾毓琇、余井塘等3个当然委员,实际是17名"。③这里,不但委员总数20名与诸多原始报道不合,将当时教育部正副部长陈立夫、顾毓秀和余井塘都算作当然委员,亦属误解。也有人因陈立夫出席该会全体会议时担任"主席",而称之为"史地教育委员会主席"。④其实,那只是表示他作为教育部行政长官在出席会议期间担任主持的角色,并不能说明他就是该会的"主席"。

据笔者查核,目前对第一次史地教育委员会委员名单报道最全的应是汉口的《教育通讯》,现抄录如下:

> 该会委员,闻亦经该部分别聘任指派,计聘任委员吴稚晖、柳诒徵、钱穆、蒋廷黻、吕思勉、陈寅恪、黎东方、傅斯年、顾颉刚、胡焕

---

① 《教育部史地教育委员会章程(1941年3月)》,《中华民国史档案资料汇编》第5辑第2编"教育一",江苏古籍出版社,1997年,第85—86页。
② 见《新闻报》1940年4月6日第16版、《时事文汇》1940年第8期。
③ 郭长城:《陈寅恪抗日时期文物年事辑》,周言编《陈寅恪研究:新史料与新问题》,九州出版社,2014年,第36页。
④ 见崔泽枫《抗战时期教育部史地教育委员会研究》,华中师范大学2018年硕士学位论文。

庸、黄国璋、张其昀、徐炳昶、雷海宗、萧一山（原误作"宗"）、金毓黻、缪凤林、陈援庵、张西堂等十九人，当然委员吴俊升（高等教育司司长——引者注，下同）、顾树森（普通教育司司长）、陈礼江（社会教育司司长）、张廷休（教育部主任秘书，后为蒙藏教育司司长）、孟寿椿（教育部参事）、陈可忠（编译馆馆长）、许心武（教科书编辑委员会主任）等七人，经指定吴俊升、张西堂、黎东方三人兼专任委员，并派陈东原（时为高教司职员）兼任该会秘书。①

1941年7月4日该会召集第二次全体会议期间，成员略有变化，除当然委员陈礼江替换为王星舟外，据当时会议秘书报告："本会委员二十八人，实到十五人，请假者八人，道远不及出席者五人，各机关来宾二人，列席专家三人，有关单位负责人十四人，本会职员四人。"②而从签到的名单看，实到为十六人（其中孟寿椿迟到，开始未及计入），请假八人仅列出六人，"道远不及出席者"无名单。但至少可知，其时聘任委员已较上届会议增加两名，一为陈训慈，请假缺席；另一人不明，当亦未出席。

至1943年3月24日召集第三次全体会议，其正式委员复增至三十五人，当然委员中王星舟换为刘季洪，张廷休换为骆美奂。聘任委员较第一次多曾世英、吴其昌、吴绳海③、郑师许、李季谷、黄序鹓、蓝文徵、陈训慈、陆懋德等九人，④其中陈训慈与另一人第二次会议已补入，余七人为新增。

以上为史地教育委员会三次会议委员的完整名录。至于目前有论著或回忆录提及的其他一些"委员"，似都缺乏坚实的依据。如陈训慈回忆称郑鹤声亦为委员，傅振伦回忆谓其本人是"教育部史地教育委员

---

① 《教育部设置史地教育委员会》，《教育通讯》（汉口）第3卷第12期，1940年3月30日，第6—7页。
② 《教育部史地教育委员会第二次全体会议开幕式记录》，《教育部史地教育委员会概况（第二号）》，第3页。
③ 吴绳海，其中"绳"字不甚清楚。吴绳海虽有其人，尝留学日本京都帝国大学史学系，1939—1946年任重庆正中书局编辑，但未见其他材料谓其曾任史地教育委员会委员者。却有记载称，中山大学参与第三次史地教育委员会会议的委员有郑师许、陈安仁和吴尚时。现据该会第三次会议记录，郑为委员，陈系列席人员，惟吴在正式委员和列席人员中均未见其名。吴尚时（1904—1947）曾留学法国，时为中山大学地理学教授和系主任，颇有资格任该会委员。录此存疑。
④ 此名单据《教育部史地教育委员会委员姓名通讯地址表》，见《教育部史地教育委员会第三次全体委员会议参考资料汇辑》，1943年油印本。

会之一员",也有说国立中山大学历史系主任陈安仁为1943年所聘的35位委员之一。①然该会第三次会议的记录,则提供了如下列席人员总名单:

> 张溥泉(李子坝石庙子十九号)、袁守和(两路口中英庚款董事会宿舍)、马叔平(袁守和先生转交)、方子樵(中央党部转)、蒋慰堂(两浮支路中央图书馆)、郑鹤声(北碚蔡锷路国立编译馆)、侯芸圻(同前)、罗香林(上清寺中央党部)、张金鉴(南岸小温泉中央政治学校)、罗根泽(柏溪中大分校)、吴景贤(南岸小温泉中央政治学校)、傅振伦(两浮支路中央图书馆三民主义丛书编委会)、王献唐(牛角沱中央研究院)、徐文珊(曹家庵中央文化运动委员会)、卫聚贤(中央银行总行秘书处)、张圣奘(沙坪坝重庆大学)、李济之(上清寺聚兴村一十二号)、罗梦册(南岸小温泉中央政治学校)、林同济(嘉陵新村五号)、朱延丰(牛角沱二十五号中印学会)、柳定生(柏溪中大分校)、陈衡哲(李子坝正街特三号)、张忠黻(行营军委会参事室)、王铁崖(中央大学)、沈刚白(应作"伯",同前)、贺昌群(同前)、丁山父(同前)、张贵永(同前)、李晋芳(北碚复旦大学)、刘国钧(求精中学)、姚从吾(中央图书馆)、郑天挺(滑翔总会)、王迅中(同前)、陈安仁、王兴瑞、雷荣珂、陈啸江。②

可知这几位都属列席而非正式委员。

史地教育委员会的运作,据其最初规划,大致包括以下几项:(1)每半年开大会一次,检讨过去工作情形,并确定将来工作计划。(2)分设史学及地理两组,将第一次全体委员议决整理编辑的中国史地书籍,由各委员或另聘专家进行整理及编辑工作。(3)由专任委员将编整完成之稿件,依性质及时分送各委员审查。③但在其后的三年之内,实际只召集了三次全体会议。至于该会的日常工作,目前所知甚少,据笔者所

---

① 分别见陈训慈《劬堂师从游賸记》(收入柳曾符、柳佳编《劬堂学记》,上海书店出版社,2002年,第72页)、傅振伦《蒲梢沧桑——九十忆往》(华东师范大学,1997年,第147页),黄义祥、易汉文主编《中山大学大事记(1924—1996)》(中山大学出版社,1999年,第43页)。
② 《史地教育委员会第三次全体委员会议列席人姓名通讯地址表》,见《教育部史地教育委员会第三次全体委员会议参考资料汇辑》。
③ 《史地教育委员会工作计划大纲》,《教育通讯》(汉口)第3卷第15期,1940年4月20日,第11页。

见,惟专任委员黎东方的回忆略有涉及。兹转录以见其梗概:

> 我在教育部的名义,是聘任史地教育委员会委员兼秘书。月薪是三百六十元。职员有干事二人,一掌历史,一掌地理。他们是曾女士祥和与江君应澄,均为中央大学硕士。另有二人,邹湘乔与朱康廷,分别为文书与书记,是否也称为干事或助理干事,我记不清楚。
>
> 史地教育委员会所做的事,大大小小,都是于签奉部长陈立夫先生批准以后,再以部长署名的公文,通令各大学或各教育厅局照办。我今天记得起来的只有四件,第一件是通令今后史地两科各级教科书之中,不得沿用猺、獞等侮辱"支族"同胞之名词,须一律改用傜、僮等等名词。第二件事,是通令全国各大学搜集抗战史料。其后有几个大学做到了,分别存藏在各该校的历史系。第三件事,是签奉陈立夫先生批准,按期托人带若干元到上海,交何炳松先生,转交陷在敌人占领地的若干史地专家,包括吕思勉先生。第四件事,是编印了一种学术性的刊物(称为《中国史学》)。第一本由我编印出版;第二本由顾颉刚先生编印,似乎也在抗战胜利以后(我到美国之时)出版了。①

史地教育委员会自 1940 年设置后,究竟维持了多长时间? 顾明远主编的《教育大辞典》谓其于"1943 年 3 月并入国立编译馆"。②然在该会任职时间最长的黎东方回忆却称,他于 1943 年 6 月率三十名内地教师到新疆任职,同时参与当地的国语讲习班和"史地讲演周"等活动,11 月后始返重庆,继续担任教育部史地教育委员会专任委员兼秘书和"大学用书编纂委员会"常务委员,另兼"三民主义丛书编委会"的相关工作,直至抗战胜利。并谓:1944 年以后,"我迁居到三编会,史地教育委员会仍旧留在青木关,日常会务由编审曾祥和硕士主持,江应澄硕士已去美国,未曾补人,帮曾硕士办事的有文书邹湘乔、干事朱康庭等人,和我作文件上的联系,部里有日常的交通员与工友,奔走于青木关及城内

---

① 黎东方著:《平凡的我——黎东方回忆录(1907—1998)》,中国工人出版社,2011 年,第 204、205 页。
② 顾明远主编:《教育大辞典》第 10 卷,上海教育出版社,1991 年,第 97 页。

教育部办事处之间"。①而史地教育委员会的年轻干事江应澄,直到1944年4月赴美留学前,也仍在该机构中从事地理编辑工作。②另外,郭长城文中公布的一则材料显示,迟至1943年7月16日,教育部仍向陈寅恪发出了续聘其为史地教育委员会委员的聘书。③这些现象的存在,很难令人相信该会已在1943年3月间遭到撤并。

笔者推测,较大的可能是:史地教育委员会作为抗战中教育部特设的一个机构,性质不同于一般行政职能部门,只是一个专业咨询和规划部门,主要功能是通过定期召集全体会议,将全国史地两科的代表性专家集于一处,提供并议决一批推进史地教育的议案,以教育部令的方式,交由高教、普教、社会教育、蒙藏教育各司及教科书编辑委员会等具体行政部门或直接通过教育部长签发下达,通令各大学和地方教育厅遵行。至其休会期间的日常事务,则比较清简,主要是汇集相关信息和各议案的实施情况,组织人员编审史地著作和教科书,故专任工作人员也较少。由于这些日常工作,本就与教育部某些行政机构的职能有重叠,故其功能并不显著。加之1942年至1944年陈立夫兼任国立编译馆馆长期间,为方便起见,将教科书编写工作统一划归编译馆管理,其中自然也包括史地教育委员会休会期间主要承担的史地书籍编审工作,如原由史地教育委员会发起的"征选高初中本国史地课本"工作,就因经费等问题,先"改交中等教育司及教科用书编辑委员会会同办理",后完全"归国立编译馆教材组主管",以致该会对此事"各方应征人选如何,收到稿件若干,审查进行至何种程度"等信息反日形隔膜。④而该会因第三次会议后未再召集,亦不免给人以"名存实撤"之感。这些,也许正是它被人认定1943年3月已遭"撤并"的原因所在。但实际上,该会的存在恐怕要勉强持续到1944年下半年。

---

① 黎东方:《平凡的我——黎东方回忆录(1907—1998)》,第244、249页。
② 戴志坚:《"身楚心汉"的炎黄子孙——记美籍华人地理学家江应澄》,盐城市政协学习文史委员会编印《人物春秋·盐城当代知名人士录》,2004年印本,第364、365页。据云江应澄晚年写有中文自传,未见。
③ 见郭长城《陈寅恪抗日时期文物年事辑》,周言编《陈寅恪研究:新史料与新问题》,第34、35页。
④ 《史地教育委员会三年来工作总报告·三十一年度工作检讨(1942年7月至1943年2月)》,见《教育部史地教育委员会第三次全体会议参考资料汇辑》。

二、《史地教育委员会概况》的内容及其史料价值

抗战中,史地教育委员会曾就其召集的三次全体会议,发布过三份资料汇编:

1.《教育部史地教育委员会概况》,教育部1941年铅字排印本,16开,38页。

2.《教育部史地教育委员会概况 第二号》,教育部1941年铅字排印本,16开,180页。

3.《教育部史地教育委员会第三次全体委员会议参考资料汇辑》,教育部1943年蜡纸刻写油印本,16开,233页。

黎东方回忆曾笼统提到:"在举行全体委员会以后,我编印了一本很详细的开会记录,与各位委员提案原文及大会宣言、电报等等。这一本书,今天的台湾教育部也没有。"①但实际上,此三种"概况",前两种铅印本因曾通过教育部下发到一些学者、大学和研究机构,故虽不若一般书籍流传之广,目前在大陆和台湾地区的少数图书馆尚能见到。但后一种油印件,则流传甚稀。此油印本因刻写质量前后不一,很多地方字迹模糊,不易看清,有的原文就存在错误,以致有论文在依据国家二档收藏本大量征引时,出现了不少人名误读,如把第三次会议发布的史地教育委员会委员名单中的李季谷误为"李之鸥"、陈援庵误为"陈庵"、黄序鹓误为"黄旭鹓"、骆美奂误为"洛美奂",将史地教科书表列具的作者傅彬然误为"傅形然"、傅角今误为"傅用今"、王益崖误为"王盖崖"、苏继顾误为"苏继顾"、俞易晋误为"俞昌晋"等。②故在使用时,须细加辨认核对才是。

这些"概况"资料翔实,内容大致涵盖了以下几方面:一是历次会议记录,包括日程安排、出席人名单、主持人讲话和专家发言等;二是各项会议提案及讨论、议决和其后实施情况说明,如第一次会议提出二十项提案的详情、第二次会议"议决各案正文"和"分组审查会记录",以及第

---

① 黎东方:《平凡的我——黎东方回忆录(1907—1998)》,第205页。
② 见崔泽枫《抗战时期教育部史地教育委员会研究》,华中师范大学2018年硕士学位论文。

三次会议发布的"本会第一、二次会议议决案执行情况报告表"等;三是该会工作计划和阶段性总结,如"本会一年来工作概况""本会三十年度工作计划""本会三年来工作总报告"等;四是大量有关国内史地教育现状的调查统计报表,包括"专科以上学校史地各学系设置表"、各级学校史地课程标准和"现行科目表"、教材评选情况、大中学校史地教员名册,以及专科以上学校史地"各研究院所近况汇录"和学术团体工作报告分析等。从而为后人考察抗战时期的史学建设和史地教育总体面貌提供了多个维度的视点。

首先是战时中国现代史学运行制度建设的推进。

现代中国学术制度的建设,酝酿于20世纪初年,至新文化运动始进入比较健实的建构阶段,期间,新式学堂纷纷模仿西方学制设置各系科及其课程体系,现代研究机构和学术团体亦渐有崛起之势,二三十年代高校史学或史地系的出现,以及北大研究所国学门、清华国学院、中大语言历史学研究所、中研院史语所等的建立,都反映出这一趋势。只是总体上说,仍存在着因初创期各单位自行其是而伴随的某种无序。抗战时期的学术制度建设,则明显趋向于强调规范化的运作。1940年教育部成立学术审议委员会后建立起对"专科以上学校教员资格之审查"和硕士学位授予审批制度,及对学术研究和著作的每年度评审奖励等属其例。① 史地教育委员会在教育领域的运作,同样具有这种时代特征。

如在系统培养史地专业人才和师资方面,提出在大学增设史地研究所和增加赴国外留学名额等措施,为大学毕业生的进一步深造创造条件,这除了反映在议决"请培植大学中外历史课师资""增加研习地理深造机会以培养大学及师范学院师资"和"提议增设历史研究所以提高历史教育"等提案中,更体现在积极辅导和推动专科以上学校师生组织史地学会类学术团体、定期与中等教育司合办"全国中等学校史地教员讲习会"等措施上。

而在史地教学制度方面,不但制订了各级学校的课程标准和教具

---

① 参见《三年来学术审议委员会工作概况》(1943年3月),《教育部学术审议委员会组织条例草案、工作概况等文件》(1938—1948),南京中国历史第二档案馆,案卷号5-1347。

的改进使用,还组织开展中学实地教学调查和教科书评选活动,并围绕着人才培养的目标,提出了专科以上学校"所有各院系之学生,一律以中国通史为共同必修科目","各大学及师范学院史地二系学生之一年级国文课程,应注重叙事文之讲演与写作。二、三、四等级之学生,除最后一学期预备论文外,其余另一学期应各缴'学期报告'","于第四学年加开'讲授实习'一科,仿照法国高等师范'实习功课'之例,参照美国芝加哥大学'史学方法实习'之精神,令学生轮流讲授半小时,而以所余之二十分钟由教师加以批评。此科实为每星期一小时,两学期完毕,共二学分必修"等具体教学规程。①这些成绩,使史地教育委员会颇感自豪,认为在改进各级学校史地教育方面,"颇收效果"。②黎东方在工作报告中也表示,在议决的诸多提案中,当"以改进大学史地各科目一案为最有收获"。③在这些改进史地教育的提案、措施中,尽管有不少未能在当时得到切实有效的推行,但今天看来,仍不乏相当的参考意义,特别是其中有关加强学生专业实践能力训练和注重历史知识社会传播等方面的建议,更值得我们注意。

其次是史地学科积极面向抗日救亡现实的时代风气渐成主流。

如前所说,史地教育委员会的根本旨趣,乃在将国民的史地教育体系纳入抗日救亡的时代洪流中,为从精神上铸就坚强的中华民族复兴之魂服务。由于这是借助国家行政力量推行的一项"教育工程",无论就范围还是力度而言,实非一般个人或团体可比。故其制定颁布的一些方针和具体措施,对当时史地学科建设的导向性影响,自不可忽略。这在该会力倡以现代民族国家观为主导编写新体中国通史和文化专史的举措中颇可感受到。

关于新体中国通史的编写,清末以来就不断有人努力,梁启超、章太炎、陈黻宸等都提出过相关架构,但抗战之前,真正在这方面成功而有影响的作品始终不多。鉴此,史地教育委员会第一次会议就有教育部交议的"编纂《中国史学丛书》"和"编纂中国通史大学教本",及顾颉

---

① 《教育部史地教育委员会概况》,1941年铅字排印本,第17、18、31、11、12页。
② 《本会三年来工作总报告·三十年度》,见《教育部史地教育委员会第三次全体委员会议参考资料汇辑》。
③ 《教育部举行史地教育会议》,《图书月刊》第3卷第1期报道,1943年11月。

刚所拟"编辑中国通史方案"等三份提案涉及此事。前两案主张将远古至今的中国史分十册断代史,每册二三十万字,由各专家分工编写,作为"《中国史学丛书》甲辑"出版,合十册为一部完整的中国通史;同时要求各断代史作者先将其相关内容概括为政治事变、政治制度、经济演进及社会生活、智识发展四章(字数约2至4万)写出,合各断代而成一册适宜教学的统编教材。鉴于中国文化史内容丰富,又建议分撰中国地理、民族、政治、经济、社会、哲学、科学、伦理、经学、美术、文学、教育、宗教、军事、外交、地学、水利、中外交流、史学等专史,编为"《中国史学丛书》乙辑",以为研习"本国历史之参考用书"。顾颉刚的提案则提出分时、分类、分区搜集编排各类史料,在此基础上,请专家就相关专题勒成专书,以为中国通史之长编,再冶之为一炉的编写方案。

会后,经多方征集专家意见,约定由陆懋德、顾颉刚、黎东方、贺昌群、蓝文徵、姚从吾、邵循正、吴晗、萧一山、郭廷以负责各断代史撰述,胡焕庸、萧公权、张金鑑、罗仲言(章龙)、方壮猷、金毓黻、傅抱石、胡小石、陈东原、向达等分领二十种(后复增至二十二种)中国文化专史的撰写,钱穆、缪凤林和吕思勉承担中国通史大学教本编著。这些由史地教育委员会推出的作品中,有不少后来都成为相关领域影响深远的经典之作,如钱穆的《国史大纲》、缪凤林的《中国通史要略》、罗仲言的《中国国民经济史》、萧公权的《中国政治思想史》、金毓黻的《中国史学史》等。

不仅如此,该会还提出,编写通史的"指导原则,在于根据严格之史料考订,与高度之史实理解,说明每一时代中国民族在政治组织、经济活动与智识发展上之成就,以及政治、经济、智识三方面之相互影响,借以通论盛衰兴废之由,与夫一般平民之生活及中心人物之事功"。[①]也即强调应以本民族国家的形成发展为主线展开叙事。应当说,据此观念书写新体中国通史的主张,20世纪初已在国内史学界萌发,但在如何看待中国历史疆域内各民族的关系并在史书中加以反映等问题上,当时的认识并不一致。民国以后,随着"五族共和"乃至"中华民族"的观念逐渐取得朝野共识,情况始有所改善。抗战爆发后,民族救亡的血与火考验,使"中华民族"的理念得到了更加坚实的锻造,并深深地扎根

---

① 《教育部史地教育委员会概况》,第10、8、27、33—36、7页。

于广大民众与各民族的心中。由此促使以民族国家发展为中心的叙事模式成为此期众多中国通史的主流。史地教育委员会的上述举措,既是这一时代背景的产物,实际上又通过学校和社会教育的途径,对此种史学风气的形成、扩展和传承起到了推助作用。

三是对社会史地教育的自觉重视与实践。

史地教育委员会关注的教育,不仅是学校系统,也包括对社会公众。抗战时期,一般社会公众虽也可通过阅读各种书籍报刊获得相关的史地知识,但由于当时基础教育的普及率不高,因而亟需通过一些通俗或非书本的传播方式来扩大其接受面。为此,该会除组织动员相关人士编刊历代名人、民族英雄和先贤先哲传记,编集传统嘉言类抄和经史译注,以及历代游记、风土记、物产志、边疆史地和沿革地里等史地通俗丛书外,还采取了多种向社会普及史地知识的方法,主要是:(一)编制历史话剧和歌剧,制作历史幻灯片,宣传历代名将、民族英雄和文化名人事迹,并专函请国立戏剧专科学校和实验剧院等演出单位加以具体落实。(二)计划采用当时新兴的影视手段,如由中国教育电影协会与电影制片厂合作,以各大都会或各省为单位拍摄地理影片,集为一部介绍本国地理总貌的电影,推向民众播放。①(三)提倡举办面向社会公众的史地讲座。该会成立之初,就有意向社会推出史地学术讲演。②1941 年 7 月该会第二次会议后,决定举办"七七事变纪念学术讲演周","借以阐述本国文化之精纯部分,作为今后'学战'之基础"。并当月就在重庆中央图书馆先行举办,由参会委员接连登台讲演《洪水》(前国立师范大学校长、北平研究院文学研究所长徐炳昶)、《西藏的游历印象》(前国立西北联合大学心理系主任、中国地理研究所所长黄国璋)、《历史的教训与国族的前途》(国立中央大学师范学院史地系主任缪凤林)、《甘青的游历印象》(前国立北京大学教授、齐鲁大学国学研究所所长顾颉刚)、《民族争存与文化争存》(前国立北京大学教授、齐鲁大学国学研究所导师)、《经学与史学》(前国立武汉大学教授、史地教育委员会

---

① 《教育部史地教育委员会概况》,第 14—16、33—34 页。另参见《教育部史地教育委员会第三次全体委员会议参考资料汇辑·本会三年来工作总报告》。
② 江应澄:《教育部史地教育委员会工作近况》,《教与学月刊》第 5 卷第 11—12 期,1940 年 6 月,第 64 页。

委员张西堂)、《由北宋时外患说到现在》(国立中央大学史学系主任金毓黻)、《地理上之中国与世界》(国立中央大学地理系主任胡焕庸)、《历史上之中国与世界》(前国立中山大学研究院导师、史地教育委员会驻会委员黎东方)等。① 一时听众踊跃,《大公报》《中央日报》《新民报》和《扫荡报》等纷纷报道。② 接着,《教育部公报》又发布了"三十二年度史地教育讲演周分地举行月表",计划 1943 年 1—12 月分别在成都(私立金陵大学)、昆明(国立西南联大)、重庆(史地教育委员会)、迪化(新疆省立新疆学院)、兰州(甘肃省立甘肃学院)、西安或汉中(国立西北大学)、洛阳(国立河南大学)、贵阳(国立贵州大学)、蓝田(国立师范学院)、雅安(国立康定师范学校)、桂林(国立广西大学)、曲江(国立中山大学)举办。③ 如作为该年首办地的成都史地讲演周在 3 月 6 日,由金陵大学历史系主持,陈恭禄、王绳祖、刘国钧、陈锡祺等主讲。④ 而 10 月 26 日开始在新疆举办的史地讲演周,当地教育厅事前还召开了座谈会,称"这种讲演在国内各省已普遍举行过,唯有洛阳、迪化(今乌鲁木齐)两地尚未举行;这次举行即为补救这一缺点"。其内容包括:黄文弼(国立西北大学历史系主任)《高昌始末》、钱海岳(前中央党史编纂委员会编纂、新疆边防督办署秘书处副处长)《关于新疆通志》、丁骕(国立中央大学地理系教授、中央研究院研究员)《新疆地形》、殷祖英(国立西北大学地理地质学系主任)《地理上之新疆》、谢宗亚(新疆省立师范学校教员)《新疆经济地理》、徐家骥(前国立中山大学教授、新疆学院文史系教授)《塔里木河流域的过去与未来》、黎东方《宗族之渊源与中华民族之构成》。这次讲演周,据黎东方说,"在新疆的历史上是空前的。七个人的讲词,都有《新疆日报》的记者记录得十分详细,逐日登载,一共讲了八天,因为其中谢宗亚先生讲了两天"。⑤ 从中颇可见这些讲演向社会传播史地知识的作用。

四是注重各级学校史地教育状况的调查和分析改进。

---
① 《七七学术讲演周纪事》,《教育部史地教育委员会概况(第二号)》,第 166 页。
② 《本会三年来工作总报告》,见《教育部史地教育委员会第三次全体委员会议参考资料汇辑》。
③ 见《教育部公报》第 15 卷第 2 期,1943 年。
④ 见成都《燕京新闻报》1943 年 3 月 6 日报道。
⑤ 黎东方:《平凡的我——黎东方回忆录(1907—1998)》,第 237—238 页。

史地教育委员会成立后,"为明了各中学史地教育实况,作为改进基础起见,特制就中等学校史地教学调查表,随同所拟第三三三五九号部令颁发,本部各督学及视察员等于视察各中学时,依照该表逐项填明汇送本会,俾便分别辅导"。至 1943 年,先后收到"调查表格计达一百五十八校,所调查之教员共有四百五十四人,经已由会据表加以详细分析,另案呈报,其中可供改进参考之资料甚多"。①这些调查资料经该会汇集统计后包括:专科以上学校史地学术研究团体工作报告分析、评选史地课本进行情形、各研究院所近况汇录、各校史地学系数及其学生数、大学及师范学院史地各系现行科目表和有关史部必修选修科目表、各大学史地教授名册和中学史地教员名册、中学史地课程时间表、中学史地教学调查报告和史地教育统计等。限于当时山河破碎、金瓯有缺的条件,这些材料虽不能真正涵盖全国,但经过该会工作人员的汇集整理,已具有相当的规模和典型性。

如"各研究所近况汇录"比较具体地介绍了当时浙江大学、中山大学、西南联大、东北大学等校文科研究所史地学部或历史学部的人员构成、研究生招生情况、内部分组及其工作现状和计划等。"大学史地教授名册"详列近四十所大学和专科院校史地教员的姓名、性别、籍贯、年龄、职称和承担课程情况,为后人研究这些学者尤其是生平事迹不详者留下了线索。"中学史地教员名册"除这些内容外,还增加了教员简历、每周任课学时数、月薪乃至到校工作年月等,无论是在人员涉及面还是信息采集之细上,都非常难得。

"中学史地教学调查报告和史地教育统计"涉及的范围更为广泛,包括闽、甘、皖、陕、宁、青、黔、川、绥(绥远,其地 1954 年并入内蒙古自治区)、冀十省中等学校史地教育的师资、教材、教学方式和教学设备等现状,并作有综合分析。

如关于师资,谓:"在一百五十八校中所报告之史地教员有四百五十四人,其中确系专科以上学校史地系毕业者仅六十一人,内大学及独立学院史地系毕业者五十六人,专科学校毕业者五人,合仅占总数之 13.4%。"就分

---

① 《本会三年来工作总结》三十年度和三十一年度,见《教育部史地教育委员会第三次全体委员会议参考资料汇辑》。

科而论，其中兼教史地之教师179人，内专科以上史地系卒业者仅30人，占比16%，非史地系专科以上卒业生114人，占比63.7%，其余不合格者37人，占比20.3%；专教历史之教师159人，内专科以上史地系卒业及检定者19人，占比11.95%，非史地系专科以上学校卒业生110人，占比69.18%，其余不合格者30人，占比18.87%；专教地理之教师116人，内专科以上学校史地系卒业及检定者16人，占比13.3%，非史地系专科以上卒业生82人，占比70.6%，其余不合格者18人，占比16.1%。

关于史地教材的使用，谓初中本国史在统计120次中，商务版吕思勉所编销行最广，占63次；其次则为中华版姚绍华所编者，占26次；正中书局版郑昶所编者占11次；其余约不足10次。外国史以开明书局版傅彬然编者销行最广，占全部72次中之37次，以下则为中华书局版卢文迪编者18次，商务版何炳松编者11次，其余微不足道。而高中本国史以商务版吕思勉编最多，以下依次为中华版金兆梓本、世界书局余逊本和正中书局版罗香林本；外国史以中华版金兆梓本最多，以下依次为商务版何炳松本和正中书局版耿淡如本。至于地理教科书，初中中外地理均以中华书局版葛绥成本最为流行，其次为商务版傅角今本和王成组本、正中书局版王益崖本等；高中外国地理以世界书局版盛叙功本最流行，其次为商务版苏继顾本、中华书局版丁绍桓本等。①

此类统计数据，详细绘出了当时史地教育的概貌和特点，不仅为下一步改进提供了依据，也为现代教育史的研究保存了绝好的档案资料。

三、关于本辑资料整理的简要说明

本项资料的底本原非公开出版物，而是当时史地教育委员会就其展开专项工作的原始文件汇编，目的在及时保存资料，以供有关部门参考。不过，因受战时物质人力匮乏的制约，整个工作特别是排印显得相当仓促粗糙，这主要表现在对材料的处理格式不一，或标点或不标点；排印文字错漏累累，其中第三次会议的资料汇辑蜡纸刻印本问题更多，

---

① 《中等学校史地教学调查表之分析报告》，见《教育部史地教育委员会第三次全体委员会议参考资料汇辑》。

有的刻手字迹潦草,有的油印模糊,导致表格中不少人名、地名难以辨认;而部分数据的统计,也存在一些粗疏。这在没有他本可供校勘的情况下,都给本辑的整理带来了诸多障碍。

本辑的整理,除了将底本与中国第二历史档案馆保存的史地教育委员会第二次全体会议部分会议原始手刻蜡纸油印文件和第三次会议的油印本(虽与本辑底本版本相同,但各部分字迹清晰度仍互有不同)进行对勘外,还尽可能运用网络资源对其中涉及的人名、书名和其他相关问题作了参校。对原文疏误的处理,主要方法如下:

(一)凡明显排印错或漏字,皆径改。如"治纪传志表为一炉"之"治"径改为"冶","每章之未"之"未"径改为"末","方状猷"当径改为"方壮猷","遂至贰微"之"贰"径改为"弍"等。

(二)凡文中出现的常识性错误,亦一律径改。如第三次会议资料的"中等学校史地教员调查报告"中所列"重要史地参考书举例及其发现次数表",将《古史辨》注为顾颉刚著(实应作"编"),《世界史纲》注为梁思成著(实应作"译"),《读史方舆纪要》注为顾炎武著(实应作"顾祖禹著")等,凡此皆直接做了更正。

(三)凡文字表述有滞碍疑误处,尽可能借助本文献内的相互交叉的内容或某些已收入其他书籍的文本加以厘正。如"议决各案正文"中,议决案(4)谓"吾华具有五千年之历史,四百万方里之土地","四百万方里"表述不确,现据议决案(6)所述"四万万方里之土地"是正。又本辑中所录《修正初级中学历史课程标准》和《修正初级中学地理课程标准》多处文字有错漏,亦据吴履平编《20世纪中国中小学课程标准大纲汇编》所收的相关文件作了校正。另外,对其中许多字迹模糊的人名、地名,则尽量参考各种书籍和网络资源作了核正。至于少数读去虽扞格不通或存有疑问,但苦于一时找不到确切校勘依据的表述和缺文,只能暂付阙如,以待明鉴。

(四)本辑资料的形成,距今已七十多年,由于历史原因或限于当时的认知,其所提供的有些数据,存在着不同程度的问题。如资料中所录《评选史地课本进行情形》据胡焕庸《我们的版图》列举的中国周边国家疆土面积数,今天看来多不甚精确;而资料中不少调查报告的数据也存在某些统计上的失误。从保持历史文献原貌的用意出发,整理者未对此一一处理或更改。此外,本辑诸高校和中等学校史地教师名录中所标年龄,因各校提供统计材料的时间不一,加之工作上的某些疏忽,也存在着不同程度的问题。建议读者在使用这些数据时,应与其他方面材料作进一步核对再决定弃取。

(五)本项资料的整理,遵循《中国近代史学文献丛刊》的通例,尊重文献原貌,除少数地方随文作必要的注释说明外,一般不随意更动,不出校记,注释从简。

本辑的整理,倘有不足之处,敬希读者不吝赐教。

目 录

丛刊缘起 / 1
前言 / 1

教育部史地教育委员会概况　第一号

教育部史地教育委员会第一次全体会议纪录 / 3
史地教育委员会一年来工作情形 / 28

教育部史地教育委员会概况　第二号

教育部史地教育委员会概况第二号总目 / 37
教育部史地教育委员会第二次全体会议纪录 / 39
教育部史地教育委员会第二次全体会议参考资料 / 91
七七学术讲演周记事 / 183

教育部史地教育委员会第三次全体委员会议参考资料汇辑

参考资料目录 / 205
史地教育委员会第三次全体委员会议及中国史学会开会日程表 / 206
教育部史地教育委员会委员姓名通讯地址表 / 207
史地教育委员会第三届全体委员会议列席人姓名通讯地址表 / 209
史地教育委员会三年来工作总报告 / 211
各研究院所近况汇录 / 228
各大学及师范学院史地各系现行科目表 / 234
各院系关于史部必修及选修科目表 / 244

专科以上学校史地教授名单 / 258
中等学校史地课程教学时间表 / 294
中等学校史地教学调查报告 / 295
中等学校史地教员名册 / 322
史地教育统计 / 349

附录 / 355
 教育部史地教育委员会章程 / 355
 史地教育委员会工作计划大纲 / 356
 教育部史地教育委员会工作近况 / 357
 教育部史地教育委员会函陈寅恪所附聘书 / 361

教育部史地教育委员会概况 第一号

据 1941 年铅字排印本整理

教育部史地教育委员会第一次全体会议纪录

时间：二十九年五月十四日
地点：本部礼堂
出席人：陈部长立夫　顾部长毓琇　余次长井塘　傅委员斯年
　　　　陈委员可忠　张委员西堂　吴委员俊升　孟委员寿椿
　　　　胡委员焕庸　黎委员东方　张委员廷休　缪委员凤林
　　　　金委员毓黻　许委员心武　陈秘书东原
请假者：柳委员诒徵　黄委员国璋　张委员其昀　雷委员海宗
　　　　顾委员颉刚
主席：陈部长立夫　余次长井塘
全会秘书：陈东原
纪录：朱文宣

一、开会如仪
二、主席陈部长致词

本部各部门教育，大都已有讨论与设计之机构，史地教育尤为重要，故有今兹本会之设。

前岁，总裁于中央训练团第一期卒业之时，曾有明白训示，确定史地教育为今后建国教育之中心，须使一般受有教育之青年，认识吾民族祖先之五千年丰功伟业，及其奋斗努力之精神，与夫一千一十七万方公里之锦绣山河，及其蕴藏险要，俾皆油然发生爱国爱民族之心情，献身于抗战建国之工作。总裁于最近几次讲演之中，仍于此点再次申说，阐明史地教育之重要，并论及目前社会人心之所以未能振奋,实由于只知今日,只知现实,缺乏对于过去伟大人物之景仰,缺乏对于民族现势之认识,简言之,缺乏适当的充分的史地教育。

本席以为举世各国对于史地,莫不十分注意,例如苏联即不惜以巨额奖金,征求一部完善的苏联历史,而录取之时,仅发表第二名一人,仍以第一名之名额,留待更佳之著作。

我国史地教育,近年来确甚落后,试观统一招生之史地试卷,即可见其一斑。此或许由于我国历史甚长,史实太多,地理上幅员广大,地名亦多,有难于记忆之苦,然而就此点而论,如此可宝贵之历史,可珍爱之幅员,更应努力研究,改进其教育。

吾人果能将历史教好,可以发扬民族主义,将地理教好,可以作为物质建设之基础,亦即所以发扬民生主义。再加以公民一科,或政治学,则民权主义之实际,可以明了。如此三者化合为一,实为最完美之三民主义课程。

改进史地教育之方法,无非于教本及教法二方面着手,此外辅助教材如挂图、模型、古物等等,均能启发心灵,唤起兴趣。论及教本之写作,过去吾国正史之写法,自成一完美之体系,而程序配置,亦富于逻辑,值得吾人参考。例如:

第一阶段,为神话时代,先写开天辟地,说明宇宙为人所创,双手万能,人定胜天,远胜于西洋以神为中心之传说。

第二阶段,为发明时期,说明衣食住行育乐各项之发明,由钻木取火以至宫室舟车,先后次序,有条不紊,史前历史在西洋近年始告昌明,而其中主要知识,吾国古时已有论述。

第三阶段,为典章文物时期,此即尧舜禹汤之时,继开辟神话与发明传说以后,而有高度之政治经济的发展,中国开始有大一统之国家,虽机构完成历三代之久,至于秦汉,而脉络渊源,则不得不上推于其前之二阶段。

历史之方法,固应注意求真,然考据工作可以交由少数专门学者,尽量采求,而历史之本身在务,则在方法之外。吾人须知,历史教育之对象,为现在之人,而非过去之人;吾人之目的应在于使一般现在之人,借过去之教训，觉察其当前之义务，与努力之途径。总之，写史教史，重于考据，而写史教史之时，应特重民族光荣与模范人物之叙述也。

本于同一理由，地理之教学与写作，亦应有其重点，重点何在，在于国际地位及生产情形，军事地理应研究，经济地理尤应研究。

史地教育不应限于学校，宜普及于一般社会，感人最深之社会教育，莫如戏剧小说，中国之旧戏大部分为历史戏，所惜编导无人，未能臻于完善。本部最近已与国立戏剧学校及山东省立剧院商洽编撰有系统之剧本，或以名将为中心，或以大臣为中心，或以烈女为中心，每朝选出一人，作为一剧，逐日依次排演，则观众连看数日，不啻读完国史一遍。至于小说，《三国演义》之支配人心，其力量超过若干正史，本部亦已编有民众读物，以故事体裁介绍历史人物，仍盼到会诸委员进一步加以讨论。

地理方面之社会教育，最好采用电影，如能将各大都会，或每省各城各摄一辑，则汇之可成一部全国地理（注重风景物产与当地生活情形）。推而至于各省各城，均可摄制乡土地理之材料。

此次举行首次全体会议，部中拟有五项提案，内容尚待到会诸委员斟酌，本人因须出席行政院会议，请余次长主席，继续开会。

三、讨论　余次长主席

第一案　编纂《中国史学丛书》案

决议：下列之点修正后通过。

（甲）甲辑编纂凡例第六条修正如下：

本辑各书之注解在原则上采用插注方式。

（乙）第七条修正如下：

各册篇幅以二十万字至三十万字为度，图表索引在外。

（丙）乙辑第三条"（二十）中国沿革地理"改为"中国地理开发史"；"（十六）交通殖民史"取消；加"中国地理大纲"列为乙辑第一册；"（十八）学术扩展史"改为"中外文化交通史"，乙辑其余十九册书名一律加冠以"中国"二字；"（十四）财政史与（四）经济文化史"合并为"国民经济及财政史"，添"宗教史"，全辑仍为二十册。

（丁）乙辑凡例第六条修正如下：

本辑各书之注解在原则上亦采插注方式。

（戊）乙辑凡例第七条"以二十万字至二十五万字为度"改为"以十五万字至三十万字为度"。

（己）付酬办法,第三条、第四条合并条文修正如下：

（三）付酬以抽送版税照价百分之十五（万）[①]为原则,并按照每次交到稿件之字数,另送参考抄写费每千字五元。

（庚）审稿办法第二条"两星期内"改为"一个月内"。

第二案　编纂中国通史大学教本案　教育部交议

决议：照下列修正之点通过。

（甲）甲乙两种办法并用,同时各撰一册（乙种并得约请专家二三人分途进行）。

（乙）甲种办法第四条"一万字"改为"五千字至一万字"。

（丙）甲种办法第十条修正为：

本书以版税（照价百分之十五）致酬,分送各撰稿人,撰稿人并得公推一二人为主编,主编另由本会酌量致酬。

（丁）乙种办法第九条修正为：

本书版权（照价百分之十五）属于撰稿人,本会于每次收到稿件之时,得按照字数另送参考抄写费每千字五元。

第三案　改进大学史地教育案　教育部交议

决议：照下列修正之点通过。

（甲）办法第二条删去"应专班讲授"五字。

第四案　改进中学史地教材及教学法案

决议：照下列修正之点通过。

（甲）删去第一至第四条。

第五案　编纂一般史地读物案　教育部交议

决议：照下列修正之点通过,并函请教科用书编辑委员会参考。

（甲）保留第四至第十各丛辑,共余三辑先行着手。

[①] 据下文"《中国史学丛书》付酬办法"第三条,此"万"字系衍文。

第六案　征集私家所藏史料及稿本,以资研究案　孟寿椿等提

第七案　请搜集史料,俾便整理史籍案　许心武提
决议:两案合并,函请中央图书馆筹备参考。

第八案　请培植大学中外历史课师资案　缪凤林提

第九案　增加研习地理深造机会,以培养大学及师范学院师资案　胡焕庸等提
决议:两案合并通过,函请高等司及各派遣留学机关参考。

第十案　提议增设历史研究所以提高历史教育案　金毓黻提
决议:通过,函请高等司参考。

第十一案　编制地理课室挂图辅助教学案　胡焕庸等提

第十二案　拟制地形模型案　孟寿椿等提

第十三案　拟编辑历代史迹图案　许心武等提

第十四案　编制历史挂图及年表挂图案　黎东方等提
决议:以上各案合并办理,除年表挂图外,由本会委托各学校或研究团体分工合作。

第十五案　函请国立戏剧学校及中国电影教育协会分别编演中国历史戏剧及中国地理影片案　陈可忠等提
决议:通过。

第十六案　请提出撰稿人名单呈部核定案　吴俊升等提

第十七案　编辑地理教授书案　胡焕庸等提
决议:函请教科用书编辑委员会参考。

第十八案　编辑史地定期刊物案　胡焕庸等提
决议:原则通过,交本会专任委员详拟办法或由本会自办,约聘全国专家撰稿,或采补助既有刊物之办法。

四、散会

附注:本会顾委员颉刚提案二项,函托黎委员东方代为提出。惟寄

到之时已迟,经由本会专任委员另行签请部次长核示。所有来函及两项提案原文与签呈批示,兹一并抄印于其他提案之后,作为附录。

第一案 编纂《中国史学丛书》案

教育部交议

吾国历史,较之东西洋现存各邦,最为悠久,吾国史学之发达,亦为最早,过去正史,代有官书,其体例之严整,与材料之丰富,亦远非列国所能望其项背。徒以年代既长,积如烟海,偶尔涉猎,或可资以参考,而通人学士,欲求有系统之进修,每感着手无从之苦,加以治史方法,异邦之进步允宜采效,读史观点,今时之立场不同于前,爰遵总裁确定史地科目为建国教育中心之训示,拟定编纂中国丛书甲乙辑之凡例各一份,审稿办法一份,付酬办法一份,提请公议。

《中国史学丛书》甲辑编纂凡例

一、本辑为中国之通史,其宗旨与乙辑文化史同,在于供给大中学史地员生及社会上一般受有高级教育之人士以一部适宜的关于本国历史之参考用书。

二、本辑编纂之指导原则,在于根据严格之史料考订,与高度之史实理解,说明每一时代中国民族在政治组织、经济活动与智识发展上之成就,以及政治、经济、智识三方面之相互影响,借以通论盛衰兴废之由,与夫一般平民之生活及中心人物之事功。

三、本辑凡分十册,断代如下:(一)远古(自三皇五帝之氏族社会迄于西周),(二)春秋战国,(三)秦汉,(四)魏晋南北朝,(五)隋唐五代,(六)两宋辽金,(七)元,(八)明,(九)清,(十)现代。

四、本辑于体例上,冶纪传表志为一炉,仍存过去正史之长,即叙述虽贯串一气,而于章节划分,则注意于中心人物之介绍(纪传)及经济数字之校列(志)。至于地图年表,亦务求精详,分别编入正文之中,或正文之后,除图表外,并各加人名、地名之索引各一份,"史书史料及其批评"一章,史料选读若干篇(三万字以内)。

五、各册分章先后,以时间为经,以空间为纬。所谓时间,即每一断代之再分期;所谓空间,即中央与地方,本国与四裔也。叙述方法,则以政治之演进为体，经济及智识之演进为用，平民之生活为背景，中心人物之事功与德业为主题。

六、本辑各书之注解在原则上采插注方式，即以较小字体，插于正文之中，不采晚近通用之脚注、旁注（每页之旁）或尾注（每章之后）等方式。

七、各册篇幅以二十万字至三十万字为度，图表、索引在外。

八、本辑由教育部分聘专家撰述，自二十九年六月开始，至三十一年六月完成。

《中国史学丛书》乙辑编纂凡例

一、本辑为中国之文化史，其宗旨与甲辑通史同，在于供给大中学史地员生及社会上一般受有高级教育之人士以一部适宜的关于本国历史之参考用书。

二、本辑编纂之指导原则，在于根据严格之史料考订与高度之史实理解，说明每一方面中国文化之渊源、演进及其成就，以及该方面文化历史与一般的历史之相互关系。换言之，探求政治组织、经济活动，及智识发展之一般轮廓所施于某一特殊部门之影响，以及此特殊部门之本身演进所影响于一般政治、经济及智识者又为何如，借以表达吾国民族文化之宝贵，而发扬其精神。

三、本辑凡分二十册，分门如下：（一）中国地理大纲，（二）中国民族构成史，（三）中国政治制度史，（四）中国政治思想史，（五）中国国民经济及财政史，（六）中国社会史，（七）中国哲学史，（八）中国科学史，（九）中国伦理思想史，（十）中国经学史，（十一）中国美术史，（十二）中国文学史，（十三）中国教育史，（十四）中国宗教史，（十五）中国军事史，（十六）中国外交史，（十七）中国地学开发史[①]，（十八）中国水利史，（十九）中外文化交通史，（二十）中国史学史。

四、本辑于体例上，略师《通典》《通志》《通考》之意，而各成专册，又三通内容除序言外，不赉既刊史料之类史。本辑则于既刊史料之消纳以外，尤重未刊史料，及国外史料之参证。

五、各册分章，仍接甲辑之例，以时间为经、空间为纬。所谓时间，

---

① 从前后文看，应作"中国地理开发史"。

即各个时代与时代之再分期,惟毋庸定与通史之分期相同。所谓空间,即中央地方以外,特重区域之划分与再划分,兼及于本国及四裔之对比。叙述方法,各按本部门之性质而有出入,或重图表,或重人物,或重大多数平民之生活与整个社会之动向,惟性质虽各有专重,而立论则务求通达。

六、本辑各书之注解在原则上亦采插注方式,即以较小字体,插于正文之中,不采晚近通用之脚注、旁注(每页之旁)或章注(每章之后)等方式。

七、各册篇幅以十五万字至三十万字为度,图表、索引在内。

八、本辑由教育部分聘专家撰述或收用已刊之本,自二十九年六月开始至三十一年六月完成。

《中国史学丛书》付酬办法

一、本丛书甲乙二辑各册之审查人,概不致酬,但于版权页上注明审查人之姓名。

二、本丛书甲乙二辑各册之撰稿人,一概致酬。

三、付酬以抽送版税照价百分之十五为原则,并按照每次交到稿件之字数,另送参考抄写费每千字五元。

四、本会依撰稿人之需要,得采取半版税办法,即按照每次交到稿件之字数,每千字先送五元,撰稿人保留版税百分之七点五。

五、撰稿人如中途延期交稿,上项半税办法亦暂时中止。

六、撰稿人无论选定版税或半版税办法,均不得延期交稿两次以上,否则应担负本会之损失。

《中国史学丛书》审稿办法

一、本丛书甲乙二辑各册撰稿人,由教育部史地教育委员会函聘专家担任。

二、前条应聘之专家,于接到聘书后一个月内,拟定编纂纲要,详列章目、节目及其内容大概,并说明交稿次数及其日期,选定付酬办法之一种。

三、本会于接到纲要后,即行征询委员二人以上之意见,通知原拟人选,如双方对于纲要内容,彼此获得统一,即行签定合同,开始撰稿收稿。

四、收稿以每三月一次为原则，须于该月二十日以前寄到本会（或于十五日以前发出）。

五、本会收到稿件以后，送请委员二人以上加以审查，并得审查人之意见，通知原撰稿人，请其接受。

六、撰稿人不能接受审查人之意见时，由会另请委员一人，作最后之决定。

七、各册撰审完成之时，由会分别呈请部长核准付印。

第二案　编纂中国通史大学教本案

查中国通史既经列为大学共同必修之课程，教本之需求至为迫切，本会除已另订办法，函约专家，以通力合作之方式编纂标准较高、可资参考之中国断代通史一部外，仍拟同时进行大学教本中国通史之编纂，俾断代通史完成之时，亦即大学教本完成之时。谨拟办法两种如下：

甲种办法：

一、凡应聘撰述《中国史学丛书》甲辑（中国断代通史）某一断代之专家，应于工作开始后三个月内，先行撰就大学教本中国通史关于该断代之部分。

二、本会于第四个月开始之时（二十九年十月），汇齐各个断代专家所撰大学教本之初稿，印送各撰稿人，及本会全体委员与各大学各师范学院担任中国通史之教授普遍征询意见。

三、上述意见于一个月后由本会汇送委员三人予以审查，然后以审查意见分别函请原撰稿人增改。

四、大学教本因合成一册之关系，文体及篇幅必须一致，故文体一律定为简洁之白话，而篇幅则每一断代限定四章，每章五千字至一万字左右（合成四十章分成四十周授毕）。

五、每一断代政治事变及政治制度应合并写成，共占二章（标题可以自定）。经济演进及社会生活占一章，智识发展占一章。

六、每章之末应附研究问题及重要参考书籍。

七、所有注解概采插注方式。

八、每一断代，至少附一地图及大事年表。

九、撰稿人之姓名于印行时分列于各个断代之后。

十、本书版权（照价百分之十五）属于撰稿人。本会于每次收到稿件之时，得按照字数另送参考抄写费每千字五元。

乙种办法：

一、凡应聘撰述某一断代之专家应于工作开始后一个月内，拟就大学教本关于该断代部分之纲要。

二、本会于第二个月开始之时，汇齐各断代之纲要，征询全体委员及各校院担任中国通史教授之意见。

三、上述意见由本会连同纲要原稿全份，送请委员三人予以审查，确定纲要之最后形式。

四、纲要确定以后，由本会聘请专家担任撰述或公开征求专家，或规定期限，征求合于此纲要之著作。

五、每一断代：政治制度及政治事变应并合写成，共占二章（标题可以自定）；经济演进及社会生活占一章，智识发展占一章。

六、每章之末应附研究问题及重要参考书籍。

七、所有注解概采插注方式。

八、每一断代至少须附一地图及大事年表。

九、本书版权（照价百分之十五）属于撰稿人，本会于每次收到稿件之时，得按照字数另送参考抄写费每千字五元。

十、本书之审查及付印办法与中国丛书甲乙辑相同。

第三案　改进大学史地教育案

理由：查大学史地教育之目的，应不外于下列三者：一、使各学院系之学生，不论所修何科，一律充分了解本国所处之地位及我祖先艰难创业之精神；二、养成史地方面有学识之能力之良好师资；三、逐渐提高中国史学与中国地学之标准，使在国际学术界占一最高地位，以树立中国本位文化。关于第一项，本部前已规定所有各院系之学生，一律以中国通史为共同必修科目。今后拟请各大学，善用纪念周及校外人物讲演之时间，多讲本国史地方面之题目，以提高其兴趣。关于第二项，大学史地二系及师范学院史地系之必修、选修课目，亦经制定颁行，惟学生毕业以后，如欲确保其胜任愉快，则于为学期间尚宜增加其练习写作、练习讲授之机会。关于第三项，负其责者实为各大学及研究院之教员。吾中华民族之史学地学昌明最早，过去史学家及地学家亦代有杰出。今后宜如何充实各校之设备，促进各校之分工，俾专家知所努力，新学于以蔚兴，实有付于到会诸先生之筹虑也。谨拟办法如下：

办法：

一、函各大学、各师范学院，请尽量利用纪念周及校外人物讲演之时间，讲演关于中国文化及中国经济地理等题目，并辅导学生为史地研究会或历史学会组织，使参加之人不限于史地二系之员生。

二、函各大学及师范学院，史地二系学生之一年级国文课程，应注重叙事文之讲演与写作。二、三、四等级之学生，除最后一学期预备论文外，其余另一学期应各缴"学期报告"（Term paper）一份，篇幅可酌予限制为五千字至两万字。其每校每学期成绩最优之三名，应将原稿汇寄本会议奖。

三、各大学史学系及地学系，应于第四学年加开"讲授实习"一科，仿照法国高等师范"实习功课"（Leçons pratiques）之例，参照美国芝加哥大学"史学方法实习"（Laboratory course in historical method）之精神，令学生轮流讲授半小时，而以所余之二十分钟由教师加以批评。此科实为每星期一小时，两学期完毕，共二学分，必修。

四、各大学及师范学院，应充实史地方面之设备，除图书经费项下应划定专款购买史地书籍图表外，至少须各设"古物档案室"及"地图室"，其经费充裕者宜联络所在地之士绅及民众教育部，合办一历史博物馆，文物之征集可与中央研究院及北平研究院合作；档案之征集，可与北平图书馆或中央地方各级政府合作；地图室之模型部分，可与北平地质调查所合作。

五、各大学及其研究院教员之专门研究，与集体贡献（如制作沿革地图，或古代衣服）宜逐渐采取分工合作主义，则设备易精而观摩较便。今后本会除委托各校院以分别之工作外，并拟每年征集各校同人之研究计划，汇印成册，分送各方，以资联系。

六、各校院之历史学会及地理学会,与全国性之历史学会与地理学会,由本会尽量扶助其发展,并斟酌情形,代印或代销其刊物。

第四案 改进中学史地教材及教学法案

理由:历史地理为一国文化之结晶,与人类生活有密切关系。我国民之伟大事迹,土地之富有宝藏,对于世界文化,尤多贡献。教学史地,应激发民族复兴思想,及研究现代政治制度、经济状况,以确立对于三民主义之信念,而增进自强不息之精神,惟书商出版之中学史地教科书,向用传统的方法编辑,陈陈相因,取材颇嫌割裂琐碎;教学方法亦多受教科书拘束,沿用注入的演讲式,未能利用当前发生事件为教材而使学生有多方面之活动。因此未能达史地教学之目的。在抗战建国时代,中学史地两科关系尤为重要,亟应加以改进。

办法:

一、教学史地,应以教科书为研习教材之纲领,另加补充材料。

二、教学史地,除教科书外,应有各种参考书;每一问题编成一册,以供学生研究时之参考。此项参考书,由教育部编定目录,鼓励书商编印。

三、教学史地,应尽量利用纪念日及重要时事,以研究其因果关系。

四、教学史地,应尽量利用年表、地图、画片、图像、照片、模型、仪器、标本统计图表等教具,使学生获得实际的知识。

五、教学史地应视教材之性质,而酌用设计式、讨论式,不应专用演讲式。

六、教学史地,应使学生有多方面之活动,如预习、复习、做笔记、写报告、列纲要、制简表、学习测量、考查古迹、参观古迹名胜等等。

第五案 编纂一般史地读物案

案:史地科目,既经确定为建国教育之中心,则为提高民族意识,辅助人格修养,似宜对于社会上一般人士亦应供给浅显明了短小精悍之史地读物,俾于业余阅读,更可借以明了吾先民活动之丰功伟烈,因而增强其爱护国家、复兴民族之观念与志愿,努力工作,共襄建国之大业。是项读物,又可寓指导读书门径,便利学术研究诸旨,以为初中以上学生之课外读物,借以培植其对于史地研究之兴趣。爰拟编纂下列诸丛辑,略陈其旨趣,提请公议。

一、历代名人传记丛辑

（一）本丛辑之编纂,在供给社会上一般人士以最简短之历代名人传记之读物,使明了吾国历史上各种人物活动之成绩,借以获悉其学术思想事业,以为进修之辅导。

（二）本丛辑拟分为:(1)中国之哲学家,(2)中国之教育家,(3)中国之政治家,(4)中国之法律家,(5)中国之经济家,(6)中国之发明家,(7)中国之科学家,(8)中国之工艺家,(9)中国之艺术家,(10)中国之文学家,(11)中国之军事家,(12)其他。每编字数拟以四万言为度。

（三）本丛辑各篇之编法应于有史传原文者,纂集传文,以资征信;于史传原文太略者,加以补充,以生动之语文撰成之。均附以生卒、里籍、著述之考订及指导研究方法之说明。

二、民族英雄传记丛辑

（一）本丛辑之编纂,在供给社会上一般人士以较繁复之民族英雄传记,使更明了吾民族英雄所成就之功烈,以增强其民族意识。

（二）本丛辑拟分为:(1)黄帝,(2)周公,(3)孙武,(4)吴起,(5)司马穰苴,(6)秦始皇,(7)汉武帝,(8)张骞,(9)马援,(10)班超,(11)诸葛亮,(12)唐太宗,(13)郭子仪、李光弼,(14)韩琦、范仲淹,(15)岳飞,(16)文天祥,(17)成吉思汗,(18)明太祖,(19)戚继光,(20)秦良玉,(21)史可法,(22)瞿式耜,(23)郑成功,(24)洪秀全。每编字数拟以三四万言为度。

（三）本丛辑各篇之编法,宜注意其时代之背景,同时代之人物于其事业成就与影响尤当详述。更可多附图表,以引起研究之兴趣,文体宜采用语体文。

三、中国先哲传记丛辑

（一）本丛辑之编纂,在供给社会上一般人以较繁复之中国先哲传记之读物,以培植其人格之修养与学术研究。

（二）本丛辑拟分为：(1)孔子，(2)墨子，(3)孟子，(4)董仲舒，(5)郑玄，(6)张衡，(7)刘知幾，(8)玄奘，(9)李白与杜甫，(10)韩愈、柳宗元，(11)周濂溪，(12)程颢、程颐，(13)王安石，(14)张载，(15)朱熹，(16)陆九渊，(17)王守仁，(18)顾亭林、黄宗羲，(19)王船山，(20)陆世仪、张履祥，(21)颜元，(22)戴震，(23)曾国藩，(24)其他。每编文字约以三四万字为度。

（三）本丛辑之编法，每编至少宜分为事迹、学术、著述三大章。学术章应阐明其思想起源、背景与影响，文体白话、文言不拘。

（四）保留第四至第十各丛辑，其余三辑先行着手。

四、嘉言类钞丛辑

（一）本丛辑之编纂在供给社会人士以简明之史的教育读物，使于先贤嘉言懿行之中，因景仰之忱，获韦弦之佩，更可借此了解吾先民之特性与伟大精神。

（二）本丛辑拟分为：(1)孔孟嘉言类钞，(2)群经嘉言类钞，(3)史传嘉言类钞，(4)诸子嘉言类钞，(5)理学嘉言类钞，(6)文集嘉言类钞。每编字数以三五万言为度。

（三）本丛辑各编编法，分类宜求精详，繁简亦宜适当，如遇有稍难解之处，更加以附注，以便一般人士之阅读。

五、经史译注丛辑

（一）本丛辑之编纂目的在供给一般人士欲于经史中，求了解吾先民活动之成绩而苦于无人为之讲授者之用，译为语体，加以附注，则可人手一编，而可以不感若何之困难矣。

（二）本丛辑拟分为：(1)《论语》译注，(2)《孟子》译注，(3)《诗经》译注，(4)《尚书》译注，(5)《礼记》译注，(6)《易经》译注，(7)《春秋公羊传》译注，(8)《左传》译注，(9)《国语》译注，(10)《战国策》译注十种。每编数字当依经文多寡决定。

（三）本丛辑各编之编法以注文直列于经文下，译文为旁列式之排列，以便阅读之时因译文而知全句之旨，因注文而知每字之义，使古籍通俗化，将来更可借此译文，以译成各国之文字，使友邦认识亦易领取吾固有之文化。

六、游记丛辑

七、风土记丛辑

八、物产志丛辑

九、边疆史地丛辑

十、沿革地理丛辑

以上五辑皆关于地学研究整理方面者,或利用已有之成书,或尚待今时之研究,子目虽未确定,亦可于此时尽先作搜集之功。

第六案　征集私家所藏史料及稿本以资研究案

提案人:孟寿椿、黎东方、张西堂

与第七案合案办理,函请中央图书馆参考。

理由:查私家藏书,向多秘籍,如不及时征集,易于湮没,纵政府不便收购,亦应录副保存,以广流传。如何采访进行,尚祈公决。

第七案　请搜集史料俾便整理史籍案

提案人:许心武

窃维整理史籍自以收集材料为工作之初步,刻下机关异处,文物既不集中,而运输困难,邮包尤费时月,若高谈类例,而工具毫无,不独难收事半功倍之效,抑且兴与手无斧柯之叹。兹拟分三步办法,以策得寸则寸之功。

一、搜集工具书　各就所知,开列书目,详注版本,上自类书表谱,下逮各种引得,尽数网罗,得此凭借,即可着手。

二、收集原料书　正史、九通之外,会要、会典之类,尤注重晚出之书,如《清史稿》,及《宋会要》、晚清四朝外交史料之类,且须备有重份,以使分工之用。

三、搜集珍本书　钞本、孤本如明朝实录,及地方志乘,触目即收,不可放过。

以上三事为本会开始必不可少之步骤,看似卑之无甚高论,然舍此别无措手之方。谨此提案,伏维公决。

第八案　请培植大学中外历史课师资案

提案人：缪凤林

与第九案合案办理，请高等司及各派遣留学机关参考。

理由：（略）

办法：

一、增设各大学历史研究所。

二、充实各大学史学系及历史研究所设备。

三、制定各种公费留学生历史课名额。

第九案　增加研习地理深造机会以培养大学及师范学院师资案

提案人：胡焕庸、黎东方

全国设有地理学系之大学仅三数校，然其师资已感缺乏。最近新设师范学院六所，地理教师更感无从延聘。将来如于大学添设地理学系，亦或同样困难。

办法：

一、应于各种留学考试之中，制定专习地理名额。

二、应就现设地理学系各大学中，成绩优良者设立地理研究所，俾学者有深造机会。

第十案　提议增设历史研究所以提高历史教育案

提案人：金毓黻

函高等司参考。

理由：查自抗战军兴，外汇奇涨，大学毕业生已不易觅得留学欧美之机会；近年中英庚款委员会等处遣送之留学生，更无历史一科之名额。兹为提高历史之教育计，为觅求研究历史人士出路计，为助长研究历史兴趣计，应于现设有历史学系之各大学，增设历史研究所，俾大学毕业生得有深造之机会，无异于赴外留学，此即本员提案之理由也。

办法：

一、先由部规定分年添设历史研究所之计划及方案，以为依次实施之标准。

二、现设有历史学系之各大学，应就导师人数较多及图书设备较完善者，为尽先设置研究所之标准。

三、部拨补助研究所之经费，应照规定数目，量予增加，以足敷研究之用为度。

四、本办法通过后，应用委员会名义，建议于本部。

第十一案　编制地理课室挂图辅助教学案

提案人：胡焕庸、黎东方

与十二、十三、十四各案合案办理，除年表、挂图外，由本会委托各学校或研究室团体分工合作。

坊间虽有少数地图出版，小字密布，绝不适于课室教授之用，应特别编辑大小挂图以为教学辅助。

第十二案　拟制地形模型俾教学者用直观教学法启发学生地理之兴趣以收地理学科之实效　请予公决

提案人：孟寿椿、许心武

理由：地理教学在外国无不用直观教学法，图书照片之外佐以幻灯模型，使学者有直接观察之机会，发生研究之兴趣，增加其理解力，以收地理学科之实效。回顾我国地理教学方法，除图书之外有能利用照片者已不多见，遑论其他。即使有之，亦不过各大学地理系用之提倡而已，若至各地中学则皆付缺如。此地形模型制作刻不容缓也。兹将制作计划与步骤及经济部分附陈于后：

制作计划与步骤：

一、地势之高低在地图上虽有高线、晕滃、彩色等方法表示之，然终属于间接理想的，因此引起学者之谬误思想与厌恶观念之处甚多，兹据依照实测图之等高线堆砌成形。

二、模型以省为单位，其犬牙相错之处务取得密切之接洽，合之为一全国模型，分之则有各省单位，庶几可矫正因面积之限制，用大小不同之比例强绘为同等大小地图之错误观念。

三、模型比例数在水平面上，大小自可随意择用，高度之比例数，应当较水平面之比例数放大数倍，因全国高低之差在实际上数字当然甚巨，然在数万分或几百万分之一的比例数目之下，相差确属甚微，若以之表示地形之高低实为不易，只有减少高度的比例数字，方能明显。

四、依照实测地图之等高线，用木板或低板堆砌初步模型，刻画河川，配置城市地位，再用石膏制成阴模，然后可生生不已，加涂彩色与标记。

经济部分：

一、工作人员：指导一人、制图员一人。助手二人：一善于木工或硬纸工者，一善于石膏者，皆须有数学知识。

二、木工工具及石膏工工具各一副，工作台一只，测厚器一具及刀剪等。

三、材料：三合板、马粪纸板、石膏等，纸、墨、笔、砚、砂纸等，实测地图一份。

第十三案　拟编辑历代史迹图案

理由：左图右史，古有明训。读史者，每于历代递嬗纷争之史实，四裔之消长，我民族历次发展情形与夫河道之变迁，历史上用兵史迹、兵事形势，辄有茫无头绪之感。若欲得其梗概，非图莫属。读史者如此，教学者亦复如此，于是可知历史地图之不容忽视也。今坊间历史地图，固不乏善本，或选材过专，或内容过繁，或去取失当，若欲求一完善教本，苦不可得，况历史学科，关系于民族复兴抗战建国之大计尤切。总裁对于史地学科，尤极重视，是以本图编辑不容稍缓也。兹将编辑计划工作步骤及经济支配略述于后。

编辑计划：

一、以我民族忠孝、仁爱、信义、和平之立场，阐明我民族光荣史迹及其兵事形势。

二、以时代为经，以史实为纬，遵照部颁课程标准之内容，为本图取材之标准，略事增损之。

三、绘制配置视史实之繁简，或合为一幅，或散为数图，于民族之混合、著名之战争，尤宜特别注重。

四、教学用图，以显著字体表示教材之内容，以稍小字体表示增补之材料，使教学者有所取决选择。教科用图，以显著字体表示图名及历代州郡省名，以小字注记要地，另以各种彩色字线表示其重要史迹，使读者可了然当时形势。

五、每图之末附记要纲。

工作步骤：

一、搜集材料——应分为下列步骤：

    1. 疆域考证。

    2. 地名分释。

    3. 编辑纲要。

二、编制历史挂图——在最短期间之内先完成三分之一，以应教学者之需要。

三、同时编制教科挂图——两图之内容，务取得密切联络，材料之去取，相辅而不悖，故宜同时并行，收事半功倍之效。

四、编制次序：

    1. 绘草稿。

    2. 制正图。

每一全幅技术熟练者非个月不可，又绝非一人所能胜任，若多请助手，目下无法延揽，若云从事训练，又缓不济急，莫如与书馆接洽，共有版权，绘图印刷皆由书馆任之，可事半功倍。

经济部分：

一、工作人员

编辑一人。

助手三人——专为绘制草图及帮助搜集材料编制材料之用；制图员二人——专绘正图。此种人才在昔日是案其技术之有优劣而定其待遇之多寡，故有以方寸计算者，有以图幅计算者，亦有按月给薪者，综之每人非百余元不克。

二、工具

精制绘图器一副。

粗细直线笔各二支,大圆规与接脚规大号者各一支,小号者各二支,小圆规二支,绘图笔四支,三角板数副(大号者一副,小号者若干副),曲线规一副,直线尺一根(长约一公尺),返光制图桌一张(专为制套版之用)。

纸笔墨——制图纸八十磅者月需六码,笔尖一打,其他笔墨纸张。

三、印刷经费——从过去经验上说,印图以用橡皮版及三色套版为最佳,如此范围似非万元以上不可,当兹外汇日缩之际,其价值当不可以此为比率也。

第十四案　编制历史挂图及年表挂图案

黎东方、缪凤林提

理由:(略)

办法:

一、函浙江大学史地教育室,克日先行完成中学应用之历史挂图(包括疆域沿革图、战争形势图及古器古物图)。

二、年表挂图由本会与中央大学合作编制。

第十五案　函请国立戏剧学校及山东省立戏院暨中国电影教育协会分别编演中国历史戏剧及中国地理影片案

陈可忠、缪凤林提

理由:(略)

办法:

一、函国立戏剧学校,请编制历史话剧二部,第一部各出以名将为中心,第二部以历代学术家为中心。

二、函山东省立剧院,请先编制歌剧一部,以历代名将为中心。

三、函中国电影教育协会,请与中国电影制片厂接洽计划若干部地理影片,务使成为有系统之社会材料。

第十六案　请提出撰稿人名单呈部核定案

提案人：吴俊升、张西堂、黎东方

由本会专任委员于呈准核定后依照名单直接接洽。

查《中国史学丛书》甲乙二辑编撰凡例，已经另案提出，所有两辑各册撰稿之人尚待大会提名，由部决定，兹为便利讨论起见，谨拟假定撰稿人之名单如左：

甲辑
远古史	陆懋德或缪凤林、丁山
春秋战国史	顾颉刚或张荫麟
秦汉史	黎东方或劳榦
魏晋南北朝史	钱穆或谷霁光、蒙文通
隋唐五代史	陈寅恪或向达
两宋辽金史	姚从吾或金毓黻
元史	邵循正或方壮猷
明史	傅斯年或朱希祖、吴晗
清史	萧一山
现代史	郭廷以

乙辑
中国民族构成史	李济或林惠祥
政治制度史	钱端升或唐鸿烈、左仍彦
政治思想史	萧公权或陈启天
国民经济及财政史	尹文敬、罗仲言合著
经济及财政史	罗仲言或尹文敬
社会史	方壮猷
哲学史	冯友兰
科学史	任鸿隽或张子高
伦理思想史	张君劢
经学史	张西堂或周予同
美术史	滕固

文学史	胡小石、卢前合著
教育史	陈东原
军事史	雷海宗
宗教史	汤用彤
外交史	蒋廷黻
地理开发史	张其昀
水利史	许心武
学术扩展史	蓝文徵、冯承钧合著
中外文化交通史	向觉明
中国史学史	金毓黻
中国沿革地理	胡焕庸
中国地理大纲	

第十七案　编辑中学地理教授书辅助教学案

提案人：胡焕庸、黎东方

函请教科用书编辑委员会参考。

说明：中学地理教师多半未受地理专业训练，应从速编辑详备切实之地理教授书，以辅助教学，提高效能。

办法：由本会会同教科书编辑委员会办理。

第十八案　编辑历史地理教育定期刊物以为教师辅导案

提案人：胡焕庸、黎东方

原则通过，交本会专任委员详拟办法，或由本会自办，约聘全国专家撰稿，或采补助既有刊物之办法。

说明：国内历史地理期刊属于专门性者，虽有一二种，然特为辅助中小学历史地理教学用者，可谓绝无仅有，应设法编辑地理教育定期刊物，以为教师辅导。

办法：由本会约集专家办理。

附录一：顾委员颉刚来函

敬覆者：前日接奉大部来函，敬悉史地教育委员会于十四日举行首次会议，颉刚当即准备到渝出席，惟到欧亚、中国两航空公司购票，俱未能如愿，不克参加，至为抱歉！兹附上提案两件，敬乞送会讨论。又刚拟请黎东方先生为刚代表，并请转告是幸。此上

教育部

顾颉刚拜启　五月十一日

附录二：顾委员颉刚提案
（甲）拟"编辑中国通史方案"案

三十年来，大中学生及一般国民俱有读中国通史之需求，然其书至今不出，是非史家之咎，实缘我国史书过于繁重，通都大邑则索之不尽，易趋于小问题之考索，而无于短时间内即收提纲挈领之效；穷乡僻壤则得之维艰，又不克于通俗史书之外扩大见闻，两皆无以事此也。然要求既极普遍，时势又至迫切，此事固不容不为。今试拟方案如左：

一、将各种历史记载分时、分类、分区，作为系统之编排，如《二十五史补编》及《辽海丛书》之例，分集出版，务求以经久之搜集而得完全，研究者，亦得有至大之便利。

二、由本会就各时代、各地域、各门类中，规定有系统之历史题目若干，以重金征求著作，每一题为一书，分之则各成专书，合之则为通史之长编。

三、作者学力有不同，见解亦有不同，每一史题不妨兼收数家著作，以便读者比较异同，求其一是。

四、有上述之各题专著，再由本会选聘专家，合冶之于一炉，为中国通史。通史应有不同之著作，备一般人阅览者须富文学性，备专家阅览者须富考据性。

以上四事，为正式之中国通史编纂工作，其事之完成至速亦在十年以上。为应急计，似可更用下列办法，同时并进。

五、旧有历代纪事本末九种卷帙太多，且自为起讫，不便读者。闻合川县张式卿先生（名森楷）有《全史纪事本末》一书，足矫此弊。张先〔生〕已于十年前逝世，稿藏于家。合川离渝不远，应由本会派员前往，与其家属商量，购稿付印，此书出版，可暂作为大中学生课外读物。

六、张先生为旧史学家，其纪事方式谅不能尽合于现代之用。今日国

民所需之历史常识与历史教训,必须插入读物之中,始能收建国之效。故张先生书出版后,应即由会选聘专家,加以增减,作为《中国通史简编》。

七、除此简编外,应更编制历史地图、器物图谱、人物系统图,及各种统计表等,作各级学校挂图,且准备插入将来之正式通史中。

是否可行,敬候公决。

(乙)拟请标点《十三经注疏》案

窃惟中国文化之核心为六经及其传记,举凡古代之古迹、制度、文物、思想,无不集中于此,非惟儒学之堂奥,实亦国史之础石。而经书文简义歧,非解不明,故经与注恒不能相离。唐以前之经说汇萃于《十三经注疏》之中,虽后出益精,前义已多不能自坚,而大辂椎轮,其功为终古所不可废,实为探讨吾国经学史学之基本材料。颉刚久感此书之重要,又以其密行细字,称引綦烦,若不施新式之整理,后起学人殆无诵读之望,因欲加以标语分段,附以索引图表,使读者无所苦,而吾国古史学之基础于焉奠定。惟工事颇巨,印刷尤艰,非私人之力所可任,迟迟至今未得实现。倘承本会赞许,俾成其志,不胜感荷之至。兹将具体计划录于下方,敬候公决。

一、工作程序,先点疏文,疏文既明,再点注文,注文已讫,乃点经文,务使经文之标点由注家负其责,注文之标点由疏家负其责。力求客观,不参私见。

二、汉注唐疏,自宋迄清纠正已多。自甲金文之研究日精,其误乃益显。是编既为标点注疏,即当尊重注疏原书,丝毫不加更变,俟全书告成,当再参考群书,续纂"考证",以备读者之参览。

三、本编以阮刻《十三经注疏》为蓝本,以国内外新发见之古写本与单疏本辅之,增益校勘材料。

四、本编式样,规拟如次:

甲、依铅模所占地位制格纸,各别书之:经文用三号字,传文用四号字,注文用新四号字,疏文用五号字,释文用新五号字,校勘记用六号字,剪黏成页,照样印刷。

乙、经传注疏之文不相杂厕,俾眉目分明,文气不为间断。其经传之有注者,注之有疏者,各以数目符号间入文中,俾循数觅解,乃便检索。

丙、旧有《六经图》《三礼图》等,有俾学者,兹当选列诸家之作有未备而非图表不易明了者,即补为绘制,并附书后。

丁、人名、地名、官名、书名、器物名等皆制索引,亦附书后。

五、每成一种,即付印刷,博求当世学者之是正,如发见误谬,即于再版时修正之。

六、全书告成时,当将索引合编为一册,以求群经之贯通。

七、以一星期工作一卷计,全书工毕,约需五年。

八、颉刚现任私立齐鲁大学教授,本编工作如由颉刚主持,工作地点,拟附设齐大国学研究所中。印刷稿纸、索引卡片及雇用书记抄写等费用,皆实报实销。颉刚个人不取酬金。

附录三:签呈及批示

签呈原文:

谨签呈者,本会委员顾颉刚,因未及来渝出席,函寄提案二则,惟该件寄到之时,会期已过,谨连同原函附请鉴核,其中甲案关于通史之编辑,本会已另有决议。但所述各节,甚有见地,可否附载于本会开会记录,印发各委员及各撰稿人,以资参考。

内第五节,述合川张式卿先生著有《全史纪事本末》,建议由本会派员访购遗稿,俾加审定,作为《中国通史简编》。似可采纳,由会先行函请合川民教馆代访张先生家属,研究购稿或借稿付印办法。惟书名似仍其原有为宜,不必改称《中国通史简编》,因本会已另有大学教本中国通史之编撰也。

钧座以为可行,经费一层,尚待核示,未知可否酌派现有登记教授及战区教师,主办此项工作,不另雇员,借省开支。是否有当,理合签请部长、次长。

附呈原函及提案二则。

俊升
东方

批示原文:

甲案准照所签意见办理。

乙案拟请由顾先生主办,另酌派登记教授及战区教员分任标点工作。

史地教育委员会一年来工作情形

(自廿九年五月起至卅年六月止)

本会自去年五月十四日举行第一次全体委员会议以来,根据本会章程及各项议案,分别进行,兹将经过概要略述如左:

一、改进大中小学史地教育事项

(一) 辅导各专科以上学校组织史地学会

本会为谋全国各专科以上学校史地教育之发展,经拟就第三五五七一号部令,令各专科以上学校从速组织史地学会,其已设有历史学会、地理学会或史地学会者,着将该会章程及演讲记录、会员职员名单、过去出版刊物,及未来工作计划等件,克日呈部核定。前已收到国立师范学院等十余校史地学会章程及工作报告等,经分析国立师范学院、私立金陵大学、国立四川大学、国立浙江大学、广东省立文理学院、私立无锡国学专修学校、湖北私立武昌中华大学等校史地学术研究团体工作报告,并分别补助及指示改进之意见,其余各校现仍陆续寄到。

(二) 调查各中学史地教学

本会为明了各中学史地教育实况,作为改进基础起见,特制就中等学校史地教学调查表,随同所拟第三三三五九号部令颁发,本部各督学及视察员等于视察各中学时,依照该表逐项填明,汇送本会,俾便分别辅导。现已收到四十余校,正在办理分别辅导中。

(三) 中学史地师资之训练

本会为充实各校史地教员教学方法起见,定本年七月联同中等教育司举办全国中等学校史地教员讲习会,聘请全国史地专家担任讲师,暂以四川省各校史地教员为主,章程及办法归档(略)。

(四)修正高初中及草拟小学史地课程标准

(1)本部旧有高初中史地课程标准,原系廿五年六月确定,现因情势变迁,多不适用。此次改定标准,奉交由本会签注意见,经已一一就草案审核,签注意见三十余条,多数已蒙采纳。新标准修正以后,已于二十九年九月明令颁布。

(2)核校六年一贯制中等学校史〔地〕课程标准。

(3)起草小学史地课程标准及高级职校之史地课程标准。

(五)评选中等学校史地教科书

查书商出版之中学史地教科书,向用传统方法编辑,陈陈相因,取材颇嫌琐碎,以致教学方法亦受影响。本会爰拟就第一九一八一号部令,令各书馆局将已出版之各级史地教科用书(教科书、教授法、地图、沿革图、参考书等)申送本会一份,以便分别审核,择优评选。现已收到者有:

甲、中华书局高小及初高中中外史地课本及教学办法等书,共十四种,计四十七册。

乙、正中书局初高中本国史地课本,共九种,计十一册。

丙、商务印书馆高小及初高中中外史地课本,共十四种,计二十七册。

丁、北新书局初中中外史地课本,共五种,计十二册。

上列各书,均已陆续着手评阅,俟记录完全,再行选优议奖,或指令更改书中未尽妥善之处。

二、推动社会史地教育事项

(一)编制历史话剧

函请国立戏剧专科学校编撰历史话剧二部,每部各若干出,一以历代名将为中心,一以历代学术家为中心。嗣据该校函复,请定专家提供名将及学术家之姓名,并供给各方面充分之事迹与材料,俾易着手。

(二)编制历史歌剧

函请实验剧院编撰歌剧一部,各出以历代名将为中心。嗣该院负责人王泊生君来会接洽,报告《文天祥》一剧编演情形。已由本会先行面交所拟民族英雄名单一纸,嘱作为初步研究,再商进行。

(三) 审核《文天祥》歌剧剧本

实验剧院于今年九月在中央训练团排演《文天祥》歌剧一部,成绩尚佳,奉交由本会就剧情内容加以审核。经已拟就"补充意见十条"函寄实验剧院,并抄录全卷,函送国立戏剧专科学校参考。

(四) 摄制地理影片

函中国教育电影协会,请与中国电影制片厂接洽,计划摄制地理影片若干部,以各大都会,或各省为单位,集为一部本国地理。嗣据该会复函,请先决定题材及工作步骤,俾利进行。当经函请胡焕庸先生设计。据其复函,谓以地理影片在教育上价值至高,如能积极推进,贡献必大,将来正式进行,恐须有专人负责或临时合作,方得有成,并附摄制地理教育影片计划草案一份。

三、编纂中国史地书籍事项

(一) 编辑《中国史学丛书》

计甲辑中国断代史十册,乙辑中国分门史二十册,丙辑中国历史通论及甲乙两种大学教本中国通史五册。所有撰稿人选,分别由会先行函征同意,签准发给本部正式聘书,现已陆续收到稿件甚多,计开:

甲辑

中国远古史	陆懋德
春秋战国史	顾颉刚
秦汉史	黎东方
魏晋南北朝	贺昌群
隋唐五代史	蓝文徵
两宋辽金史	姚从吾
元史	邵循正
明史	吴晗
清史	萧一山
现代史	郭廷以

乙辑

中国地理大纲	胡焕庸
中国民族构成史	朱延丰
中国政治思想史	萧公权
中国政治制度史	张金鑑
中国国民经济及财政史	罗仲言
中国哲学史	陈立夫
中国社会史	方壮猷
中国科学史	张资珙
中国伦理思想史	张君劢
中国经学史	张西堂
中国史学史	金毓黻
中国美术史	傅抱石
中国文学史	胡小石、卢前合著
中国教育史	陈东原
中国宗教史　道教篇	郭本道
佛教篇	邓永龄
回教篇	白寿彝
公教篇	方　豪
基督教篇	刘廷芳
中国外交史	张忠绂
中国地理开发史	张其昀
中外文化交通史	向　达
中国水利史	许心武

丙辑

中国历史通论	陈立夫、黎东方合著
甲种、中国通史大学教本	陆懋德、顾颉刚等十人合著
乙种、中国通史大学教本	钱　穆
乙种、中国通史大学教本	缪凤林
乙种、中国通史大学教本	吕思勉

（二）编辑一般史地读物

一般史地读物原分历代名人传记、中国先哲传记等各丛辑，为便利进行起见，名册不拟同时进行，遇有适当撰述人时，即行分别函约，计已函约者有：

一、墨子传　　　　　　罗根泽
二、孟子传　　　　　　罗根泽
三、荀子传　　　　　　罗根泽
四、庄子传　　　　　　张默生
五、韩非子传　　　　　张默生
六、周濂溪传　　　　　黎锦熙
七、张横渠传　　　　　黎锦熙
八、刘知幾传　　　　　傅振伦
九、玄奘传　　　　　　刘国钧
十、朱熹传　　　　　　卢美意
十一、曾国藩传　　　　刘继宣
十二、国父传　　　　　高良佐
十三、中国之哲学家　　刘国钧
十四、中国之地理学家　邹翰芳

（三）编制初中通用之中学史地挂图

本会为改进初中史地教学，并参加四月四日青年儿童科学教具展览会起见，先绘就初中史地挂图四十八幅，以为印刷时之初稿。高中史地挂图一百二十八幅，已经编定目录及大部分底稿，正待绘制，将来连同初中部分印发全国各中等学校备用。至大学适用之史地挂图，则拟明年度再为进行（目录附后）。

（四）编制抗战史料事项

去年六月二十六日，据本部秘书处第一九三五〇号函开，略称："本部前奉行政院令，成立抗战史料编辑室，先后派由姜超岳、李焕之负责主持，兹改派黎委员东方接办。"当即于二十九年八月十四日召集该室参加第三次谈话会，制定编辑计划六条，呈奉批准。并依据议决案签奉令，派邹树椿为抗战史料编辑室编辑，邹树椿已于去年九月二十六到部。按照原定计划开始工作，先搜集本部各司每年每月份工作报告，再参以历届参政会本部工作报告，先为初步之编排。暂定每年为一卷，自二十七年起，已排成一卷。刻仍照前例继续编排，同时调卷汇辑各项工作之原委，俾成为有类例、有系统之编纂；一方通令各附属机关及各省教育厅局，限期呈送有关抗战史料之材料，现已收到廿五件，亦正在编排中。

(五) 其他(办理文书事项)

1. 交办文件共廿二件。
2. 拟办部令及部聘稿件共四十四件。
3. 签呈共廿六件。
4. 撰拟会函稿件共四百三十七件。

教育部史地教育委员会概况　第二号

据 1941 年铅字排印本整理

教育部史地教育委员会概况第二号总目

第二次全体会议纪录

  一、开幕式纪录

  二、出席人名单

  三、会议日程

  四、议决各案目录

  五、议决各案正文

  六、提案分组表

  七、分组审查人名单

  八、分组审查会纪录

  九、大会纪录(一)

  十、大会纪录(二)

参考资料

  一、总裁训词:革命的教育(节录)

  二、部长指示：本会第一次全体会议开会词

  三、本会第一次全体会议纪录(见另册)[①]

  四、本会一年来工作概况(见另册)[②]

  五、本会三十年度工作计划

  六、本会收到稿件登记表

  七、评选书籍登记表

  八、现有研究院所部室表

[①][②] 见本书所收《教育部史地教育委员会概况　第一号》。

九、现有专科以上学校史地各学系设置表
　　十、修正高初中史地课程标准
　　十一、师范学校史地课程标准
　　十二、高级职校史地课程标准
　　十三、小学课程标准社会科史地部份
　　十四、拟制高初中史地挂图目录
　　十五、边疆教育委员会第二次全体会议议决案有关史地语文部份
　　十六、专科以上学校史地学术研究团体工作报告分析
　　十七、评选史地课本进行情形
　　十八、教育部史地教员讲习会创办情形

七七学术讲演周纪事

　　一、大会临时提案
　　二、讲演周广告
　　三、各报纪事汇辑

教育部史地教育委员会第二次全体会议纪录

（一）开幕式纪录
（二）出席人名单
（三）会议日程
（四）议决各案目录
（五）议决各案正文
（六）提案分组表
（七）分组审查人名单
（八）分组审查会纪录
（九）大会纪录（一）
（十）大会纪录（二）

教育部史地教育委员会第二次全体会议开幕式纪录

时间：三十年七月四日下午二时
地点：青木关幼稚园
出席人：
本部长官：陈部长立夫　余次长井塘
本会委员：金委员毓黻　胡委员焕庸　徐委员炳昶　黄委员国璋
　　　　　　缪委员凤林　钱委员穆　　顾委员颉刚　黎委员东方
　　　　　　许委员心武　陈委员可忠　王委员星舟　张委员廷休

　　　　　　顾委员树森　吴委员俊升　张委员西堂
请假委员:吴委员稚晖　柳委员诒徵　雷委员海宗　陈委员寅恪
　　　　　吕委员思勉　陈委员训慈
全会秘书:陈东原(邹树椿代)
各机关代表:国史馆筹备委员会　王献唐
　　　　　　中央党史编纂委员会　周曙山
列席专家:黄文弼　李心庄　曾济宽
本部各单位代表:郝更生　汪元臣　郑颖荪　萧家霖　吴世瑞
　　　　　李之鸥　王汝昌　章绍烈　滕仰支　赵光涛
　　　　　徐伯璞　李焕之　杨克敬　孙瑞桓
本会职员:邹树椿　江应澄　朱康廷　朱文宣
主席:陈部长立夫
纪录:江应澄

一、开会如仪

二、主席陈部长致词

今日为本部史地教育委员会第二次之全体会议。回忆第一次之全体会议是去年夏间五月,距今已越一年。按照规定,全体会议一年原为二次,嗣以交通不便,故冬季之一次未开。今承各位委员于溽暑之下远道而来,实深感幸。

关于一年来之本会工作,另由驻会之黎委员报告,本席仅简略地重申对本会之希望。

自委员长注重史地教育并确定史地教育为革命教育之中心后,本部即有本会之设。惟我国之历史既如此悠久,而我国之河山又如此广阔,故史地教育之工作范围甚为庞大,非短期内所能致效。而如何就此丰富之史地材料,根据修正之各级学校之史地课程标准,选择其扼要部份于短期内教授各级学校学生,实为今后之重要工作。尤以国民教育如四川省五年之计划须三年完成,其时间特别短促,则确定以何种重要史地事实作为教材,更为迫切。其他大中学之史地教材如何准备,史地教法如何改进,均有待于各专家之研究。

至于教科用书方面,除已由本部中小学教科用书编辑委员会积极从事外,又有悬赏征求之计划同时进行。大学方面,则通史之编纂有待于文化各部门专史之董理,及断代专史之分工,亦已分请专家着手编撰。他如旧有正史之整理,亦宜分别缓急,早日从事。

除学校之史地教育外,尚需社会之史地教育,使国民能认识我民族之本源与历史。最近吾人所发动之三大运动:(一)订孔子之诞辰为教师节,(二)订大禹诞辰为工程师节,(三)订屈原自沉之端阳节为诗人节,实寓有历史意味之社会教育运动。将来拟扩大此种运动,使每一独特之历史人物均能与今日之社会活动相应(如拟订蔡伦诞辰为化学工程节,商汤之诞辰为革命军人节,等等)。此外则应用戏剧、音乐、电影、幻灯种种新式工具,亦可增进社会的史地教育之效能。德人曾摄制一克鲁伯厂之影片,表现历年该厂进展情形,由一手工业之铁匠铺,如何经祖孙数代之努力,而蔚为一大工厂;至于今日,其规模乃自成一个城市。最近德人又摄一西线战事之影片,其宣传力量亦极雄伟。现本部社会教育司关于工具方面已能利用菜油幻灯与手摇发电机之发明,故所余者仅为材料问题。如何选制简单而有系统之社会史地教材而加以编排、穿插等等,实有待于到会诸专家之研究。

上述三点以外,如师资缺乏问题,组织中国史学会问题,等等,亦均有待于诸君之详加讨论。本席所尤为希望者,为诸君皆各地专家,难得济济一堂,甚盼能多留数日,就本部之各方面设施多赐指导。

三、全会秘书报告(邹树椿代)

本会委员二十八人,实到十五人,请假者八人,道远不及出席者五人,各机关来宾二人,列席专家三人,有关各单位负责人十四人,本会职员四人。

四、演说

(1) 徐委员炳昶致词

在现在这样的大时代当中,历史学家和地理学家所负的责任异常地重大,但是如果拿我们的人数和能力和我们应负的责任相比较,可以说是太渺小了!我们的历史比哪一国的历史全都绵长,我们所保存的历史材料比哪一国全丰富。我们从前虽然有不少有名的历史家,可是真正用科学方法去管理,却还是很新近的事,拿这样丰富的材料一下子放到了我们的肩头上,真有无法负荷的感觉。至于地理方面,人数更少,可是中国的地方很广大,所以直到现在,对于大部分中国的实地调查还没有作,以致于对于我们自己很多的地方,如新疆、西藏等处,如果想知道它们的实在情形,还不得不借助于外国人所写的书,这真是我们中国学术界的奇耻大辱!我还记得在前清末年英国人占据我们片马的时候,我遍找各图,也找不出片马的地位所在!以后我费了几天的功夫,搜集许多杂志上的材料和界约之类去比较研究,归结发现了我们舆地学会所出的当日最有名的地图有些极可惊的错误!这个地图上自然没有片马的名字,但是按着经纬线去比较,片马早应属于英国!这还可以说这一段的界线没有画定。最可惊人的是从前薛福成同英国已经画定的界线,跟着经纬线,又缩进来很多里数,然则他们当日画这张图的时候,连界约这一类重要的材料也没有参考,不过照着英国人所著的图翻译抄录罢了!如这样的学术程度,又何怪于研究西北地理专家洪钧受了俄国人的骗割地取辱呢!上面所说的错误,现在虽说早经改过,但是当我于民八从西洋回国的时候,时间已经过了八九年,却还没有改过!我现在另外举一个例子:当我们于民十六到新疆考察的时候,带了不少大大小小的地图。我们发现:在一种商务馆所印中学生所用的小地图上面,它的头一张图,如果按着上面所载的比例尺来量,一度却是长四百里,并且这种图在当日已经出过七八十版!经过这样多的人用,竟没有一个人发现它的错误!此外总图上的地名,分图上没有!总图分图皆有,而距离大不相同!像这类显著的错误,实在不胜枚举。近来在地图上这一类的显著错误较好一点,但是还有很多的地方不清楚,需要地理家界很严重的努力。史地方面像这样有极广大的未垦地域,需要很众多的工作人员,可是在实际上,工作人员的数目离需要异常遥远,这是一件很不幸的事情。现在想要史地教育有办法,绝不专是教育的技术问题。如果基本的材料还没有或不敷用,就是教育的技术很好,也没有大用。现在如果想充实史地教育基本的材料,必须先设法扩大养成工作人员的学系。并且需要养成的是一种极能吃苦耐劳的工作人员,绝不是敷衍塞责的人员。因为在地理方面，必须要实际的调查，才能解决问题。这样，非有真能吃苦耐劳的工作人员万无法担此重任，这是一定不可移的道理，无待详说。就是在历史方面，依我个人的私见，也是非有各地实际的考察，许多问题也很难明白。因为历史不惟有时间性，并且有地域性。比方说：讲到蜀地的战事，如果是一位生长在北方大平原全没有到过四川的人，无论他怎么样想像四川的多山，也想像不到四川真实的地形。他因此就要对于在此地经过的战事，总不免有隔靴搔痒的情势。因为这样缘故，所以想明白周秦汉唐各朝丰功伟烈的人们，如果真能走到陕西一次，把发生此丰功伟烈的地域环境仔仔细细考察一番，绝对没有白费工夫的危险。因为这些，所以就是从事历史工作的人，也是非真能吃苦耐劳的人不能胜任。必需要〔培〕养出许多科学人才，把基本的材料充实起来才可以制出比较完善的教育方案。今天事前毫无准备，说的很乱，对不起，完了。

(2) 钱委员穆致词

承主席命鄙人临时随便说几句话，上午适读本届会议参考资料第一号，二十七年八月总裁训词《革命的教育》，深受感动，本会的意义与使命，已在总裁训词里深切指示，我们只须真实认识真实推动，更不必再多说话。总裁训词里说，我们今后教育目的，更造就实实在在能承担建设国家复兴民族责任的人才，而此项人才，简单说一句，先要造就他们成为一个真正的中国人。这是一个万分痛切的教训。要做一个真正的中国人，我想惟一的起码条件，他应该诚心爱护中国。所谓诚心爱护中国，却不是空空洞洞的爱，他应该对中国国家民族传统精神传统文化有所认识了解。譬如爱父母的儿子，他必先对其父母认识了解一般。这便是史地教育最大的任务。

一部二十四史从何说起，国史浩繁，从前人早已深感其苦。何况身当我们革命的大时代，在一切从新估价的呼声之下，更觉国史传统之不易把捉，但是愈是新的改进，却愈需要旧的认识。过去和现在，绝不能判然划分。因此在我们愈觉得国史难理的时候，却愈感得国史待理之必要。我常细听和细读近人的言论和文字，凡是有关改革现实主张的，几乎无一不牵涉到历史问题上去。这已充分证明了新的改进不能不有旧的认识。只可惜他们所牵涉到的历史问题,又几乎无一不陷于空洞浅薄乃至于荒谬的境界。这是事实告诉我们,我们这一时代,是极需要历史知识的时代,而又不幸的是极缺乏历史知识的时代。

让我略举数例以资说明,我常听人说,中国自秦以来二千年的政体,是一个君主专制黑暗的政体。这明明是一句历史的叙述,但却绝不是历史的真相。中国自秦以下二千年,只可说是一个君主一统的政府,却绝不是一个君主专制的政府。就政府组织政权分配的大体上说,只有明太祖废止宰相以后最近明清两代六百年,似乎迹近君主专制,但尚绝对说不上黑暗。人才的选拔,官吏的升降,刑罚的处决,赋税的征收,依然都有客观的规定,绝非帝王私意所能轻易摇动,如此的政体,岂可断言是君主专制?只缘前清末年人,熟于西洋十八世纪时代如法儒孟德斯鸠辈的政论,他们以为国体有君主民主,政体有专制立宪,中国有君主而无国会无宪法,便认是君主专制。不知中国政体,如礼部之科举与吏部之诠选,已奠定了政府组织的基础,不必有国会而政权自有寄托。如有名的《唐六典》,大体为宋代以来所依照,极精密极完整的政权分配,使全个政府的行政机关各有依循,便不必有宪法而政权自有限节。而况明代以前,宰相为政府领袖,与王体俨成敌体。皇帝诏命,非经宰相副署,即不生效。君权相权有时互为轩昂,正如法国美国总统制与内阁制之互为异同。现在我们一口抹杀,说二千年来中国政体,只是一个专制黑暗的政体,我们非得彻底翻新不可。不悟政治只是社会各项事业中的一项,而又是较重要的一项。政治理论全部变了,则牵连而及于社会其他各项事业之理论,亦必随而为变。牵一发动全局,因而动摇及于全部的人生理论、精神教育以至整个文化传统。试问中国传统政治及其背后的理论若要全部翻新,以前种种譬如昨日死,一刀两截,非不痛快。然而以后种种却从何处生。于是在革命共和初期,便已有法国制和美国制的争论,而随着上次欧洲大战后的新变动,国内又产生苏维埃共产政治与德意独裁政治的鼓吹与活动,试问一个国家的政治理论及其趋向,是何等有关于民族的,而把他的重心全部安放在异邦外国人的身边,这是如何一件可诧异而可惊骇的事。只有孙总理的三民主义，努力要把中国将来的新政治和已往历史的旧传说连根接脉。可惜他的意见，尚未为一般国人所接受。一般国人只还是说，中国自秦以下二千年政治，只是专制黑暗。他们援据的是历史，但是他们并不真知道历史。因他们不知道，故而不爱护，但求一变故常以求快意。

再举一例。我又常听人说，中国人二千年来闭关自守，不与外来民族相接触，因而养成其文化上自傲自大深闭固拒的态度。这又是一句历史的叙述，只可惜仍不是历史的真相。秦以前暂不论，我们再就秦以下言之，自东汉初叶，中经魏晋南北朝，下迄隋唐，大体上超过六百年的时期，可说是中国接触吸收印度佛教文化的时期。印度可说是中国的近西。自隋唐以下迄于宋元，大体上又有六百年的时期，可说是中国接触吸收阿剌伯回教文化的时期。阿剌伯、波斯可说是中国的远西。中国自秦汉以下的一千三四百年间，西北陆路西南海路的对西交通，从未断绝。中国人何尝闭关自守？今佛教不啻为中华民族之宗教，而回教之在中国，亦得自由传布。汉满蒙回藏，民国以来合称五族。中华文化吸收印度佛教之影响，尽人皆知。而自唐以下，中华文明所受阿剌伯、波斯回教东来之波动，现在尚需历史文化学者详细阐发。中国人何尝自傲自大？六朝隋唐中国高僧西行求法的热忱，以及中国政府对波斯大食商人的坦白宽大的态度，只广州一埠，在唐末便有大食波斯商人二十万之谱，而其时大食波斯商人之足迹，并遍布于中国之内地。从此便够证明上述中国人文化自傲、对外深闭固拒的评状，全无根据。此等话，只是近代西洋教士与商人的谰言，并非历史真相之叙述。西洋中古时期的耶苏教，本已包揽着许多政治社会上的尘世俗务。海通以还的耶教士，更形变质，几乎成为帝国主义资本主义之前呼后拥。他们把到南菲与北美的经验与态度来到中国。他们不仅来中国宣传教理，却往往干涉内政，激起中国之民变，与往古印度高僧纯以宗教真理相感召之精神显有差别。而西洋商人之牟利政策，如鸦片强卖等，更招中国人之恶感。近世中西交通史上，鸦片战争前后，不断的教案以及连续的强占土地强索赔款等事项，其是非曲直，大可待有志研究全世界人类文化史而抱有明通观点者之公平判断。中国史上之东西交接，至少已经三期，第一步是近西的中印接触,第二步是远西的中回接触,第三步才是更远西的中欧接触。前两步各自经历六七百年的长期间,而始完成中华民族吸收外来异文化之大业。现在的中欧接触,自明末以来,为期只三百年,虽则西洋以其过强之势力压迫于我,但我们诚心接纳吸收异文化之热度,仍是与前一般。若以前两步的成绩来推论,再历三百年,中华民族一定能完成吸收融和我更远西的欧洲文化之能事,但是要吸收外面的养料,却不该先破坏自己的胃口。近代的中国人,也有笑林文忠为顽固糊涂,捧耆善、伊里布等为漂亮识大体的。这无异于站在外国人的立场,代外国人说话。中国人自己不知道中国事,如何能爱中国?不知道中国与不爱中国的人,如何算得是一个真正的中国人。事实上是一个真正的中国人,而理论上却又绝不能算他是一个真正的中国人,如此般的人,到处皆是,岂不可痛,岂不可惊!

上述的两例,一个使中国人感觉中国已往一切要不得,一个使中国人不敢批评外国人一句非,不是的只在自己那一边。这种关系何等重大。他们都根据着历史的叙述,但是绝不是历史的真相。他们无意中已把中国人立足所在的重心迁移依靠在非中国人的脚边,这样将使中国人永远不能自立。现在请再举一个更明显的例,而又是有关于地理问题的。

辽河流域在中国史上深远的关系,早已发生在秦汉之前。直到明代,建州卫特起,只是吉林长白山外一小部落,辽河两岸,全属明代疆土。满清入关,包藏祸心,不许汉人出山海关,要把关外作他的退步。但是那时只称辽吉黑作关东三省,绝不叫他是满洲。日本人又进一步,把清代所称关东三省呼为满洲,又常以满鲜、满蒙并称。中国人不知其用意,自己亦称关东三省作满洲,直到伪满洲国成立,世界上不了解真相的人,还以为满洲人在其本土(满洲)自立一国,这是外国人有意歪曲中国历史来欺侮中国人之一例。我们并不想歪曲自己的历史来利用作一时的宣传,但是我们应该澄清我们目下流行的一套空洞浅薄乃至于荒谬的一切历史叙述,我们应该设法叫我们中国知道真正的中国史,好让他们由真正的知道,而发生真正的情感。这样才配算是一个真正的中国人。这一个责任,自然要落在史地教育者的身上。

现在再说到中国传统文化之价值问题，这本可不证自明的。中国文化是世界上绵延最久展扩最广的文化，只以五千年来不断绵延不断展扩之历史事实，便足证明中国文化优异之价值。近百年来的中国，不幸而走上一段病态的阶段。这本是任何民族文化展演中所难免的一种顿挫，又不幸而中国史上之一段顿挫时期，却正与欧美人的一段极盛时期相遭逢而平行。国内一般智识分子，激于爱国忧国的热忱，震惊于西洋势力之咄咄可畏，不免而对其本国传统文化发生怀疑，乃至于轻蔑，而渐及于诅骂。因此而种种空洞浅薄乃至于荒谬的国史观念，乃获不胫而走，深入于一时之人心。然而此种现象，亦依然还是一时的病态，并没有摇动到中国传统文化之根底。只看此次全国抗战精神之所表现，便是其证明。试问若非我民族传统文化蕴蓄深厚，我们更用何种力量抟结此四万万五千万民众对此强寇作殊死的抵抗？当知无文化便无历史，无历史便无民族，无民族便无力量，无力量便无存在。所谓民族争存，底里便是一种文化争存。所谓民族力量，底里便是一种文化力量。若使我们空喊一个民族，而不知道做民族生命渊源的文化，则皮之不存，毛将焉附。目前的抗战，便是我民族文化的潜力依然旺盛的表现。此在一辈知识分子，虽有菲薄民族文化乃至于加以吐弃的，而在全国广大民众，则依然沉浸在传统文化的大洪流里，所以宁出于九死一生之途以为保护。由此言之，今日史地教育更重要的责任，却不尽在于国史知识之推广与普及，而尤要的则更在于国史知识之提高与加深。易辞言之，不在于对依然知道爱好国家民族的民众作宣传，而在于对近百年来智识界一般空洞浅薄乃至于荒谬的国史观念作纠弹。更要的，尤在于对全国民众依然寝馈于斯的传统文化，在重新加以一番新认识与新发挥。在此革命建国时代，又值全世界大动摇之际，若非将我民族传统文化作更深的研寻与更高的提倡，而仍是空洞浅薄或仍不免于荒谬的，只求利用历史来对民众暂时作一种爱国的宣传，依然一样的无济于事。说到这里，史地教育界所负责任之艰巨，更可想见。此在全国史地教育界同人，固当益自奋励，肩此重担，而在提倡史地教育的行政长官以及关心此问题的爱国人士，则希望不断的与我们以鼓励与助力，乃至于与我们以宽容与期待。莫要把此事业看轻易了。今天所说的直率粗疏处,还望到会诸先生原谅与指正。

（3）王副总干事献唐致词（略）

（4）缪委员凤林致词（略）

（5）胡委员焕庸致词（略）

五、报告（黎委员东方）

本会一年来之工作,大要不外于学校史地教育、社会史地教育、编撰史地图书三类。学校教育方面之问题一为师资,一为教材。大学之史地师资最感缺乏,已请由高等司加以筹划,今秋可于大学研究所内增设历史学部及地理学部数处。中学之史地教员,出身于史地系或史地二系者不多,亦请由中等司举行分期讲习,此次开会后,即可开始第一期讲习。小学之史地系合并于社会科内,国民司亦尤于训练师资之时,特重史地课程。教材方面,大中小学之教科参考用书,亦经分别着手,并拟悬奖征求高初中之本国史地教科四种,目的在于唤起一般人之研究兴趣。欲求合于理想之中学用书,似应先有合于理想之大学用书；小学之于中学亦然。因小学课程之内容等于大纲,中学课程之内容等于细目,而大学课程之内容则为说明。非先有详细而正确之说明,则大纲细目均无所本。故本会年来自身所直接从事者,先限于大学适用之史地教科参考用书方面。

社会教育方面,关于历史幻灯剧本及地理影片之编制,系由社会教育司负责,随时就内容结构各点,与本会保持接触。编制图书方面,除《中国史学丛书》已收到稿件九十余万字,在陆续审查付印中外,《中国地学丛书》亦在计划之中。"一般史地读物"亦收到《刘知幾传》等著作,内容甚合一般人士公余研读之用。

此外初中史地挂图,业由本会绘成初稿,特借此次全会机会,征求出席诸先生之审查意见,俾可尽量修正,印发各校备用。年来工作之详细情形,另详参考资料第四号中,请诸先生不吝指正。

六、推定分组审查人召集人

第一组　史地教育方针组

　　　　钱　穆　胡焕庸　黎东方　孟寿椿　王星舟　章绍烈
　　　　杨克敬　孙瑞桓　邹树椿　陈东原

召集人　钱　穆

第二组　学术团体及研究机关组
　　　　顾颉刚　吴俊升　黄文弼　李之鸥　徐伯璞　汪元臣
　　　　郑颖荪　萧家霖　朱文宣
召集人　顾颉刚

第三组　教材及设备组
　　　　缪凤林　黄国璋　张西堂　许心武　陈可忠　顾树森
　　　　赵光涛　滕仰支　锺道赞　江应澄
召集人　缪凤林

第四组　文献考古及考察组
　　　　徐炳昶　金毓黻　张廷休　闻钧天　王献唐　王培仁
　　　　李心庄　王汝昌　郭莲峰　李焕之　朱康廷
召集人　徐炳昶

七、摄影

八、散会

教育部史地教育委员会第二次全体会议出席人名单

本部长官：陈部长立夫　余次长井塘
本会委员：金毓黻　胡焕庸　徐炳昶　黄国璋　黎东方　缪凤林
　　　　　　钱　穆　顾颉刚　吴俊升　许心武　陈可忠　王星舟
　　　　　　张廷休　顾树森　张西堂　孟寿椿
本会秘书：陈东原
各机关代表：王献唐（国史馆）　周曙山（党史编纂会）
列席专家：黄文弼　李心庄　曾济宽
本部各单位代表：李之鸥　王汝昌　章绍烈　滕仰支　赵光涛
　　　　　　　　　徐伯璞　郭莲峰　锺道赞　李焕之　汪元臣
　　　　　　　　　郑颖荪　杨克敬　萧家霖　孙瑞桓
本会职员：邹树椿　江应澄　朱康廷　朱文宣

教育部史地教育委员会第二次全体委员会议日程

时　　间		原定程序	备　　注
七月二日	下午	出席委员莅青报到，下榻中央旅社。	
七月三日	全日	商谈提案，并游览青木关名胜。	
七月四日	上午八时	开幕式。部长致词，来宾演讲，工作报告，自由演讲，推选分组审查提案人及召集人，摄影礼成。	因上午遇有警报，移至下午举行。
	正午	便餐。	
	下午	分组审查议案。	
	晚六时	部次长招宴（遇有紧急警报，移至解除后十分钟）。	
	七时	本部音乐教育委员会古乐演奏。	
七月五日	上午八时	续开大会。	改开审查会。
	正午	驻会职员招待。	
	下午三时	续开大会。	大会。
	晚六时	便餐。	
	七时	本部社会教育司放映历史幻灯及地理影片。	
七月六日	上午	参观北碚地理研究所、地质调查所，游览北温泉。	改为续开大会。
	正午		社会教育司同仁招待。
	下午	参观本部中小学教科用书编辑委员会，事毕返青。	休息。

教育部史地教育委员会第二次全体会议议案目录

原号数	案　由	提案人	议决案号数
一	确定史地学科民族立场案	教育部交议	1
二	确定各研究院所部室史地部门分工合作办法案	同上	2
三	建立史地人材轮次进修服务办法案	同上	3
四	统筹国民教育计划完成后中等学校史地师资案	同上	5
五	设立民族文献馆案	同上	28
六	设立流动史地考察发掘队案	同上	29
七	请拨款筹办搜集抗战史料训练班以利搜访史料案	徐炳昶提	31
八	选用助理员协同各专家编纂通史及文化史案	顾颉刚提	16
九	提议由本会补助设立中国史学会案	金毓黻等提	11
十	提议增设各大学历史研究所以应时势之需要案	同上	12
十一	改进各级学校史地教材案	杨克敬提	17
十二	普及民众史地常识案	同上	6
十三	奖励史地专门著作案	同上	8
十四	请编辑外国地名人名词典以资统一译名案	同上	1附
十五	拟制地理模型案	黄文弼、邹树椿提	18
十六	搜集国术史料列入国史案	国术教材编审委员会提	19
十七	请提倡中国医学史中国药学史以阐扬中国固有文化史	医学教育委员会提	19附

续　表

原号数	案　　由	提案人	议决案号数
十八	师范学校及简易师范学校历史地理两学科课程标准应如何修订兹拟具草案提请讨论案	中等司提	22
十九	高初级职业学校历史地理两科课程标准应修订提请讨论案	同上	23
二十	请订定初高中历史地理两科设备标准送部审核颁行案	同上	24
二十一	初中甲组第一学年选习历史一小时其教材应如何规定请讨论案	同上	25
二十二	请加重各级学校史地教材中有关边疆部分以提高学生重视我国边疆案	蒙藏司提	7
二十三	请筹组中国民族文化史料专门委员会以整理我国族文化案	同上	1附
二十四	请从速编辑边地学校史地教材以利教学案	同上	7附
二十五	本部第二届边教会委员会全体大会决议订正历史上有关障碍国族团结之传说一案拟请贵会具体进行案（附原案）	同上	1附
二十六	请联合全国史地学界组织中国史地学会以增进中国学术案	黄文弼、黄国璋提	11附
二十七	请充分利用全国各地名胜古迹及与历史地理有关之照片或画图为施教唯一之工具以激发国民爱国思想案	黄文弼、黄国璋提	30
二十八	请于此次中等学校史地教员暑期讲习会结束后筹组中等学校史地教员通讯研究会案	章益、黎东方提	13
二十九	倡导史地考察旅行案	中央建教合作委员会提	32

续　表

原号数	案　由	提案人	议决案号数
三十	请设法大量编辑中学史地课外读物以补课本之不足案	黄文弼、徐炳昶、黄国璋提	21
三十一	请充实各地中学史地教师暑期讲习班以利教学案	黄文弼、黄国璋提	14
三十二	请教育部增聘地理专家为本会委员以充实本会案	同上	9
三十三	请求协助搜集音乐史料以便编成专史案	音乐教育委员会提	33
三十四	请由史地委员会编制民族史迹及各省人文地理电影及幻灯教材案	社会教育司提	10

临时动议

原号数	案　由	提案人	议决案号数
一	请由部举行七七纪念中国史地学术讲演周案	吴俊升、王星舟提	4
二	凡关于护士及助产教育之史料希望与本会取得联系案	医教会提	15
三	六年制中学历史地理两科教材大纲应如何规定请讨论案	中等司提	26
四	中等学校历史地理乡土补充教材应如何调查搜集请讨论案	同上	27
五	请各历史专家代搜中国体育史料案	体委会提	34
六	请确定下期大会日期案	主席提议	35
七	请教育部普遍设立博物馆以推广社会史地教育案	第一组审查人临时动议	36

议决各案正文

议决案(1) 确定史地学科民族立场案

教育部交议

议决：照修正文通过。

说明：查"五四"以来，至于"七七"，中经民国十五年之北伐与民国二十年之"九一八事变"，我国文化界趋势，已由破坏而趋于建设，由审问明辨而趋于择善固执，由融会中西而趋于新的本位文化之建树。过去支离破碎之学风，与直接间接染受帝国主义麻醉之毒素，宜亟借此时机，一为厘廓。最近于院长右任主张，改印度支那半岛之旧名为中南半岛；又本部边疆教育会第二次全体会议，亦议决此后本国历史教科书中，勿再沿载华族驱走苗族之无稽传说：皆为同一方向之良好措施。甚宜普遍改革，奠定新基，使今后中国国民所习之史地学科为兼合于科学真理及民族需要之学科，而白鸟库吉、勒乡得诸氏有意造作之"尧舜禹抹杀论""中国人为白种黑种之混血"等等谰言，得以永绝根株，借以加强自信，巩固团结。爰提办法二条付诸公决。

办法：(修正文)

一、建议大会推定委员专家三至五人提出对于史地学科之民族立场应注意各点之报告。

二、由本会聘请委员及专家若干人分别整理中外地名并按期举行会议。

三、俟名词审查完竣后再行编辑人名地名词典。

附注：当时已由大会推定钱穆、缪凤林、顾颉刚、胡焕庸、黄国璋五人担任上述办法第一条之任务。

附录(一) 请编辑外国地名人名词典以资统一译名案

杨克敬提

理由：查外国地名、人名大都随译者所据各国文字及其所习汉字之读音而别，故同一名也，往往人各一译，倘不附原文于后，几无从辨识。

兹为读者之便利，及著述家之参考起见，实有统一之必要。

办法：

一、编辑古代外国地名人名词典。

二、编辑现代外国地名人名词典。

三、编辑现代各国名人词典（仿 Who's Who 体裁）。

附录（二）　请筹组中国民族文化史料专门委员会以整理我国族文化案

蒙藏司提

理由：近几年来，国内竞以民族问题为研究文史之对象，众说纷杂，有碍国族团结之论，对政府施方针颇多龃龉。国内各族同出一源之说，已有科学研究之根据。兹为加强国族团结，发扬我国民族文化起见，应增设中国民族文化史料编纂之专门机构，以阐扬我中华民族整个国族文化为旨趣。当否，敬请公决。

办法：请在史地教育委员会内增设中国民族文化史料专门委员会。

附录（三）　本部第二届边教会全体大会决议订正历史上有关障碍国族团结之传说一案拟移请贵会具体进行案

蒙藏司提

附原案：建议订正历史上有关障碍国族团结之传说案

马毅、顾颉刚提

理由：三民主义之民族主义，第一次全国代表大会宣言，及第五次全代大会决议，对中华国族不分畛域、一律自由平等之原则详阐靡遗。此为对边民之国策，固极正确。中央更订定边民教育办法，确定经费，湘、桂、滇、黔各省复推行不遗余力，成绩亦甚卓著，教育部之《训育纲要》对边疆学校之施教纲领尤足钦式。

但某省某区（密）曾有大规模之苗族复兴运动，主其事者皆为国内外专科以上学校之学生（名密），强调民族五千年前为中国主人翁，居住黄河流域，被汉族所驱逐，遂致式微，故宣传一律使用苗语、苗文，读苗书（实并无文字），穿苗族服装，禁止与汉族通婚，并分遣代表至各省宣传，以期恢复故土，复兴苗族。

又暹罗亦称滇、黔为泰族故居。改泰之后即有倭寇操纵，利用种族问题，妄作种种企图。

故欲消除边胞团结之障碍，泯灭敌人煽拐之口实，此汉族驱逐苗族之荒唐传说，必须订正，否则边教愈普及，边民程度愈高，而种族间仇恨反而益深，与融合情感、团结国族之企图实南辕而北辙。

办法：

一、教育部从新订正各级学校历史教本，根据最近甲骨陶器之研究结果，证明汉族为黄河流域土著，并未驱逐压迫任何民族。就章太炎之《排满平议》、吕思勉之《中国民族史》，及顾颉刚《边疆》中发表之文章，以证明古之三苗非今之苗胞。此种传说一经厘订，则民族间假想的人为之仇恨可不致发生，然后推行边教，庶不致发生相反作用，而与教育部规定之"阐发国族精神""注意讲解民族融合史"之目地正相吻合。

二、凡关于边民问题之著作，经教育部审查后方准出版，不得违反三民主义，尤须与中央之政策一致。

议决案(2) 确定各研究院所部室史地部门分工合作办法案

教育部交议

议决：照修正文通过。

说明：查现有史地研究机关，计有下列各处：

一、中央研究院历史语言研究所

二、北平研究院史学研究所

三、中央研究院地质研究所

四、经济部中央地质调查所

五、广东省地质调查所

六、中英庚款董事会地理研究所

七、私立金陵大学中国文化研究所

八、国立西南联合大学研究院文科研究所历史学部

九、国立中山大学研究院文科研究所历史学部

十、私立金陵大学研究院文科研究所历史学部

十一、私立燕京大学研究院文科研究所历史学部

十二、私立辅仁大学研究院文科研究所历史学部

十三、国立浙江大学研究院文科研究所史地学部

十四、国立浙江大学史地教育研究室

十五、国立东北大学东北研究室

上列各研究院所部室,均各有相当成绩,工作方面亦因人材设备经费地域等关系,而各有所侧重。分工倾向虽已逐渐形成,而如何合作,以收更大效果,则有待于联系。值兹抗战期间,人材经费,盖无一处所而不感缺乏,仅刊物一项,亦几无一研究机关尚能继续支持,遑论添聘人员、购置书籍、举行发掘等等。爰定办法三条,提请公议。

办法:

一、由史地教育委员会函请上述各机关,说明工作侧重之点。其侧重点相同者,希望其酌予合并,或互借书籍仪器。

二、上述各机关得就工作性质交换人员,以求集中研讨,仍支领原机关薪津。

三、上述各机关得分别邀约二三单位,合出刊物,仿照美国战时各杂志合并出版之前例。于必要时得由教育部出版一综合刊物,由上述各机关分担选任稿件。

四、于下届史地教育委员会开会时,应函请国内所有史地研究机关同时开联席会讨论分工合作详细办法。

议决案(3) 建立史地人材轮次进修服务办法案

教育部交议

议决:照修正文通过。

说明:查教学相长,进修本已寓于服务之中;惟现今学术进步,一日千里,加以学校制度方面,因限于经费,无论大学中学,教员所任钟点均多,故事实上教学二者几已等于分途而不相容;教则无暇以学,学则无暇以教。且晋级升迁,亦多困难,教中学者于是老于中学,教大学者亦感教至十年八年,技术日熟而新知日少,每生落伍之叹。此在个人方面,为生命力之虚耗,就国家之教育与学术言,则为不可数计之浪费,有亟待于补救。爰拟建立一轮次进修服务之系统,提请公议。

办法：（修正文）

一、现有及曾任大中学史地教员，与历年史地各学系之卒业生，举行总登记，载明学历著述及服务资历。

二、中学史地教员于服务满五年后，得由所服务之学校，呈准教育部，分发于各研究院所，或师范学院进修一年。

三、上项进入研究院所之进修生，如已具学士资格，得按照研究院所规定，改为研究生，参加硕士学位之考试。

四、进修期满之进修生，无论获得学位与否，应由原服务之学校增加其俸给，或由本部分发至另一学校任教。

五、第二次服务满五年后，得再度请求进修，期限亦为一年。并得依其进修成绩，由本部分发至专科以上学校，充任讲师以上职务。

六、大学史地各学系之助教，除已因其他表现升任讲师者外，得适用上述第一至第五条之办法。

七、大学史地各学系之教授、副教授服务满七年者，得休假一年，并得依其请求，由部资送国内外研究机关作研究工作，或赴外国作旅行研究，或予以考察地理及采访史料之便利。

八、大学史地各学系之教授，于再度服务满七年后，仍得享受第七条之优待，并得依其请求，由部予以从政济世之便利，俾得贡其所学于政府政治方面及经济方面之设施。

议决案（4） 临时动议：请由部举行七七纪念中国史地学术讲演周案

吴俊升、王星舟提

议决：通过。

说明：查一国之史地学术关系存亡至巨，尤以吾华具有五千年之历史、四万万方里之土地，其潜在力量发挥于兹次对日抗战者亦昭昭然举世共见。本会举行第二次全体会议于抗战四周年纪念之前夕，国内国际之情势，在在俱足以表现胜利曙光日益明朗。本部提倡史地教育已有年所，似应借此专家集合之机会举行内容充实之讲演周。爰提办法二条，提请公决。

办法：

一、由会推选专家九人在渝作有系统之讲演。

二、于讲演完毕后编印专册。

议决案(5)　统筹国民教育计划完成后中等学校史地师资案

教育部交议

议决：照修正文通过。

说明：查国民教育五年计划，已距完成之期不远，中等学校数量必随之而有相当增加，其中史地师资亟待早为准备，兹先将有关数字列下：

一、现有中等学校共二千零三十一校，级数一万二千八百二十级，每级平均史地功课共四小时，每五级需要教员一人，共需史地教员二千五百六十四人。

二、事实上各校史地教员每多缺置，常以国文教员及英文教员分别兼教史地。在去年四川省中学教员暑期讲习会中合格之地理教员仅有二人，合格之历史教员为数亦不甚多。

三、现有之专科以上学校，设有历史学系者十七处，设有地理系者六处，设有地质系者四处，设有史地合系者十处，地理地质合系者二处，历史社会合系者四处，文史合系者二处，文史地合系者二处，历史政治合系者二处，总计为四十八处（见参考资料设置史地系之专科以上学校）。

四、每处每年卒业学生以平均五人计，共二百四十人，事实上有若干校开办各该系未久，尚无卒业学生，真正数字或仅及半即一百二十人。其中升学于研究生，留校充任助教或服务政府机关者又逾其中，故实际每年从事史地专业之新人，不过五六十名。

五、若继续此现象至于国民教育完成以后，国民学校有八十万所，中心学校有二万所左右，每年高级小学卒业生有四百万名，其中以平均百分之五升学计（都市高小卒业生升学者假定为百分之二十，乡村之比例数较低），则每年增加中学生二十万人；以五十人为一级，共需添设中等学校四千级；每五级需要史地教员一名，故每年需要从事专业之史地学系卒业生八百人。

六、综上以观,中学史地教员之需要将为每年八百名,而现今之供给量为五十名,如何及时培植,自待早事准备。

办法:(修正文)

甲、治标方面:

一、规定于最短期内史地各学系卒业学生,除升为研究生担任助教,或与史地有关之专门工作者外,担任中等学校史地教员为原则。

二、调查过去历年卒业于史地各学系之人才,予以专业服务之便利。

三、分期训练现任中等学校史地教员之学历资历之未能合格者,并于受训后予以服务进修及晋级各方面之保障与优待。

四、按期调查各中等学校史地师资之供求情形,并予以延聘师资之便利。

乙、治本方面:

一、充实现有史地各学系之设备师资,尽量改善并调整其教学内容,使逐渐扩充每班人数。达到平均每班有二十人(共有四十八处,若皆有二十人一班,则每年可望有九百六十人卒业)。

二、设置中等史地师资之短期养成机关,考收专科以上之他系卒业学生予以史地教学之训练。

四、①尽先完成史地人材之轮次进修服务办法,以坚定史地人材之服务精神(详另案)。

议决案(6)　普及民众史地常识案

杨克敬提

议决:照修正文通过。

理由:我国有五千余年之历史,四万万方里之土地,世界各国罕有其匹。故吾国历史地理之分量较之任何国家多至数倍,学校对于史地课程往往感觉繁重,教学钟点有限,不得不删繁就简,习焉不详。在校学生已感史地常识之不足,遑论多数民众。兹为普及史地常识起见,特

---

① 此案决议中,原案第三条被删,故不见序号"三",而直接以"四"承之。参见本书《教育部史地教育委员会概况　第二号》分组审查会纪录中第一组审查第四案"议决"意见。

拟办法如下。是否有当,提请公决。

办法:(修正文)

一、各地城市于可能范围中,尽量在民众教育馆、图书馆、科学馆,及有关社教机关等设立史地陈列室(边区注重中原典章文物,内地注重边区风俗物产)。

二、于民众教育馆内随时讲演国内外大势。

三、编辑通俗史地演义及历史剧本,或搜集旧有加以修订重印发行。

四、编辑学生史地丛书。

五、保护古迹、先贤祠宇及坟墓,并开辟为公共游览场所。

六、发动民众教育馆及青年团体组织旅行团赴各地观光。

议决案(7)　请加重各级学校史地教材中有关边疆部分以提高学生重视我国边疆案

蒙藏司提

议决办法:请部交由国立编辑馆大学用书编辑委员会及中小学教科用书编辑委员会参考。

理由:建设边疆为我抗战建国之基础,提高国人对于边疆之认识,实施边疆教育,乃建国之要图。惟目下各级学校所有史地课程,对于边疆史地教材所占分量甚少,殊不足以加强学生对边疆之重视。拟请就各级学校史地教材中加重有关边疆之分量,从速编纂,以利教学。是否有当,敬请公决。

请从速编辑边地学校史地教材以利教学案

蒙藏司提

理由:边地各级学校所需教材与内地普通学校颇多出入。目前关于此种教材均付阙如。边疆史地教材尤感缺乏。应请贵会从速编辑边地学校史地教材,以利教学。

办法:

一、会同蒙藏教育司拟订边地小学及中等学校史地课程教材分量及教学要目。

二、会同蒙藏教育司编辑边地小学及中等学校史地课本。

三、审订现有史地课本删除有碍国族团结之教材。

议决案(8)　奖励史地专门著作案

杨克敬提

理由：查抗战期间，后方文化建设应由各部门分途并进，史地之重要不减于其他学术。此项专门人材大都撤退后方，大可埋头苦干，尽其所长从事著述。况吾国史地专著向属寥寥，非有奖励提起著家兴趣，多所贡献，则不足以满学者以求智欲。兹将其办法胪列于左：

办法：

一、凡史地专著有特殊贡献者由部给予褒状。

二、稿件得由本部介绍出版。

议决案(9)　请教育部增聘地理专家为本会委员以充实本会案

黄文弼、黄国璋提

议决：原则通过，请部办理。

理由：史地教育亟待改进，工作颇为浩繁，责任亦重大。本会委员史学专家延揽颇多，对于历史教育贡献甚富，惟地理方面委员尚嫌太少，难收集思广益之效。兹为加强本会任务，及谋地理教育之发展，拟请教部增聘地理专家为本会委员。是否有当，应请公决。

议决案(10)　请由史地委员会编制民族史迹及各省人文地理电影及幻灯教材案

社会教育司提

理由：电影为推进一般教育最有效之利器，其在我国更感需要。诚以其能以最短之时间，支配最广之空间；最少之物质，发挥最大之力量也。是以教育影片之大量摄制，实为急不容缓之要务。关于史地部分，值此抗建期间更属重要，故必须借电影宣传，使国人认识国族文化之演进、列祖列宗奋斗之经过,及国家之版图、天然之富源,以启发其建国复兴应有之觉悟与努力。

办法:(修正文)

一、由社会教育司会同本会及教部有关各司分别邀请专家设计编制。

二、材料编订后交由社会教育司分幕摄制。

议决案(11)　由本会补助设立中国史学会案

顾颉刚、缪凤林、金毓黻、黎东方提

议决:由本会出席委员发起组织中国史学会。

吾国学术界于近二三十年来对于史学之研究颇有长足之进步。例如考古发掘、整理史料、编纂新史,皆能采用世界之最新方法作种种之研究。无论质与量之两方亦皆有可称之成绩,即世界著名学者亦曾承认吾国学人研究所获对于史学有重大贡献。无如各自为谋,势同散沙,以至今日尚无集体之组织。去岁世界历史学会来电邀请吾国历史学者与会,竟以无是项组织,无法应命。兹虽在抗战期间,全国集中力量一致应付,但学术之研究一日不可中辍,且贡献于抗战者亦甚大,是则中国历史学会之设立尤不可缓。然以兹事体〔大〕,应由本会通过决定,补足设立之原则,再行推定多人起草会章,克期组织成立。(完)

附录　请联合全国史地学界,组织中国史地学会,以增进中国学术案

黄文弼、黄国璋提

说明:我国疆域最广大,历史最悠久,图书最浩繁,史地界先达亦最多,今当学术转变之际,吾人生于千载之后,欲继承先贤大业,开示将来,自非一人之力、一手之劳所能济事,势必须集合多数同志,共同研讨,借他山之攻错,为风雨之鸡鸣,殷殷不已,必有达到目的之一日。自抗战建国以来,欲求大业之完成,必有借于学术之补助,况我史地界同人握中国文化之重心,领导青年,任大责重,惟以居处星散,联络无由,则组织学会,定期集合各地同人于一地,谋知识与学术之交换,亦为必要之图也。历史与地理虽分科各别,但为实际所需,历史与地理,实有

不可分离之联系。故吾人为事实之需要,拟联合史地界同人,共同组织中国史地学会,以策进行。是否有当,请公决案。

办法:

拟以此次到会同人为基础,联络各学校各研究机关及文化团体、史地界贤达,共同发起,广征同志,俟有成效,再谋成立。(保留)

议决案(12)　增设各大学历史研究所以应时势之需要案

缪凤林、金毓黻、顾颉刚提

议决:原则通过,建议教育部采择施行。

研究历史之重要,久为有识者所公认。历史专门学者及师资之缺乏,至最近而益甚。各大学之历史学系除去第一学年之共同必修课程,仅能有三年之岁月为专心精研之时间。抑且中西兼治,实感日不暇给。而毕业之后又无留学国外机会使其深造。无已,惟有于各大学多设历史研究所使其作继续之研究,乃能完成学业,以应社会之需。凤林等于上次会议时曾有多设历史研究所之议案提出,决议通过,但经时一载尚未见实施。例如中央大学有三十余年之历史,自设校以来即有历史一部,较其他之各系之历史为最深。乃现有各院中已有五院成立研究所,每院复不止一学部,独关系本国文化最深之文学部竟付阙如,未免向隅,而每年自中央大学毕业之优秀学生以事实种种之限制,苦无深造之机会。一校如此,他校可知。本此理由,重提此案,并将所拟办法开列于左:

各大学如北大、浙大、中山,已设立历史研究所外,有如学生最多、历史最长之中央大学应尽先成立。余如武汉、西北、四川各大学,学生较多者亦应以次成立。(完)

议决案(13)　请于此次中等学校史地教员暑期讲习会结束后筹备中等学校史地教员通讯研究会案

章益、黎东方提

议决:照案通过。

理由:

一、暑假讲习会为短期进修,为改进中等学校之史地师资起见,应有一较永久进修组织。

二、可以直接沟通本会与各中等学校,一则以便本会研究,一则以便各校作教材及教法上之咨询。

办法:由本会筹备组织之,于讲习会结束后开成立大会,章程另订。

议决案(14)　请充实各地中学史地教师暑期讲习班以利教学案

黄文弼、黄国璋提

议决:照修正文通过。

理由:当此抗战时期,学校图书、仪器极感缺乏,内地中学教师少有学术进修与质疑问难之机会。兹为改进教学起见,拟请充实各地中学教师暑期讲习班。是否有当,应请公决。

办法:(修正文)

一、由教育部指令各国立大学师范学院或独立师范学院会同各省市教育厅局办理之办法。

二、讲习时间至少为两个月。

三、各省教育厅应分区分期轮回办理之,务以普及各地为主旨。

议决案(15)　临时提案:凡关于护士及助产教育之史料希望与本会取得联系案

医学教育委员会提

议决:照原案通过。

理由:近代化之护士及助产教育,在我国虽只有五十余年之历史,但因其为女子教育与职业教育中之重要者,故发达甚速,推广亦易,在整个教育史内,占有相当之地位。又本会对于护士及助产教育史,正拟个别编辑,以供各护士及助产学校教学之用,故双方史料内容,须互相呼应而有连系。

办法:将来收集该项史料时,如用征稿办法,希望本会有审查稿件机会,如用专聘方式,希望本会有供献人选与审查稿件机会。

议决案(16) 选用助理员协同各专家编纂通史及文化史案

顾颉刚提

议决：由会照原定稿费及抄写费标准,各增五元。

（编者按,此案于呈请采择施行时,已奉批示,将原定付酬办法,抄写费五元者改为五元至十元,稿费十五元者改为十五元至二十元。）

本会编纂通史及文化史,推定之作者均为有固定职务之人,虽为专家而暇闲绝少,实不能如普通作者之计日程功,如期脱稿。为增进效率计,拟请设置助理员名额,就大学及研究所毕业生中挑选俊才帮同各专家写作,给予助教或讲师薪金。将来编辑告成,该项人才即可担任大学中该项课目,寓培养师资于协助写作之中,实为两便。是否有当,敬候公决。

议决案(17) 改进各级学校史地教材案

杨克敬提

议决：由会将本提案所提各要点,函有关司会参考。

理由：查我国史地教育应以提高民族意识,注重民生史观为中心,以期完成三民主义为目的。关于国内各民族及其文化,尤须设法使之接近,以期成一整个之混合体。南洋群岛向为吾先民移殖之所,亚洲诸国自秦汉以来,即与吾国息息相关,就国防言,实为吾国海上及陆上之前卫,其关系之重大,固不亚于欧美诸邦。至近代崛起新兴之国家,对于政治之修明,科学之提倡,物资之开发,武装之配备,不遗余力,其坚苦卓绝之精神,大可为吾人之借鉴。编辑史地教材,应注重说明事实之前因后果,尤重有新颖与中心思想配合之资料。我国过去各级学校史地教材,大率偏重帝王之世系,及山川之形势,类似挂账式之记载,而缺乏统系之说明。兹特将今后改进之办法,胪列于后,敬祈公决。

办法：

甲、关于本国历史方面应改进之点：

一、证明国内各民族早经混合,其文化早经沟通。

二、说明各派宗教传入中国,受中国文化影响都成中国化。

三、注重历代之武功及军备情形。

四、注重历代政治修明及腐败之转变。

五、注重历代移民及与亚洲诸国交通之情形。

六、注重历代文化学术之演进。

七、注重民族英雄之丰功伟业。

八、注重成仁取义之民族气节。

九、注重异族侵略及复兴情形。

十、注重近代国耻。

十一、注重民生史观。

乙、关于本国地理方面应改进之点:

一、应将国父实业计划全部编入。

二、注重各地气候、土壤、物资及特殊工艺。

三、注重交通及贸易。

四、注重国防要塞及军事据点。

五、注重历代国土疆界之变更。

六、注重乡贤遗迹及地方名胜。

丙、关于外国历史方面应改进之处:

一、注重各国政治及武功。

二、注重思想家及科学家之事业及其影响。

三、注重社会生活情形之变迁(民生史观)。

四、注重各国文化之交流。

五、注重政治修明及腐败之转变。

六、注重经济发展之情形。

七、注重历来各国与我国发生之关系。

八、注重我国先民出使各国所发生之影响。

丁、关于外国地理方面应改进之点:

一、注重列强必争之军事据点。

二、注重各国之政治、文化、军事、教育、财政。

三、注重各国之物产资源及工业状况。

四、注重华侨之生活情形。

五、注重国际间之友好及敌对关系。

六、注重国际间之阴谋。

七、注重各国与我国之关系。

八、注重各国之民族性。

议决案(18)　拟制地理模型案

黄文弼、邹树椿提

议决：保留，交会与航空委员会等机关接洽。

理由：此案在第一次大会已由孟寿椿先生与许心武先生提出通过，今重行提出，对于前案作一补充，并请促其计划实现，以增进地理教育之效能。

办法：拟分三期工作，第一期中国地形，第二期世界地形，第三期特殊地形。先从第一期入手，俟完成后再继续第二、三期之工作。由本会请专家设计，聘技术人员，依照设计制造。其制造方法，先范成印模，可以随时出品，资料用纸胎加涂彩色及油漆，小型可为一方，大型可裒集数方为一方，求其便于装运携带。目前可附于教育部标本制造所内，利用其地址及物力，从事制造，出品后可令国内各大书局及科学仪器馆仿制以广推行。

一、属于社会教育者，专备民众教育馆及巡回教育车之用，先取第一期出品普遍分发，使一般民众具有地形常识及对于国土有深刻认识。装制时可使其平放，亦可以悬挂，如此则平放便于展览，悬挂便于宣讲。

二、属于学校教育者，仍用第一期出品纸胎按照设计图绘，同时并发售素质模型，以供各级学校教员，可以利用其素质随其所愿为地理上之说明者，变化其显示方法，以增加其教学之功用。

三、一、二两期出品后即从事制造特殊模型，特殊模型者，即显示某一特殊部分而作之模型也，如长江、黄河、长城，又如地层水利（灌溉发电）、交通（绕山公路、穿山铁路）、军港海港要塞等，此类模型社会教育与学校教育均可适用。

议决案(19) 搜集国术史料列入国史案

国术教材编审委员会提

议决：由会聘请专家编中国国术史及医学史，列入《中国史学丛书》内。

理由：查国术乃属我国国粹，历史悠久，相传至今历数千年。自古英勇豪侠之士，每精通斯道。凡习练国术之男女老幼，无不健壮灵活异常，且普及最易，收效宏大。不特可作推行国民体育与各级学校体育教材之用，且为训练士兵，加强其战斗能力之重要技术。故应设法搜集国术史料及国术名人传，列入国史，以资宣扬国粹，而昭策励将来。

办法：

一、请部通令各省(市)教育厅(局)搜集国术史料，并由教育厅转令各县教育局代为采访，汇寄本部。

二、函中央国术馆搜集国术史料，并转令各省县国术馆及国术团体代为采访汇送本部。

附录 请提倡中国医学史中国药学史以阐扬中国固有文化案

医学教育委员会提

理由：查吾国自神农黄帝发明医药以来，历周、秦、汉、魏、六朝、唐、宋、金、元、明、清以及近代欧洲医药之输入等，蔚为大观，中国医学史、药学史为专门史之一种，亟待整理研究，以阐扬中国固有之文化，而免数典忘祖之讥。

办法：请设立中国医学史研究所，或设中国医史研究室，编辑中国医学史、中国药学史，并于医药院校内，以中国医学史、中国药学史为必修课程。

议决案(20)[①] 临时提案：请制定小学社会科课程标准史地教材大纲

议决：照审查意见通过。

---

① 原文此处漏议决案(20)，兹据会议"大会纪录二"补。案：此临时提案未列入"第二次全体会议议案目录"，并未述及具体内容。

议决案(21)　请设法大量编辑中学史地课外读物以补课本之不足案

黄文弼、徐炳昶、黄国璋提

议决：参照第一次会议第五案由会拟具办法，切实进行。

理由：抗战以还运输困难，以致学校之图书设备无法充实，教学极感不便。兹为补充中学之史地教材及应战时教育之需要，拟请设法大量编辑中学史地课外读物。是否有当，提请公决。

办法：

一、请教育部委托各史地研究机关及学校专家从事编辑，其经费由教育部担负，其细则另定之。

二、征及各大学及学院史地毕业论文之具有学术价值而可供中学课外读物者，交由国立编辑馆出版，办法另定之。

三、普遍征集有关中学史地教材之著作，办法另订之。

议决案(22)　师范学校及简易师范学校历史地理两学科课程标准究应如何修订兹拟具草案提请讨论案

中等司提

议决：由司会馆推会举修订草案代表，会同讲习会讲师学员在短期间将草案切实修订，再由司将修订草案于必要时即送各有关方面征询意见修定。

说明：查师范学校及简易师范学校各科课程标准于民国二十三四年公布施行，业已有年，其中颇多不甚适用之处；复以国民教育推行师范生任务变易，原有课程亟待修改以应需要。关于教学科目及时数表业经于二十九年三月修正公布，各科课程标准之修订办法，决定原则由主管司分别加以初步修改，并送请各专家签注意见，分科举行讨论会以求完善。历史地理为师范学校重要科目，对于民族精神之发扬及国防经济建设之关系异常重大，兹适值史地教育委员会开会之期，特将所拟史地课程标准草案四种提请讨论。

附：历史地理两科课程标准草案四种

议决案（23） 高初级职业学校地理历史两科课程标准如何修订提请讨论案

中等司提

议决：

一、以各类职校通用一种普通史地课本，参加各类补充教材为原则。

二、高初级职校史地课程标准内容及分量参酌高初中及师范学校、简易师范学校标准及职校上课钟点酌定。

三、原有地理课程标准分区以经济以省分。

四、至草案之产生及修定，参酌第十八案办法办理。

说明：各级职业学校于二十七年起部中通令：不分农工商科别一律于第一学年内加授地理二小时，第二学年内加授历史二小时，借以增进民族意识，激扬爱护民族、开发各地资源之热情。时间与中学师范不同，课程标准自应另为拟订。其中要点除普通史地知识外，应如何适切于各类职业之需要，如侧重资源、物产、交通、经济、商业，及各业发展史之情况。时间既较短促，高初各级外国史地是否均需加入，商科与农工二科材料要否分订，及整调课程标准之草拟，均亟待研究进行。兹附已起草之纲目等，提请到会同志详予讨论之。

附纲目草案（系由江应澄先生起草）。

议决案（24） 请订定初高中历史地理两科设备标准送部审核颁行案

中等司提

议决：由司请讲习会讲师及学员分别组织高初中中外史地设备标准讨论会，拟订草案，由会司馆会推举修订草案代表将草案切实修订，再由司于必要时印送各有关方面征询意见修定。

说明：查设备标准与课程标准有密切关联，部中曾委托专家，分科编订，经已审定公布者，计有初中植物、动物、劳作、高中生物，及初高中物理、化学、体育等科。历史、地理两科尚未订定，仅于初中历史课程标准中附举历史科设备之主要项目,略而不详。是项设备标准,有感需要,拟请分科订定,送部审核颁行。

议决案(25) 初中甲组第一学年选习历史一小时其教材应如何规定请讨论案

中等司提

议决:参照第二十案决议办法办理。

说明:查修正初中历史课程标准第二项时间支配中规定甲组第一学年每周选修一小时,添授本国史,又第三项教材大纲中附注(二)订明甲组第一学年选习之一小时,讲述本国历史上对于抗战建国有关重要人物之传记。是项添授历史之教学时间,计一学年,每周一小时,每学期以授课十八周计算,合计三十六小时。应列举若干重要人物,其讲授内容,应如何规定,请详予订定,俾资依据。附录缪凤林先生拟送六年一贯制中学历史课程标准草案中列举之重要人物,以供参考。

一、黄帝	二、夏禹	三、伊尹
四、周公	五、孔子(孟子附)	六、墨子
七、商鞅与赵武灵王	八、秦始皇帝	九、汉武帝
十、张骞与苏武	十一、班超	十二、张衡
十三、诸葛亮	十四、唐太宗	十五、玄奘与义净
十六、王安石	十七、岳飞	十八、朱熹
十九、明太祖	二十、郑和(李马奔附)	二十一、王守仁
二十二、戚继光	二十三、徐光启	二十四、顾炎武
二十五、曾国藩与左宗棠	二十六、孙中山	

议决案(26) 六年制中学历史地理两科教材大纲应如何规定请讨论案

中等司提

议决:参照第十八案决议办法办理。

说明:查六年制中学教学科目及时数表业经公布,并自本学年开始试行,历史自第三学年至第六年教学,合计二十小时(本国历史十四小时,外国历史六小时)。地理自第二年学至第五学年教学,合计十六小时(本国地理十小时,外国地理四小时,自然地理二小时)。是项新制中学专为升学准备,课程以直经一贯为原则,不取二重圆周制,史地两科教材大纲应如何规定,请付讨论。

附六年制教学科目及时数表暨六年制中学历史地理课程标准草案(在缮写中)。

议决(27) 中等学校历史地理乡土补充教材应如何调查搜集请讨论案

中等司提

议决:由中等司会同史地教育委员会委托专家,拟订史地乡土调查之项目方法及指导说明,印发各地中等学校史地教员切实遵照实施。

说明:中等学校各科教学,均应注重乡土教材,史地两科尤感需要。关于史地两科乡土补充教材应行调查搜集之项目及方法,拟请分别订定,并附指导说明,俾便实施。

议决案(28) 设立民族文献馆案

教育部交议

议决:保存档案,中央已另定有办法草案所订四、五等条办法,似涉重复,暂予保留,将来酌予另拟调整办法。

说明:吾中华民族立国东亚,于世最古,文献之数量本亦最为丰富。徒因一火于秦,再火于侯景,其后朝代迭更,屡有散失。"七七"以还,又值日寇侵陵,政府与私家庋藏,大率沦陷,民族文献之厄运至此而极。曩在盛汉,州郡计书,先上太史,副致丞相;迨及逊清,政风衰敝,亦尚设有翰林院、国史馆及府县修志之局。故事虽未尽保存,多少足供参考。环顾欧美之邦,莫不均有文献专馆之设,甚至家乡僻镇,亦竟知为急务,或专辟一室于乡镇公所之中,或附设一部于地方图书馆之内,所以鉴往示今,用意良美。吾国现有机关,如国史馆及中央党史编纂委员会、各研究院所皆感材料缺乏,不惟难以购置,仅就各机关与私家现存之文献材料而论,亦且无法集中。职是之故,民族文献馆之创设,实不容缓。

仅拟办法九条如下：

办法：

一、呈请国民政府，设国立民族文献馆，隶属于教育部。

二、民族文献馆之筹备，由教育部派员三人，国史馆、中央党史编纂委员会各派员一人，组织筹备委员会，并指定一人为主任委员。

三、筹备期间定为六个月。

四、国史馆、中央党史编纂委员会、各研究院所及各专科以上学校图书馆之现存文献材料得交民族文献馆集中保存，但于编纂或研究时得分件随时长期调阅。

五、国民政府本身及所属之各院部会，各省市县政府本身及所属之厅局处会，概须按期（年度终了时）检送过时档案，俾即编目保存。

六、私家著述、行述、谱系、墨迹，及未经印刷者，概得寄送民族文献馆，申请保存，由馆决定收退。

七、有关民族文献之材料，无论现存国内国外，得由民族文献馆出资收买，或经由外交方式加以收回。

八、上项收买，遇必要时，得经由各级政府，以强制方式行之。

九、本馆筹备费及经常费之预算另拟之。

议决案(29)　设立流动史地考察发掘队案

教育部交议

议决：照修正文原则通过。

说明：查历史研究，最重地下发掘之直接材料。地理研究，亦以实地考察为基本工作。我国五千年之文化遗址极多，过去仅凭三数学术机关于有限之经费内，分别从事小规模之发掘或考察，效率微薄。现在一面应由本部竭力设法扩充，一面由部设"流动史地考察发掘队"。其办法如下。

办法：（修正文）

一、本队筹备工作由教育部统筹规定之。

二、本队由各大学历史、地理两系师生及有关学术机关尽量参加，其详细组织另定之。

三、本队经费由教育部筹拨。

议决案(30) 请充分利用全国各地名胜古迹及与历史地理有关之照片或画图为施教唯一之工具，以激发国民爱国思想案

黄文弼、黄国璋提

议决：照原案通过。

说明：我国历史最悠久，山河最美丽，名胜古迹遍布各地。自抗战以来，半壁江山，沦陷异域。我青年学子，相率求学于内地，生息教养，数年之后，习于新居，终亡其故宅。向内地人民身未尝远游者，几不知我国疆域之广大，山河之优美，建筑之壮丽，先民遗迹之可敬，自夸于边区，满足于一啄，而敌人复在战地改图换面，希图消毁我史迹，污灭我文化，使我民族永沉于深渊。今为提醒国民爱国思想起见，拟充分利用全国各地名胜古迹及与史地有关之照片或画图，为施教唯一之工具，借直观之法激起青年爱国之热忱。是否有当，请公决。

办法：

一、请教育部通令各大中小教科书编辑机关充分插入史地照片及画图于课本读物内，借收直观教学之效。

二、请教育部通令各地民众教育馆充分陈列史地照片或模型，如能将著名之名胜古迹制成模型陈列更佳。

三、请各地图书馆或博物馆，充分搜集各地关于史地之影片或画图汇编翻印，以广流传。

议决案(31) 请拨款筹办搜集抗战史料训练班以利搜访史料案

徐炳昶提

议决：原则通过，具体办法由教育部调查各方已有办法，再行确定。

理由：此次抗战在我国四千年的历史上为空前的全民族的大斗战，关系我国将来及世界人类将来均极重大，这是人人皆知的事实。开战以来，国内各学术机关对于抗战史料的搜集多数均能注意到，不可谓非

差强人意的事。但所搜集仅能限于文字方面，如报纸、定期刊物、传单、公文之类。此亦为经费所限，无可如何。考古人多言文献，献的重要不亚于文，或远过之。综括言之，约有三端：

一、现在所搜材料，以报纸、定期刊物为最大宗。此二种刊物一方面因军事布置应有的秘密，一方面因作战两方均为自己宣传，以致要者不载，载者非实。虽综合各方面的情报，终难看到事实的真相。

二、前线士兵的实际生活对于战斗胜败的影响甚大。各种刊物中虽有所记，而仍因上条所说的两种原因，记载的不实不尽，此点实可谓为战争的真正发动燃料，而文字的材料对之，殊太简略。

三、每次大斗争（法文之 Bataille 非 Guerre。如台儿庄斗争、大洪山斗争等）中参谋人员的全体计划，因关重要，而每一下级军官，每一士兵的动作，常能给全体斗争以巨大的影响。此次抗战为全民的斗争，小部分的军队，可歌可泣的事情，不晓得有多少。并且某一部分军队进行时，天气偶然的阴晴，道路偶然的障碍，常能使战斗全面受影响。可是这些事情，总部的人很难知道，即是当日参加部分的人，时过境迁，也会对于事变的时间和空间，印像模糊。这一类部分的材料，不加紧搜集，将会永远地丧失掉。这些丧失以后，将来所作的历史，仍只能是些英雄的奇迹，对于全民族此时间中激急的脉搏，求生的坚决的意志，一点也捉摸不到。本席在"七七事变"以后，即感觉搜集活史料的重要，曾亲讯问参加北平南苑战斗的人，才知道此前虽对于我方及敌方的报纸看的不少，而当日事前的市置，士兵工作的紧张，开火当时的经过，守御的分划，真正的失败原因，几毫无所知，又曾询问参加通县战斗的人，如前印像更为加强。二十七年在黔滇路中遇见一位从前线归来的老兵，细询问前线实在的生活，才知道他们的苦痛为在后方的人所不能想像。自此以后，即常同史学界诸贤哲谈及此事，大家均感觉及时访问为最适当的办法，而全因经费无着，只有仰屋浩叹。窃以为此事关系抗战历史至深且巨，国家似不应爱惜此区区款项，致使史学界受无从救药的损失，又令无名英雄的壮烈血液不能灌注于将来后辈的脉管中，以振兴其精神。为补救此种巨大损失起见，谨拟办法如下：

办法：

一、筹拨经费，就西南联大及北平图书馆所合办的抗战史料搜集委员会的基础，命该联大史学系教员会同重要学术机关如中央研究院、北平研究院、北平图书馆、云南大学等各史学人员共同负责，在昆明办理搜集史料训练班。

二、训练班之学生以各大学史学系毕业为合格，人数暂定为五十人，依地理分组教授，如山西战场组、苏皖北部战场组等类。每组学生应对于其本组地域情形，此地域中所经过之战事（日期、地域、经过情形）凡在各种刊物上所能搜到者，有比较精确之观念。对于被访问人的教育程度、心理状态等类，亦应有分别注意的能力。半年毕业。

三、学生毕业后，即当分派各处采访。以到各伤兵医院及收容受伤官长医院为原则，于必要时亦可请得战区长官允许到前线搜访（注意：对于军事首脑人物的访问可暂缓，一因彼等极忙，不便妨碍工作，二因彼等所知，皆事关重要，不易遗忘也）。

四、搜访员于两三月中，即当将所得结果，全数寄交各导师。稍加整理后，认为缺略部分，可命其重行搜访。每一同一事项，以曾访问过三人无异议者，始得为工作完成。

五、采访材料汇齐编目后，可斟酌发表一小部分，余大部分整理保存以备编纂抗战建国史。

预算：训练班学生每月应给八十元之生活费。教员将来导师可由各机关之教员兼任，不另支薪，服务期间每人每月可支百元之生活费。另外须有若干事业费（如旅费、伤兵馈赠费、纸笔费等），大约每年十万元，暂可敷用。

议决案(32)　倡导史地考察旅行案

中央建教合作委员会提

议决：照修正文通过。

理由：

一、我国历史悠久，幅员广大，而物产之富饶，并世鲜见。为激发民族自信心起见，已往史地考察旅行，实嫌不足。为养成普遍风气并计划实施起见,有待中央及地方教育学术机关之倡导自属无疑。

二、自然及应用科学,实验以外,尚多参观实习,史地等学科,若不佐以考察旅行,实难增进教学进修之兴趣。

三、乡土史地资料之搜集及整理,非策动并组织全国教育学术界人士共同进行,难期短时间内获有具体可贵之收获。

四、编辑完整本国史地教材可赖以取资。

办法:

一、发动全国中等以上学校史地科教师领导学生按照计划搜集乡土史地资料,限期送史地教育委员会整理编辑。

二、发动全国中等以上学校史地科教师及应届毕业学生参加史地考察旅行。

三、对于边疆及急待开发之地区订定考察旅行鼓励办法,以激发青年服务边疆等地区之认识与兴趣。

四、呈请政府订定办法,俾按照计划进行考察之员生,得享受交通费用酌量减免全部或一部之优待。各学校及有关机关并拟编必须补助之预算,请由中央及地方政府于教育经费项下支拨之。

五、(修正文)各当地学校,应尽量协助旅行事项,如担任向导、供应免费住宿及代办饭食等,唯饭食费用仍由旅行单位自行担负。由教育部参考各国青年旅社办法分区设立青年旅社。

六、请由史地教员委员会,拟订全国各大学院校分区进行、按期实施之史地考察旅行详密计划,呈请教育部核定,俾资早日实行。

议决案(33)　请求协助搜集音乐史料以便编成专史案

音乐教育委员会提

议决:通过。

理由:我国音乐来源悠久,历代虽有乐志之编,然又限于官乐,未克以概其余。比年殷虚发掘商代乐器再见于世者,如铙、埙、磬、鼓,甲骨卜辞中又有"王其铸黄吕,更今日之乙未利(Hopkins Collection《金璋氏所藏甲骨卜辞》五一一片)"之语,是知律吕之词与庙堂用乐,商已著其盛迹。至埔城吊钟、寿县楚瑟,蒙古、新疆、敦煌先后发现之乐器、乐谱、乐图尤为重要,足以增进古代音乐之认识与了解。此项宝贵资料未能及早注意,致多远流异域,或毁于无识之手,摧残文化莫此为甚。故有急起直追,合多方面之力,共同搜集,整理研究,会成专史,借以阐扬我古代音乐之文化而为树立中华新音乐之基础。是否有当,敬请公决。

办法:请求本届出席会议之各单位代表与各专家协助搜集其有见于著录图画、雕刻、陶瓷之乐制、乐论、乐器、乐谱、乐舞等资料,随时寄送实物,抄录文字拓片、摄影,或提示出处,送本会或教育部音乐教育委员,并请各专家惠寄关于此项研究之文字,以资借镜。

议决案(34) 请各历史专家代搜中国体育之史料案

体育委员会提

议决:通过。

理由:查中国历史书籍,汗牛充栋,殚毕生之力,亦难尽读,现在本部有编辑中国文化史之举,体育史似亦应在加入之列。惟我国有关体育史料,散见各书,搜集不易,完成是项工作,非得各历史专家之襄助不可。兹特拟具办法如次:

办法:

一、由部函请各史地教育委员及各大学历史学系随时留意有关本国体育之史料,函送本部。

二、编辑工作,由史教会及体委会商同办理。

三、凡送体育史料前来之个人或机关,必要时由部酌给稿费。

教育部史地教育委员会第二次全体会议原提案目录

一、确定史地学科民族立场案　　　　　　　教育部交议
二、确定各研究院所部室史地部门分工合作办法案　教育部交议
三、建立史地人材轮次进修服务系统案　　　教育部交议
四、统筹国民教育计划完成后中等学校史地师资案　教育部交议
五、设立民族文献馆案　　　　　　　　　　教育部交议
六、设立流动史地考察发掘队案　　　　　　教育部交议
七、请拨款筹办搜集抗战史料训练班以利搜访史料案　徐炳昶提

八、选用助理员协同各专家编纂通史及文化史案　　顾颉刚提

九、提议由本会补助设立中国史学会案　　金毓黻等提

十、提议增设各大学历史研究所以应时势之需要案　　金毓黻等提

十一、改进各级学校史地教材案　　杨克敬提

十二、普及民众史地常识案　　杨克敬提

十三、奖励史地专门著作案　　杨克敬提

十四、请编辑外国地名人名词典以资统一译名案　　杨克敬提

十五、拟制地理模型案　　黄文弼、邹树椿提

十六、搜集国术史料列入国史案　　国术教材编审委员会提

十七、请提倡中国医学史中国药学史以阐扬中国固有文化史

　　　　　　　　　　　　　　　　　　　　医学教育委员会提

十八、师范学校及简易师范学校历史地理两学科课程标准究应如何修订兹拟具草案提请讨论案　　中等司提

十九、高初级职业学校历史地理两科课程标准如何修订提请讨论案　　中等司提

二十、请订定初高中历史地理两科设备标准送部审核颁行案

　　　　　　　　　　　　　　　　　　　　　　　　中等司提

二十一、初中甲组第一学年选习历史一小时其教材应如何规定请讨论案　　中等司提

二十二、请加重各级学校史地教材中有关边疆部分以提高学生重视我国边疆案　　蒙藏司提

二十三、请筹组中国民族文化史料专门委员会以整理我国族文化案　　蒙藏司提

二十四、请从速编辑边地学校史地教材以利教学案　　蒙藏司提

二十五、本部第二届边教会委员会全体大会决议订正历史上有关障碍国族团结之传说一案拟请贵会具体进行案（附原案）　　蒙藏司提

二十六、请联合全国史地学界组织中国史地学会以增进中国学术案　　黄文弼、黄国璋提

二十七、请充分利用全国各地名胜古迹及与历史地理有关之照片或画图为施教唯一之工具以激发国民爱国思想案　　黄文弼、黄国璋提

二十八、请于此次中等学校史地教员暑期补习会结束后筹组中等学校史地教员通讯研究会案　　　　　　　章益、黎东方提

二十九、倡导史地考察旅行案　　　中央建教合作委员会提

三十、请设法大量编辑中学史地课外读物以补课本之不足案
　　　　　　　　　　　　　　　黄文弼、徐炳昶、黄国璋提

三十一、请充实各地中学史地教师暑期讲习班以利教学案
　　　　　　　　　　　　　　　　　　　黄文弼、黄国璋提

三十二、请教育部增聘地理专家为本会委员以充实本会案
　　　　　　　　　　　　　　　　　　　黄文弼、黄国璋提

三十三、请求协助搜集音乐史料以便编成专史案
　　　　　　　　　　　　　　　　　　　音乐教育委员会提

三十四、请由史地委员会编制民族史迹及各省人文地理电影及幻灯教材案　　　　　　　　　　　　　　　　社会教育司提

提案分组目录

第一组　史地教育方针组
　　　　1　2　3　4　12　13　14　22　23　25　32　34

第二组　学术团体及研究机关组
　　　　9　10　26　28　31

第三组　教材及设备组
　　　　8　11　15　16　17　18　19　20　21　24　30

第四组　文献考古及考察组
　　　　5　6　7　27　29　33

分组审查人员名单

第一组　史地教育方针组
　　　　钱　穆　胡焕庸　黎东方　孟寿椿　王星舟　章绍烈
　　　　杨克敬　孙瑞桓　邹树椿

第二组　学术团体及研究机关组
　　　　顾颉刚　吴俊升　黄文弼　李之鸥　徐伯璞　汪元臣
　　　　郑颖荪　萧家霖　朱文宣
第三组　教材及设备组
　　　　缪凤林　黄国璋　张西堂　许心武　陈可忠　顾树森
　　　　赵光涛　滕仰支　锺道赞　江应澄
第四组　文献考古及考察组
　　　　徐炳昶　金毓黻　张廷休　闻钧天　王献唐　王培仁
　　　　李心庄　王汝昌　郭莲峰　李焕之　朱康廷

分组审查会纪录

第一组　审查意见

1. 第一案

第十四案

议决：两案合并讨论办法修正如下：

一、建议大会推定委员及专家三至五人提出"对于史地学科之民族立场应注意各点"之报告。

二、由本会聘请委员及专家若干人，分别整理中外人地名，并按期举行会议。

三、俟名词审查完竣后，再行编辑人名地名词典。

2. 第二案

办法：增加第（四）条。

议决：（四）于下届史地教育委会会开会时，应函请国内所有史地研究机关同时开会讨论分工合作详细办法。

3. 第三案

议决：

一、案由中"系统"二字改为"办法"。

二、原案第二条"特设之进修班"六字删。

三、第七条修正为:大学史地各学系之教授、副教授服务满七年者,得休假一年,并得依其请求由国内外研究机关作研究工作或赴外国作旅行研究……其余均照原文通过。

4. 第四案

议决:办法中之,第一条修正通过;第三条删;第四条"系统"二字改"办法"。

5. 第十二案

议决:办法第一条修正如下文:

(一)各地城市于可能范围中,尽量在民众教育馆、图书馆、科学馆,及有关社教机关等设立史地陈列室。

余均照原文通过。

6. 第二十二案

议决:请部交由国立编译馆大学用书编辑委员会及中小学教科用书参考。

7. 第二十三案

议决:决定并入第一案办理及第五案办理。

8. 第二十五案

议决:并入第一案办理。

9. 第十三案

议决:修正通过如下文:

办法:

一、凡史地专著有特殊贡献者由部给予褒状。

二、上项稿件得由本部介绍出版。

三、(略)同。

修正通过。

10. 第三十四案

议决:编制办法:

一、由社会教育司会同本会及教部有关各司分别邀请专家设计编制。

二、教材编订后交由社会教育司分幕摄制。

11. 第三十二案

议决:原则通过,请部办理。

12. 第一组临时动议　请教育部普遍设立博物馆以推广社会史地教育案

说明:(略)

办法:请教育部订定设立博物馆规程,并拨款协助各城市普遍设立博物馆(除注重各本地文献外,边区应注重风俗物产)。

第二组　审查意见

召集人:吴俊升、顾颉刚

（Ⅰ）(1) 第九案与第二十六案合并讨论,修正通过。

(2) 中国地理学会早已成立,由本会建议教育部补助设立中国史学会。

(3) 办法原文第一条保留,第二条删。

（Ⅱ）第十案原则通过。原办法第二项删。建议教育部采择施行。

（Ⅲ）第二十八案照案通过。

（Ⅳ）第三十一案

(1) 办法第一条"中"改"大","各省教育厅"改"各省市教育厅局"。

(2) 办法第二条照原案。

(3) 添办法(3)各省教育厅应分区分期轮回办理之,务以普及各地为主旨。

（Ⅴ）临时提案——照原案通过。

第三组　审查意见

1. 第八案

议决:由会增加编纂费每字五元,作编纂者聘助理员津贴之用。

2. 第十一案

议决:由会将本提案所交各要点函各有关司会参考。

3. 第十五案

议决:保留。

4. 第十六案

议决：

一、并入十七案讨论。

二、由会聘专家编中国兵学史①及医学史，列入中国文化史丛书第二期计划。

5. 国民教育司临时提出　小学社会科课程标准史地教材大纲及要目案

议决：交国教司参照审查会意见酌量修正。

6. 第卅案

决议：参照第一次会议第五案，由会从速拟具办法，切实进行。

7. 第廿四案

决议：

一、先由司会馆（国立编辑馆）会（教科用书编委会）拟订急需编纂之书目，再请多方分别担任编辑，于短期内完成。

二、就现有边地所用课本参酌边情形，由司会等详细审核签具意见，加以增删（删全课或每课内容字句）。

三、现行内地课本亦一并由司会等详细审核，签具意见，如发现有与民族团结原则有妨碍者，亦由司会等加以修改。

8. 第十八案

决议：由司会馆推会举修订草案代表，会同讲习会讲师、学员在短期间将草案切实修订，再由司将修订草案于必要时即送各有关方面征询意见修定。

9. 第十九案

决议：

一、以各类职校通用一种普通史地课本参加各类补充教材为原则。

二、高初级职校史地课程标准内容及分量，参酌高初中及师范学校、简易师范学校标准及职校上课钟点酌定。

三、原有地理课程标准分区以经济以省分。

四、至草案之产生及修定，参酌第十八案办法办理。

---

① "中国兵学史"，提案议决正文作"中国国术史"。

10. 第二十案

决议:由司请讲习会讲师及学员分别组织高初中中外史地设备标准讨论会,拟订草案,由会司馆会推举修订草案代表将草案切实修订,再由司于必要时印送各有关方面征询意见修定。

11. 第二十一案

决议:参照第二十案决议办法办理。

12. 临时提议(中等司提) 六年制中学历史地理两科教材大纲应如何规定请讨论案

决议:参照第十八案决议办法办理。

13. 临时提议(中等司提) 中等学校历史地理乡土补充教材应如何搜集请讨论案

决议:由中等司会同史地教育委员会委托专家拟订史地乡土调查之项目方法及指导说明,印发各地中等学校史地教员切实遵照实施。

第四组 审查意见

1. 第五案

议决:保存档案中央已另定有办法,本案所订四、五等条办法显与抵触,拟将此案暂予保留,将来酌予另拟调整办法。

2. 第六案

议决:原则通过说明修正,并将办法改订如下:

一、本队之工作方案由教育部统筹规定之。

二、本队由各大学历史、地理两系师生及有关学术机关尽量参加,其详细组织另定之。

三、本队经费由教育部筹拨。

说明:"我国五千年之文化遗址极多"以下修正如左:

过去仅凭三数学术机关于其有限之经费内,分别从事小规模之发掘或考察,效力微薄。现在一面应由本部竭力设法充实原来工作机关之设备,有必要时并当设法扩充。一面由部设立一"流动史地考察发掘队"。其办法修正如下。

3. 第二十七案

决议：无异议。

4. 第七案

决议：由教育部转请抗战史料编纂委员会补充专家委员综合整理各项史料，并招收各大学历史系毕业学生若干人予以训练后，担任采访编纂等项工作。

5. 第二十九案

决议：全案无异议，惟于办法第五项"自行担负"四字之后，增入"由教育部参考各国青年旅社办法分区设立青年旅社"一段。

6. 第三十三案

决议：无异议。

大会纪录（一）

时间：七月五日下午三时

地点：青木关幼稚园

主席：余次长井塘

纪录：江应澄

出席人：余次长井塘　吴世瑞　徐炳昶　李心庄　郑颖荪　顾颉刚　钱穆　陈东原　金毓黻　陈可忠　曾济宽　胡焕庸　孟寿椿　孙瑞桓　吴俊升　张西堂　周曙山　王献唐　缪凤林　黎东方　王星舟　王汝昌　徐伯璞　许心武　郭莲峰　杨克敬　江应澄　邹树椿　朱文宣　朱康廷　李之鸥

议决案：

1. 第一案　第十四案　第二十三案　第二十五案

以上四案照审查意见通过，合并办理。

2. 第二案

照审查意见，于所增办法第四条内"应函请国内所有史地研究机关同时开会"一句，"开会"二字改为"开联席会"。

3. 第三案

照审查意见通过（惟修正文第三条"由"字下遗漏"部资送"三字应补）。

备注：第三案通过后，因遇有警报，议决移至次日上午续开大会，原定日程之参观北碚各机关一节取消。

4. 临时动议　请由部举行七七纪念中国史地学术讲演周案

议决：通过。

大会纪录（二）

时间：七月六日上午七时至十二时半

地点：教育部大礼堂

主席：余次长井塘

纪录：江应澄

出席人：余次长井塘　徐炳昶　顾颉刚　钱　穆　金毓黻　陈东原　陈可忠　胡焕庸　孟寿椿　缪凤林　黎东方　杨克敬　徐伯璞　王星舟　吴俊升　张西堂　周曙山　曾济宽　李之鹍　李心庄　孙瑞桓　吴世瑞　王汝昌　王献唐　许心武　邹树椿　朱文宣　江应澄　郑颖荪

议决案：

5. 第四案　照审查意见通过。即办法（甲）之第一条修正为"规定于最短期内史地各学系……助教及与史地有关之专业者外，以担任中学史地教员为原则"。

办法（乙）之第三条删，第四条"系统"二字改为"办法"。

6. 第十二案　照审查意见通过。

7. 第二十二案　与第二十四案合并，于"请部"二字下添入"函商蒙藏委员会等机关，协征边疆史料，并"。

8. 第十三案　照审查意见通过。

9. 第三十二案　照审查意见通过。

10. 第三十四案　修正办法第二条"教材"二字改为"材料"。

11. 第九案　与第二十六案合并讨论，照审查意见修正办法如下：

（一）中国地理学会早已成立，由本会出席委员发起组织中国史学会。

(二)办法原文第一条保留,第二条删。

12. 第十案　原则通过,原办法第二项删。建议教育部采择施行。

13. 第二十八案　照案通过。

14. 第三十一案　审查意见(2)改为"办法"第一条,经费节删;另以审查意见(2)改为审查意见(3)。

15. 临时提案　凡关于护士及助产教育之史料希望与本会取得联系案

照原案通过。

16. 第八案　审查意见"伍元"改为"拾元"。

17. 第十一案　照审查意见通过。

18. 第十五案　议决:保留,交会与航空委员会等机关接洽。

19. 第十六案　与第十七案合并讨论议决,由会聘请专家编中国国术史及医学史,列入中国史学丛书内。

20. 临时提案　请制定小学社会科课程标准史地教材大纲〔案〕

照审查意见通过。

21. 第三十案　照审查意见通过。

22. 第十八案　照审查意见通过。

23. 第十九案　照审查意见通过。

24. 第二十案　照审查意见通过。

25. 第二十一案　照审查意见通过。

26. 临时提议　六年制中学历史地理两科教材大纲应如何规定请讨论案

照审查意见通过。

27. 临时提议　中等学校历史地理乡土补充教材应如何调查搜集请讨论案

照审查意见通过。

28. 第五案　审查意见中"显有接触"四字改为"似涉重复"。

29. 第六案　照审查意见通过。

30. 第廿七案　照原案通过。

31. 第七案　议决:原案通过。具体办法由教育部调查各方已有办法后再行确定。

32. 第二十九案　照审查意见通过。

33. 第三十三案　通过。

34. 临时提议　请各历史专家代搜中国体育之史料案

体育委员会提

议决：通过。

35. 临时提议　请确定下届全会日期案

主席交议

决议：下届全会定于三十一年一月间举行，并同时成立中国史地学会。

教育部史地教育委员会第二次全体会议参考资料

教育部史地教育委员会第二次全体会议参考资料目录

一、总裁训词：革命的教育（节录）

二、部长指示：本会第一次全体会议开会词

三、本会第一次全体会议记录

四、本会一年来工作概况（以上三、四两号见本会概况第一册）

五、本会三十年度工作计划

六、本会收到稿件登记表

七、评选书籍登记表

八、现有研究院所部室表

九、现有专科以上学校史地各学系设置表

十、修正高初中史地课程标准

十一、师范学校史地课程标准草案

十二、高级职校史地课程标准草案

十三、小学课程标准社会科史地部份

十四、拟制高初中史地挂图目录

十五、边疆教育委员会第二次全体会议议决案（有关史地语文部分）

十六、专科以上学校史地学术研究团体工作报告分析（上）

十七、评选史地课本进行情形

十八、教育部中等学校史地教育讲习会创办情形

参考资料第一号

总裁训词：革命的教育
——廿七年八月廿八日出席中央训练团第一期毕业典礼训词（节录）

本团此次召集各位校长教职员来受训练，就是要求你们修毕课业回去以后，共同一致来实行革命建国的教育，一定要使我们所造就出来的学生实实在在能承担建设国家复兴民族的职责。这就是中国今后教育的根本方针和唯一的途径，也应该是各位校长教职员共同的理想和责任！

我们今后教育的目的既是要教出一般能担当建设国家复兴民族责任的健全国民，究竟要教他做怎样一种人才能达到这个目的呢？简单说一句，就是要造就他们成为一个真正的中国人。这句话大家听了或许要觉得惊异，以为过去一般学校所教的学生，本来就都是中国人，还要如何才是真正的中国人呢？其实从前学校教育出来的学生，有许多尽管名目上是中国人，而一考其思想和精神，就没有一些中国人的气质，很痛心的说一句，简直不知道他是哪一国人！这些人既不明了本国的历史文化和民族地位的重要，也不尊重本国固有的德性和立国精神的特点，更不知道做一个国民对于本国应负如何的责任；他不知道自己的国家和文化应当如何爱重，只是盲目的接受外国的一切，凡是本国的都可以随便吐弃，毫不顾惜；凡是外来的似乎都可以随便模仿，不加别择，而且只讲表面，徒袭皮毛，浮动浅薄，随人俯仰，完全丧失了独立国家的国民精神。这种人既然根本不知道有国家，敌国外患如此严重，也激动不起他们真正的民族意识和爱国的良知，还不是和无耻的汉奸一样，只讲自私自利，不惜出卖国家、出卖民族吗？这样的人，还配作中国人吗？要知道：我们中国人是有我们祖先遗留下来的固有的道德性，是有我们中国人确乎不拔独立不惧的特性和品格，我们中华民族有中国整个一贯的民族精神，所以中华民国，必须要有中国人所固有的品格德性和精神，才可以算为一个真正的中国人。换句话说，中国人不仅要以"中国"为他的生命，而且要以"中国"为他的灵魂，所谓中国的灵魂，就是国魂。这个国魂,就是包括中国一切固有的历史文化、风俗习惯和道德思想,以及五千年来一切精神物质的创造和积累,作了中国人,一定要以中国国魂作自己的灵魂,以中国国家的生命作为自己的生命,才算是一个真正中华民族的子孙,才不愧为一个真正的中国人。反之,如果我们作了中国人,思想不是中国人的思想,精神不是中国人的精神,情感不是中国人的情感,品性也不是中国人的品性,满脑子所装的都是由外面进来的不三不四、非中非外的东西,如此名目上皮相上虽然为中国人,而事实上不晓得他已作了哪一国人精神的奴隶。这种国民于国家只有害处,没有益处。即如现在伪组织里面的汉奸都是受过新式的教育,而且大多数是受过高等教育的,然而他们不惜投降敌人,自称奴才,愿为外国人的走狗奴隶。我以为这种汉奸的产生,就是我们从前教育的罪恶,这是我们教育界所应该惊心怵目而痛切猛省的!所以我们今后在消极方面一定要肃清并预防这种制造汉奸奴隶无廉耻的无血性的教育,而积极方面一定要将中国国魂培植在一般受教的人的心坎之中,使人人具有中国固有的道德和精神,尤其要使人人都具有表征中国神圣不可侵犯的独立自尊心和天赋优美的民族性,再加上现代进步的科学的知识和技能。这样的学生,才是真正的中国人,才能够忠勇热心的担当中国的事业,建设真正独立自由的中华民国,我们以后教育学生和一般国民,一定先要教他具有真正中国人的思想精神和德性,必使他能够不愧为一个真正的中国人,才能希望他效忠于中国,尽瘁于中国,巩固中国的独立生存,使中国的精神文化发扬于世界,使中国历史的光荣,永续于无穷!

明了了上述的意义以后,大家一定明白我们今后教育的重心在于提高国家民族的意识,和国民自觉的责任心,换言之,就是要以爱国为中心。我们要教一般学生有爱国的精神。要激发他们爱国的思想,最重要的科目和教材,就是历史和地理。历史是记载我们祖先功烈和国家民族文化发达之所由来,地理是说明我们国家在世界上的地位和我们民族生活栖息之所在。我们要生存,要发展,就一定要知道我们生命之所自,我们生活之所在,要知道我们祖宗创造遗传下来的是有如此悠久光荣的历史,有如此广大丰富而壮丽的山河,我们固有的道德精神是如此的伟大高尚，一切固有的文化，是如此宏博优美，我们更有如此蕴藏无尽的物产和如此优秀众庶的同胞。试想我们的国家在过去是如何高尚的地位，我们的祖先在历史上曾创造如何的光荣！我们能认识历史，才能获得历史的教训，继续我们祖先艰难创业的精神；我们知道地理，就一定知道爱护我们的祖国，来保卫我们完整无缺的锦绣山河。亦惟有使一般学生和国民认识本国的历史和地理，始能使他明礼义知廉耻，以激发其爱国的良知，燃烧其爱国热忱，而发挥他们救民救世的良能。如此，我们爱国爱民的精神，自然会蓬蓬勃勃的发扬起来，民族的自信心，也一定会恢复而坚定起来！有了这种爱国家爱同胞的思想和精神，坚定了民族生存发展的自信心，就一定能够发挥我们革命的力量，挽救我们国家的危亡！所以历史地理的教育，实在是我们革命建国教育的中心科目，不论在各级学校和民众教育上都应该特别注重。尤其在这抗战建国时期，对于这两个科目我们一定要广搜教材，充实内容，一方面精编教本，详细讲解，同时并提倡课外研究，随时供给补充教材，使各级学生和国民对于我们国家的过去和现在都有明确的认识，对于我们国家的将来都有坚决的自信。过去我们一般学校只重在教授外国文和理化数学等功课，对于史地教学，教师与学生都不知注重，虽有这两门课目，或是偏重世界部分的讲授，或是与世界部分相并列，从来没有以本国为中心而讲授世界的史地，也没有特别充实本国历史地理的教材内容。至于语文音乐各科中应采用本国史地为中心材料，更为一般教师所不曾注意，这实在是我国教育最严重的一个错误，以致教出来的学生，大多缺乏史地的知识，多数学生对于本国的历史地理，所得知识既极浅薄，多半模糊影响，甚至忘记了自己国家的历史，忘记了自己的祖先，忘记祖先所遗传下来的固有的疆土！不知自己历史和地理的人，怎能叫他爱国呢？我们国家民族今日之所以要受人家的侵略压迫，危殆急迫到这样的地步，推厥原因，就是由于从前教育的失败。古人说"数典忘祖"，我们国民不知道本国历史的光辉，如何能深切体认今日的耻辱？不熟习本国的地理，如何能有恢复失地的决心？从今以后，大家不好再蹈以前的覆辙，一定要特别注意历史地理的教育，以激发国民爱国卫国的精神，开拓我们民族的光辉灿烂的新生命！

以上是本团长今天要特别提示给大家的关于革命教育的根本精神和基本科目。各位以后施教一定要依照本团长今天所宣示的意旨切实做到。大家在此既已不辞辛苦,受了这样严格的训练,在精神上必已得到不少的进步,今天本团长又切要的告诉各位以教育的真义和责任所在,我相信各位毕业回去,一定能够本此努力,一定能够刻苦耐劳勤俭朴实,以身作则来教好一般学生和国民,一定能够发挥我们教育的效能,完成革命的使命。我们抗战的胜利和建国的成功,根本的责任,完全放在你们教育家的肩上。本团长对于在场的全体学员,实在怀挟着无限的希望。

参考资料第二号

部长指示:第一次全体会议训词

本部各部门教育,大都已有讨论与设计之机构,史地教育尤为重要,故有今本会之设。

前岁,总裁于中央训练团第一期卒业之时,曾有明白指示,确定史地教育为今后建国教育之中心,须使一般受有教育之青年,认识吾民族祖先之五千年丰功伟业,及其奋斗努力之精神,与夫一千一百一十七万方公里之锦绣山河,及其蕴藏险要,俾皆油然发生爱国爱民族之心情,献身于抗战建国之工作。总裁于最近几次讲演之中,仍于此点再次申说,阐明史地教育之重要,并论及目前社会人心之所未能振奋,实由于只知今日、只知现实,缺乏对于过去伟大人物之景仰,缺乏对于民族现势之认识。简言之,缺乏适当的充分的史地教育。

本席以为举世各国对于史地,莫不十分注意,例如苏联即不惜以巨额奖金,征求一部完善的苏联历史,而录取之时,仅发表第二名一人,仍以第一名之名额,留待更佳之著作。

我国史地教育,近年来确甚落后,试观统一招生之史地试卷,即可见其一斑。此或许由于我国历史甚长,史实太多,地理之幅员广大,地名亦多,有难于记忆之苦。然而即就此点而论,如此可宝贵之历史,可珍爱之幅员,更应努力研究,改进其教育。

吾人果能将历史教好,可以发扬民族主义;将地理教好,可以作为物质建设之基础,亦即所以发扬民生主义;再加以公民一科,或政治学,则民权主义之实际可以明了。如此三者化合为一,实为最完美之三民主义课程。

改进史地教育之方法,无非教本及教法二方面着手,此外辅助教材如挂图模型古物等等,均能启发心灵,唤起兴趣。

论及教本之写作,过去吾国正史之写法,自成一完美之体系,而程序配置,亦富于逻辑,值得吾人参考,例如:

第一阶段为神话时代,光写开天辟地,说明宇宙为人所创,双手万能,人定胜天,远胜于西洋以神为中心之传说。

第二阶段为发明时期,说明衣食住行育乐各项之发明,由钻木取火以至宫室舟车,先后次序,有条不紊。史前历史在西洋近年始告昌明,而其中主要知识,吾国古时已有论述。

第三阶段为典章文物时期,此即尧舜禹汤之时,继开辟神话与发明传说以后,而有高度之政治经济的发展。中国开始有大一统之国家,虽机构完成历三代之久,至于秦汉,而脉络渊源,则不得不上推于其前之二阶段。

历史之方法,固应注重求真,然考据工作可以交由少数专门学者,尽量探求,而历史之本身任务,则在方法之外。吾人须知历史教育之对象,为现在之人,而非过去之人。吾人之目的应在于使一般现在之人,借过去之教训,觉察其当前之义务与努力之途径。总之,写史教史,重于考据,而写史教史之时,应特重民族光荣与模范人物之叙述也。

本于同一理由,地理之教学与写作,亦应有其重点。重点何在? 在于国际地位及生产情形,军事地理应研究,经济地理尤应研究。

史地教育不应限于学校,宜普及于一般社会,感人最深之社会教育莫如戏剧与小说。中国之旧戏大部份为历史戏,所惜编导无人,未能臻于完善。本部最近已与国立戏剧学校,及山东省立剧院,商洽编纂有系统之剧本,或以名将为中心,或以大臣为中心,或以烈女为中心,每朝选出一人作为一出,逐日依次排演,则观众连看数日,不啻读完国史一遍。

至于小说,《三国演义》之支配人心,其力量超过若干正史,本部亦已编有民众读物,以故事体裁介绍历史人物,仍盼到会诸委员进一步加以讨论。

地理方面之社会教育,最好采用电影,如能将各大都会或每省各城各摄一辑,则集之可成一部全国地理(注重风景物产与当地生活情形)。推而至各省各城,均可摄制乡土地理之材料。

此次举行首次全体会议,部中拟有五项提案,内容尚待到会诸委员斟酌,本人因须出席行政院会议,请余次长主席,继续开会。

参考资料第五号

史地教育委员会三十年度工作计划
二十九年十二月十八日撰

一、改进各级学校史地教育部份

甲、大学方面

(一)拟就各校师资、教材、设备及学生人数,与过去史地卒业生就业情形,先为普遍之调查。

(二)拟令各校将历年已经油印或铅印史地课程之讲义,检送全份,以资查考。

(三)拟调整各研究院历史学部及地理学部之工作,使于分工原则之下,取得协同。

(四)拟调查抗战后归自国外及现今仍未回国之史地学生,予以适当进修机会,借求补充各大学史地师资之缺乏。

(五)为澈底解决大学史地师资问题,拟于可能范围以内,利用现有研究院所之若干人才,考收优秀之中学史地教员及大学史地二系卒业之学生为严格之长期训练(现今设有历史学部、地理学部之各研究院所仅三五校,且研究生人数极少)。

(六)拟改善大学史地教学方法,酌减上课时间,责成教授、讲师按期提出专门研究之报告,并规定学生须缴呈读书笔记及学期论文(自二年级开始,每学期一篇)。

(七)拟充实各校史地二系之设备,规定必须购置之参考书目,并指定专款,分别予以补助。

(八)拟指定专款,从速完成大学历史挂图及地理挂图之绘制(尽量利用各校已成之图,加以翻印或购买,分发各校。查历史挂图,浙江大学已在编制中;地理挂图,则中央大学现已制就者逾二百幅)。

(九)拟就各校史地学会、历史学会、地理学会等团体,择其成绩较优、印有刊物者,酌予奖助。

(十)拟设置史地论文奖金一千元,每年征选四名(历史、地理各二名,第一名三百元,第二名二百元,并规定如得奖者适为领有贷金之学生,则只准以此款请由学校代购参考书籍及纸笔文具)。

乙、中学方面

(一)拟整理已经收到之"中等学校史地教学调查表",并催缴尚未寄到之部分。

(二)拟统计各省本年度所缺史地师资,及各地师范学院史地系与各大学史地二系卒业生人数、姓名、学力等项。

(三)拟利用暑假集中今夏卒业之史地学生,予以短期之就业训练(似可与中央训练团合办,期限则延长为二月至三月)。

(四)拟举办规模较大之中学史地教员暑期讲习会(过去重庆、成都均曾举行,期限过短)。

(五)拟评选现有之各书局史地教科书(实为审查性质,因法理上该类书籍均已经过审定手续也。所憾各书错误极多,纠正不容再缓。现中华、正中二书局之教科书,已在审查之中,当另文报告)。

(六)拟协同中小学教科用书编辑委员会制定中学史地教科书详细内容(查课程新标准业经颁布,惟只系目录性质,内容如何立论,似皆须明白规定,庶符"标准"真义,兼便撰稿与讲述之人)。

(七)拟协同中小学教科用书编辑委员会,进行悬奖征求中学史地教科书事宜(因办法经已签奉批准,此后如何登记应征人及保存稿件与组织评选委员会等等,均待进行)。

（八）拟编制中学应用之历史挂图及地理挂图，分发各校。

（九）拟编辑职业学校及师范学校应用之史地课本。

（十）拟协助各省教育厅及各师范学校，编辑乡土教材。

丙、小学方面

（一）拟视察重庆区内各小学，调查小学史地教育之现况。

（二）拟搜集现行之小学各科教材（如国文、常识、音乐、公民等），研究其是否以史地为中心。

（三）拟制定史地中心之小学国文、常识、音乐、图画、公民等科之标准，送交国民教育司、中小学教科用书编辑委员会、各省教育厅等，作为参考。

（四）拟协同音乐教育委员会编辑一部以史地为中心（而不纯为史地）之小学唱歌教材。

（五）拟编辑一部以史地为中心之小学图画教材。

（六）拟编辑小学应用之历史挂图及地理挂图。

（七）拟编辑一套简明之小学应用史地标语二部。

（八）拟制极小之中国地形模型及古器物模型（长三尺，宽二尺，分发各校）。

二、推进社会史地教育部份

甲、刊物方面

（一）拟编印《史地教育》季刊，专任各级学校史地教育之改进。

（二）拟与各大报纸接洽，分别举办历史副刊及地理副刊各一种。

（三）拟搜集各报各杂志有关史地教育之论文，印为单行本，分发各校教员，作为参考。

（四）拟与《教与学》及《教育通讯》《学生之友》等杂志接洽，发行史地教育专号。

乙、讲演方面

（一）拟举办"中国文化讲座"，与中法比瑞学会等机关合作，约请党国元老及著名学者分任专题，每隔若干时日，在渝公开讲演一次（同时展览有关之图表及文物影片等）。

（二）拟举办中国史地讲演会，约请各校教授，来青木关民众教育馆或本部大礼堂，分期作有系统之讲演。

（三）拟通令各服务团，举办有关史地之巡回讲演。

（四）拟约请各校思想正确之史地教授四五人，同赴各地中等学校作短期之巡回讲演。

丙、团体方面

（一）拟分别发起及调整史地学术团体。

（二）拟于今夏本会开会前后，召集史地研究机关联席会议（如各研究室、各大学史地学系、各服务团历史研究部、各地理地质调查所等）。

丁、戏剧音乐方面

（一）拟协同社会教育司，从速完成历史剧本之编制。

（二）拟督促实验剧院及国立戏剧专科学校，多作历史戏剧之公演（并尽可能先由本会派员参观试演）。

戊、电影幻灯方面

（一）拟协同社会教育司，完成中国历史幻灯片若干部。

（二）拟协同中央电影摄影场加印本部已有之有关史地影片。

（三）拟先行设法摄制重庆区地理影片一部。

（四）拟协同社会教育司，试作地理幻灯片一部。

三、编纂史地书籍部份

甲、《中国史学丛书》

（一）拟按照原有计划，分别函催各撰稿人，积极进行。

（二）拟尽速物色所缺各册之撰稿人选。

（三）拟编制必要插图及索引，分别附入各册。

（四）拟提前审查业已交到之稿，并接洽印刷地点。

乙、一般史地读物

（一）拟照原定名单先行完成民族英雄传记丛辑。

（二）拟酌定期限，依次完成其他各辑。

丙、大学教本中国通史

（一）拟尽本年度内，先行完成十人合著之中国通史（原议决案之甲种办法)。

(二)拟函催单独撰述通史之著者,于今年内至少完成该书之上半部。

(三)拟征求各校已有之中国通史讲义,作为参考。

丁、中国经济史长编

(一)拟函请黄季飞先生抄送编辑计划及进度表。

(二)拟函请黄季飞先生将已编就之部份,送交本会,由会择要油印,分发各大学经济史教授,作为参考。

四、整理《十三经注疏》及编辑抗战史料部份

甲、整理《十三经注疏》

(一)拟函催顾委员颉刚,从速开始整理《十三经注疏》之工作。

(二)整理完竣之材料,拟先行油印,分寄各学术机关(各研究院所、各大学、各图书馆)作为参考。

乙、编辑抗战史料

(一)拟于上半年内,照原定计划,尽速完成第一、第二两卷。

(二)拟于年底以前,完成第三、第四两卷。

参考资料第六号

本会收入稿件登记表

著作人	书　名	交稿次数	字　数	备　注
陆懋德	远古史	三次	七万六千字	
黎东方	秦汉史	一次	五万二千字	
吴　晗	明史	一次	九万六千字	
方壮猷	中国社会史	二次	七万三千字	
胡焕庸	中国地理大纲	一次	五万四千字	
白寿彝	中国宗教史回教篇	二次	四万三千字	

续 表

著作人	书　名	交稿次数	字　数	备 注
邓永龄	中国宗教史佛教篇	一次	三万二千字	
罗仲言	中国国民经济及财政史	全稿	四十万二千字	
陈立夫 黎东方	中国历史通论	一次	六万字	
缪凤林	中国通史要略	一次	四万五千字	
金毓黻	中国史学史	全稿	廿二万字	
萧公权	中国政治思想史	一次	六万四千字	
傅振伦	刘知幾评传	全稿	五万字	
邬翰芳	中国之地理学家	全稿	四万六千字	
共计	十四种		九十一万九千字	

参考资料第七号

评选书籍登记表

书　名	著者	出版处	出版年月	册数	到会年月	备注
高小历史课本	范作乘	中华	二十八年十二月	四册	二十九年六月	
高小地理课本	喻守真	中华	二十八年六月	四册	二十九年六月	
高小历史课本教学法	范作乘 韩非木	中华	二十六年十月	四册	二十九年六月	
高小地理课本教学法	喻守真 韩非木 楼云林	中华	二十八年六月	四册	二十九年六月	
初中本国历史	姚绍华	中华	二十六年八月	四册	二十九年六月	
初中外国历史	卢文迪	中华	二十六年七月	二册	二十九年六月	
初中外国地理	葛绥成 丁绍桓	中华	二十六年七月	二册	二十九年六月	
初中本国地理	葛绥成	中华	二十八年三月	四册	二十九年六月	

续 表

书　名	著　者	出版处	出版年月	册数	到会年月	备注
初中本国历史参考书	范作乘	中华	二十八年九月	四册	二十九年六月	
初中本国地理参考书	韩非木	中华	二十八年七月	四册	二十九年六月	
高中本国历史	金兆梓	中华	二十八年七月	三册	二十九年六月	
高中本国地理	葛绥成	中华	二十六年七月	三册	二十九年六月	
高中外国历史	金兆梓	中华	二十六年七月	三册	二十九年六月	
高中外国地理	丁绍桓 盛叙功	中华	二十六年七月	二册	二十九年六月	
地理学报	中国地理学会		二十七年	一册	二十九年六月	
简师历史	吴绳海	正中书局	二十八年十一月	三册	二十九年六月	
建国初中本国史	应功九	正中书局	二十八年四月	一册	二十九年六月	
高中本国历史	罗香林	正中书局	二十八年十一月	一册	二十九年六月	
新疆史地大纲	洪涤尘	正中书局	二十八年四月	一册	二十九年六月	
亚洲各国史地大纲	洪涤尘	正中书局	二十六年三月	一册	二十九年六月	
东北地理	许逸超	正中书局	二十八年十一月	一册	二十九年六月	
地理学报	中国地理学会		二十八年	一册	二十九年六月	
初中本国历史	杨人楩	青光书局	二十六年一月	四册	二十九年四月	
初中本国地理	段燿林 阎敦一	（北新）青光书局	二十五年八月	四册	二十九年四月	
初中外国地理	陆光宇	（北新）青光书局	二十二年九月	四册	二十九年四月	
初中外国地理	陆光宇	（北新）青光书局	二十三年十二月	一册	二十九年四月	

续　表

书　　名	著　者	出版处	出版年月	册数	到会年月	备注
初中外国历史	杨人楩	（北新）青光书局	二十三年六月	一册	二十九年四月	
复兴高小历史	徐映川 傅纬平	商务	三十年一月	四册	四月	
复兴高小地理	陈镐基 冯达夫 傅纬平	商务	三十年一月	四册	四月	
复兴高中外国史	何炳松	商务	二十七年八月	一册	四月	
复兴初中外国地理	余俊生	商务	二十八年四月	二册	四月	
复兴高中外国地理	苏继庼	商务	二十七年三月	一册	四月	
复兴高中本国地理	王成组	商务	二十四年二月	三册	四月	
复兴初中本国地理	傅角今	商务	二十九年四月	三册	四月	二册
复兴初中本国地理	傅角今	商务	二十四年五月	二册	三十年四月	三册 四册
复兴初中外国史	何炳松	商务	二十八年十月	一册	三十年四月	上
复兴高中本国史	吕思勉	商务	二十八年十一月	一册	三十年四月	上
复兴初中本国史	傅纬平	商务	二十七年九月	四册	三十年四月	
复兴初中外国史	何炳松	商务	二十七年十月	一册	三十年四月	下
复兴高中本国史	吕思勉	商务	二十七年十月	一册	三十年四月	下
复兴高中本国地理	王成组	商务	二十七年十月	一册	三十年四月	上

参考资料第八号

现有研究院所部室表

隶属机关	院所部室别	备 注
中央研究院	历史语言研究所	
北平研究院	史学研究所	
中央研究院	地质研究所	
经济部	中央地质调查所	
广东省政府	地质调查所	
中英庚款董事会	地理研究所	
私立金陵大学	中国文化研究所	
国立西南联合大学	文科研究所历史学部	
国立中山大学	文科研究所历史学部	
私立金陵大学	文科研究所历史学部	
私立燕京大学	文科研究所历史学部	
私立辅仁大学	文科研究所历史学部	
国立浙江大学	文科研究所历史学部①	
国立浙江大学	史地教育研究室	
国立东北大学	东北研究室	

参考资料第九号

现有专科以上学校史地各学系设置表

(一) 设有历史学系者

国立中央大学

国立西南联合大学

国立西北大学

国立东北大学

---

① 据本书第57页所载"议决案(2)确定各研究院所部室史地部门分工合作办法案",应作"史地学部"。

国立中山大学
　　　国立武汉大学
　　　国立四川大学
　　　国立厦门大学
　　　省立山西大学
　　　私立金陵大学
　　　私立金陵女子文理学院
　　　私立光华大学
　　　私立燕京大学
　　　私立辅仁大学
　　　私立东吴大学
　　　私立福建协和大学
　　　私立太炎文学院
　(二) 设有地理学系者
　　　国立中央大学
　　　国立东北大学
　　　国立中山大学
　　　私立金陵大学
　　　私立南华学院
　(三) 设有地质学系者
　　　国立中央大学
　　　国立中山大学
　　　国立重庆大学
　　　私立南华学院
　(四) 设有地理地质学系者
　　　国立西南联合大学
　　　国立西北大学
　(五) 设有史地学系者
　　　国立中央大学师范学院
　　　国立西南联合大学师范学院
　　　国立中山大学师范学院

国立师范学院
国立女子师范学院
国立西北大学师范学院
国立暨南大学
国立浙江大学
私立复旦大学
私立大同大学
(六) 设有文史学系者
省立河南大学
省立广东文理学院
私立齐鲁大学
(七) 设有历史社会学系者
私立大夏大学
私立齐鲁大学
私立武昌华中大学
私立华西协合大学
(八) 设有历史政治学系者
私立岭南大学
私立武昌中华大学
(九) 设有文史地学系者
国立广西大学(专修科)
私立震旦大学

参考资料第十号

修正高初中史地课程标准

修正高级中学历史课程标准　民国二十九年九月　日公布

第一　目标

(壹) 叙述中华民族之起源形成，及其疆土开拓之经过，而各支族在血统上与文化上之混合情形，及其相互依存之关系，尤应加意申述，使学生对于中华民族有整个之认识与爱护。

（贰）叙述我国历代政治、文化、经济、社会之变迁，尤足于影响于现代社会生活之史迹，应特别注重借以明白我国现状之由来，而于古代之光荣与近世外力之压迫，以及三民主义之历史背景尤应从详申述，以启示学生复兴民族之途径，及其应有之努力。

（叁）述叙上古以来世界各主要民族之演化，与各国政治、文化、经济、社会之变迁，及其相互间之影响与关系，使学生对于社会有正确之认识，而近世科学之功能，帝国主义之发展，民族运动之大势，以及现代国际问题之由来，尤应充分说明，以策励学生研讨世事，探求科学，而努力于抗战建国大业。

第二　时间支配

每周二小时，共三学年。本国史占四学期，在第一二学年授之；外国史占二学期，在第三学年授之。

第三　教材大纲

（壹）本国史

　　（一）总说

　　　　1. 历史之意义与价值

　　　　2. 中国历史之特点

　　（二）上古史

　　　　1. 概说

　　　　2. 三皇与五帝

　　　　3. 夏代之建制

　　　　4. 商殷之文化

　　　　5. 周公之制作与西周之政教

　　　　6. 西周王室与诸侯

　　　　7. 春秋时代之社会

　　　　8. 孔子之生平及其学说

　　　　9. 战国时代之政治与学术

　　（三）中古史

　　　　1. 概说

2. 秦汉之政制（中央与地方）

3. 汉武帝以后之儒术政治

4. 王莽之政制

5. 东汉之经学与科学

6. 三国时代疆域之开发

7. 两晋国势之转变

8. 南北朝之风尚与同化

9. 隋唐对外之发展

10. 由藩镇至五代

11. 隋唐之政教制度（考试与兵制、田赋等）

12. 隋唐之学术思想与文艺

13. 魏晋以来之宗教与文化

（四）近古史

1. 概说

2. 宋初建国政策之得失

3. 宋太宗及真宗之外交政策

4. 王安石时代之政治与社会

5. 辽夏金三国之内政

6. 元人之军事与政治技术

7. 宋元之理学文学与美术

8. 明之武功与外患

9. 王守仁时代之学术思想

10. 明季流寇及其背景

11. 中华民族之海外拓殖

12. 基督教与西方科学之传入

（五）近代史

1. 概说

2. 清初之政教

3. 康乾时代边疆之开发

4. 乾嘉时代之学术思想

5. 清中叶之社会

6. 太平天国之建制

7. 鸦片战争前后之中外关系

8. 晚清之政局与维新运动

9. 英法联军至八国联军之侵略

10. 日俄战争与太平洋之新局势

（六）现代史

1. 概说

2. 国民革命之目的及其初期进展

3. 三民主义之产生及其要义

4. 民国以来之蒙藏问题

5. 二十一条之交涉

6. 华盛顿会议与中国

7. 中国国民党之改组与国民政府之成立

8. 国民革命军之北伐与全国之统一

9. 九一八事变与国际形势

10. 七七事变与全面抗战

11. 抗战建国之纲领及其实施

12. 现代之中国（包括政治、经济、学术、文化等项）

附注：高中本国史教材，应避免与初中重复，注重较为特殊之史实，凡初中已有叙述者，仅于各时代之首列"概说"一章，略作一简单系统的回顾。

（贰）外国史

（一）史前时代之概况

（二）亚非之古文化

（三）希腊与罗马之文化

（四）印度与佛教

（五）日耳曼民族之迁徙及封建制度

（六）基督教之教会与回教之帝国

（七）佛教之传播与南洋诸国之建立

（八）日本之文化革新

(九）文艺复兴与地理上之新发现

(十）宗教改革与宗教战争

(十一）世界各民族国家之统一

(十二）英国十七世纪之历次革命

(十三）英法海上之霸权

(十四）美国之独立及其发展

(十五）法国大革命

(十六）工业革命及其影响

(十七）帝国主义之殖民政策

(十八）日本明治维新后国势之发展

(十九）德义与民族运动

(二十）英法与民主政制之进展

(廿一）世界大战与巴黎和会

(廿二）俄德奥之革命

(廿三）国际联盟与国际大势

(廿四）土耳其之复兴

(廿五）德义政制后之世界大势

(廿六）第二次大战之爆发及其演变

(廿七）国际现势下之中国

(廿八）近世以来欧美之文化与社会

(廿九）近世以来欧美之科学及其应用

第四　实施方法概要

(壹）作业要项

(一）阅读书报　高中教学历史,已有初中三年之基础,更当注意培养自己学习之能力。教员当随时酌量指定参考书籍(兼及杂志报章),或供一般的参考,或为某一节目某一问题之特殊参考,令学生随时阅览,而由教员予以详密的指导与考核。

(二）习作笔记　笔记可分讲授笔记与阅读笔记两种,前者由学生于上课时扼要记录教员之讲演,后者由学生于课外阅读时记录之。记录内容,或摘述事实,或编列纲要,或搜集比较,或发挥心得。其间或令全级为之，或分别作为个别的作业，分别令其呈缴，由教员审阅指导之。

（三）练习图表　教员宜注意应用历史地图与表解，同时即可将历史地图之关系重要者，印成空白图，令学生填明。其繁复事实骤难了解与记忆者，可指导学生为分析统计之研究，作成种种表解，以养成其精确与明晰的观念。

（四）研究问题　高中历史教材，宜采用问题式的讨论，并当训练学生研究问题之能力。其法可分为教室讨论与课外工作二种，前者由教员随时就教材提出若干较简易之问题，以供学生学习时之研究，在教室报告讨论，或取自由质问的方式，由教员提出共同讨论，以启发其思想，充实其理解。后者由教员指定较为具体的问题，指定参考用书，任学生自由研究，作成简明报告，以养成其自由研究的能力。

（五）实际考察　教员当注意扩充本学程内之设备，同时更就可能范围内领导学生作实际的考察，以引起其想像力，增加其对史迹之研究与兴趣。考察范围，或为古物保存所、博物馆等所搜集之古物，或为陵墓、祠宇、园林等古迹，均于相当时间作参考旅行，并于考察后作成报告或考证。

（贰）教法要点

（一）补充教材　教员当于可能范围内，尽量补充参考材料。或讲述大意，或录示内容，或指示参考书名，而于特殊问题、新发现的材料或最近时事，为教本所完全未采及者，尤宜编印补充讲义。

（二）注重讨论　教员不必详解课本或胪述事实，而当于简单说明事实之后，引起问题，加以讨论。以后即可随时提出问题与学生共同讨论，或使学生自行提出讨论之。

（三）讲明因果关系　教员于讲授或讨论时，皆当注意说明史迹的因果关系。于史事对于现代问题之关系尤宜注意。

（四）应用图表　教员宜尽量应用地图与表解，并设法采集图片模型，以布置一特殊的陈列室（参看初中历史课程标准）。

（五）倡导自学　教员宜尽量培养学生自由学习的能力。如阅览参考书，作述笔记，习作纲要，试作论文，皆当按学生程度及时间许可之范围内酌量规定，而予以适宜的指导。

（六）教法要点　自不止此数条。如引起学生对于历史的兴趣，乃一般所认为关系重要者。但如何方能引起兴趣，全视教员如何运用方法。如奖励学生发问，活化历史上人物及事迹，均堪试验。教员须随时随地运用各种方法，使学生对于历史能发生浓厚的兴趣。

修正高级中学地理课程标准　民国二十九年九月公布

第一　目标

（壹）以六大区域为讲授单位，使学生进一步明了本国地理状况，以养成其爱护国土之观念。

（贰）详述总理实业计划及国防计划，使学生明了各区各省之物产交通与国防形势，及今后应如何加以开发改进。

（叁）叙述各洲各国之地理关系，使学生进一步明了外国地理状况，及本国现在所处之国际地位。

（肆）注重自然地理，使学生理解环境与人生之相互关系，以唤起其利用厚生之志趣，并培养其能力。

第二　时间支配

每周二小时，共三学年。第一学年及第二学年第一学期授本国地理；第二学年第二学期及第三学年第一学期授外国地理，第三学年第二学期授自然地理。

第三　教材大纲

（壹）本国地理

　　（Ⅰ）概论

　　　　（一）自然之部

　　　　　　1. 位置
　　　　　　2. 疆域
　　　　　　3. 地形
　　　　　　4. 水系
　　　　　　5. 山系
　　　　　　6. 自然区域之划分
　　　　　　7. 气候

　　　　8. 土壤

　　　　9. 水利

　　　　10. 农产之分布

　　　　11. 矿藏之分布

　　　　12. 工业之分布

　　（二）人文之部

　　　　1. 交通

　　　　2. 国内贸易

　　　　3. 对外贸易

　　　　4. 种族与语言

　　　　5. 人口分布

　　　　6. 行政区域之划分

　　（三）国防之部

　　　　1. 国界沿革

　　　　2. 国防形势

（Ⅱ）地方志

根据初中地理之六部分法，得再就天然形势及发展状况分区叙述，但须充分表现各区之各种特征。初中以省区为单位，注意地理基本事实之说明，以自然区为总结；高中以自然区为单位，注意提纲挈领之阐述。初中侧重叙述，高中侧重解释。初中侧重记忆，高中侧重推理。初中侧重地理现象之介绍，高中侧重地理学理之探讨。初中侧重人民生活方面，高中侧重经济开发方面。初中多用归纳法，高中多用演绎法。

（Ⅲ）结论

　　（一）本国各区食粮之供求

　　（二）本国各区衣料与纺织工业之分布

　　（三）重要水利问题与水利建设

　　（四）产业开发计划

　　（五）交通建设计划

（六）国内移民与边疆开发

（七）华侨分布与海外发展

（八）国防建设与国际关系

（贰）外国地理

 （Ⅰ）概述

  （一）世界水陆之分布

  （二）世界气候带之划分

  （三）世界自然植物概况

  （四）世界农作物之分布

  （五）世界之人种

  （六）世界人口之分布

 （Ⅱ）地方志

  （一）亚洲

   1. 概论

   2. 日本

   3. 南洋群岛

   4. 越南半岛

   5. 印度

   6. 伊朗高原

   7. 土耳其

   8. 阿拉伯半岛

   9. 西北利亚与中亚细亚

  （二）欧洲

   1. 概论

   2. 苏联

   3. 波罗的海东岸诸国

   4. 斯干的那维亚半岛（附丹麦）

   5. 德意志与中欧

   6. 荷兰及比利时

   7. 大不列颠与爱尔兰

　　　　8. 法兰西

　　　　9. 伊比利半岛

　　　　10. 义大利与瑞士

　　　　11. 巴尔干半岛

　　（三）非洲

　　　　1. 概论

　　　　2. 埃及

　　　　3. 南非联邦

　　（四）北美洲

　　　　1. 概论

　　　　2. 美洲合众国

　　　　3. 加拿大

　　　　4. 墨西哥

　　　　5. 中美与西印度

　　（五）南美洲

　　　　1. 概论

　　　　2. 巴西

　　　　3. 阿根廷

　　（六）澳洲

　　　　1. 澳大利亚

　　　　2. 新西兰

　　　　3. 太平洋各岛

　　（七）两极概况

（Ⅲ）结论

　　（一）列强领土之分布

　　（二）世界主要物产之分布

　　（三）国际贸易概况与世界经济集团

　　（四）欧洲国际关系

　　（五）太平洋形势概述

　　（六）我国在世界所处之地位及其与各国之关系

说明：高初中外国地理内容应有所区别，初中注意地理基本事实之陈述，高中注意国际政治经济关系之阐明；初中重叙述，高中重解释；初中重记忆，高中重推理。

（叁）自然地理

  （Ⅰ）数理地理学

    （一）宇宙及太阳系

    （二）地球之形成及地表之区分

    （三）地球之运动及昼夜四季之变化

    （四）月及日月蚀

    （五）地图

  （Ⅱ）陆界地理学

    （一）地壳之构造

    （二）陆地之分布

    （三）地形之成因（内动力作用及外动力作用）

  （Ⅲ）水界地理学

    （一）内陆水系之分布与成因

    （二）海洋之分布

    （三）海水之性质与运动

  （Ⅳ）气界地理学

    （一）气层

    （二）气温

    （三）气压与气流

    （四）雨量

    （五）天气与气候

  （Ⅴ）生物地理学

    （一）生物之分布

第四　实施方法概要

（壹）作业要项

（一）使学生利用地图及总计图表等为学习之参证。

（二）提供课外自习材料及图书等，为自动作业参考之资料。

（三）使学生利用野外旅行，及各种参观实习等，为实地之观察。

（四）使学生练习初步测量制图等，以求地理观念之正确。

（五）使学生利用比较统计及笔记要点等，以求学习内容之综合。

（六）教授关于国防及国防建设问题，应注意下列各项：

　　1．各省军事形势及交通路线。

　　2．边疆及沿海各省之地理形势。

　　3．关于旧有疆域之教材。

　　4．国防国耻图表。

　　5．我国及外国重要军事形势。

（贰）教法要点

（一）应与初中教材联络，提高其内容程度，避免其重复，使学生得浓厚之兴趣。

（二）教授时以教科书为教材之纲要，另行指导学生搜集参考资料，以为自动研究之基础。

（三）教授时应尽量利用设计方法，使学生自动设计讨论。

（四）教授时应利用照片、画片、标本、模型、幻灯及实验仪器等，以为直观之辅助。

（五）解释教材时，应注意教科书有无遗漏或最近变动，而加以补充教材，并须注意实际生活，及本国与外国有关之时事。

修正初级中学历史课程标准　民国三十年七月　　日

第一　目标

（壹）叙述中华民族之演进，特别注意各支族间之融合与其相互依存之关系，以阐发全民族团结之历史的根据，而于历史上之光荣，以及近代所受列强之侵略与其原因尤宜充分说明，以激发学生复兴民族之意志与决心。

（贰）叙述中国历代大事，并略论文化之演进及其对于世界之贡献，使学生明了我先民之伟大，以养成继往开来之志操与自强不息之精神。

（叁）叙述世界各主要民族之演化及其在文化上之特点与其相互

间之关系,以养成学生对于世界之认识,并特别注意国际现势之由来与吾国所处之地位,以启发学生对于抗战建国责任之自觉。

（肆）对于三民主义之历史根源与其必然性应郑重申述,使学生有真切一贯之信仰。

第二　时间支配

每周二小时,共三学年。本国史占五学期,在第一、二学年及第三学年第一学期授之；外国史占一学期,在第三学年第二学期授之。甲组第一学年每周选习一小时添授本国史。

第三　教材大纲

（壹）本国史

 （一）总说

  1. 历代兴衰之大要及文化演进之趋向

  2. 历代疆域变迁沿革之大要

  3. 中华民族之起源与形成

 （二）上古史

  1. 上古先民之创制

  2. 黄帝之武功与制作

  3. 尧舜之政教

  4. 夏禹及其世系

  5. 商汤及其世系

  6. 周之世系及其盛衰

  7. 春秋列国之争霸

  8. 战国七雄之并峙

  9. 三代之学术与文化

 （三）中古史

  1. 秦之先世

  2. 秦始皇帝

  3. 楚汉之争

  4. 七国之乱

  5. 汉武帝

6. 西汉之财政与经济

7. 王莽之乱与汉光武

8. 东汉之外戚宦官与党锢

9. 东汉之武功与对外交通

10. 两汉之学术与文化

11. 三国之鼎立

12. 西晋之统一与八王之乱

13. 民族迁徙与晋之东渡

14. 南北朝之对峙

15. 隋之统一及其制度

16. 唐太宗

17. 唐代中叶之兴衰

18. 唐末与五代之纷扰

19. 魏晋以来之佛教

20. 魏晋以来之社会

（四）近代史

1. 宋初之政治

2. 宋与辽夏之对峙

3. 王安石之变法

4. 南宋之偏安与金之兴亡

5. 元之西征及其世界帝国

6. 明太祖

7. 明代之盛衰

8. 倭寇始末

9. 元明以来中西之交通

（五）近代史

1. 清之先世及其勃兴

2. 顺康雍乾四朝之文治与武功

3. 清之中衰

4. 鸦片战争

　　　　5. 太平天国始末

　　　　6. 捻回之役

　　　　7. 英法联军与中俄交涉

　　　　8. 中法战争与中日战争

　　　　9. 戊戌政变

　　　　10. 义和团与八国联军

　　　　11. 日俄之战局与中国

　　　　12. 清代之学术与文化

　　（六）现代史

　　　　1. 孙中山先生与国民革命运动

　　　　2. 辛亥革命与中华民国之成立

　　　　3. 民国初年之内政与外交

　　　　4. 讨袁与护法

　　　　5. 中国国民党之改组与国民革命军之北伐

　　　　6. 国民政府之内政与外交

　　　　7. 国难之演变（自九一八至七七）

　　　　8. 蒋委员长与抗战建国

　　　　9. 国际现势下吾国地位与复兴运动

　　　　10. 最近文化之推进与经济建设

　附注：（一）初中本国史教材注重朝代兴衰、政治变迁之大势，兼及社会、经济、文化、学术诸端。（二）甲组第一学年选习之一小时，讲述本国历史上对于抗战建国有关重要人物传记。

　（贰）外国史

　　（一）亚非诸小国

　　（二）希腊与罗马

　　（三）朝鲜与日本之开化

　　（四）印度之文化

　　（五）基督教与回教

　　（六）欧洲文艺复兴与宗教改革

　　（七）欧洲各强国之形成

（八）美国独立与法国革命

（九）德义之建国

（十）日本之维新

（十一）工业革命与帝国主义之发展

（十二）世界大战

（十三）俄国革命

（十四）国际联盟

（十五）德义之政制

（十六）第二次大战

第四　实施方法概要

（壹）作业要项

（一）预习与复习　每课教材须令学生略为预习，使在讲习之前已有简单概念。讲习后须使复习，随时在教室发问。

（二）教室笔记　除必要时由教员编印补充教材外，并酌令学生就听讲所得自作笔记，以时查阅修改之。

（三）试作纲要　教员宜应用纲要以驭繁博之史实，助学生了解，一面亦可指定教本中简易明晓之部分，令学生试作纲要，使学生练习对于史实提纲挈领了解大意之能力（教科书中每章宜列"提要"，以小字印成，每版亦宜有"题"印于肩批之处）。

（四）试作历史地图与图表　教员于讲授时，除应用历史地图与图表等外，同时可指导学生从事于此类地图图表之制作。至于空白历史地图填入地名，更可定为共同作业。

（五）阅书笔记报告　教员宜指导学生阅览简明参考书以培养其自学习惯。阅览所得，宜令学生摘录笔记，轮流在教室中报告。

（六）试作时事报告　重要时事除由教员酌量报告外，同时可指定学生在教室中报告本国时事与世界时事，报告后由教员加以修正与解释。

（七）其他　此外可举行古迹考察之旅行，令学生就所见所闻作成报告，于本国各项纪念日校中举行集会时，可令学生试行演讲或作听讲笔记。如历史上大事或历史上名人诞生纪念，可酌量发起特殊的集会。学校举行游艺会时，可应用教材编演历史剧。此类特殊作业，均可由教员因时因地酌定。

（贰）教法要点

（一）支配教材　教员应将全部教材预计时间作轻重恰当之支配，制成"教材进程"表。

（二）补充教材　教员于教本之外，自当随时补充教材，但在教室中抄录应力予避免。对于特殊资料应随时自编补充讲义，或节取他书以供应用。

（三）提出中心　教员于每个时间提出本期历史中心以昭示学生，使收教材联络及寻求系统概念之效。

（四）善用演讲　为引起学生之兴味与注意，讲演法应善于运用，如酌用故事式之讲述，应用图片，插入问答，提出特殊问题等。

（五）采用纲要　教员宜根据课本与必要的补充资料编印纲要，与教本相辅而行，以收简明扼要之效。

（六）注意比较与连络　教授时不但注意前后之比较与连络，并当随时谋本国史与外国史之比较与沟通（比较如中国与欧洲人用罗盘针之先后，沟通如汉与罗马之间接交通），以采纳混合教学法之优点。

本国史实之纪载以吾国年代为主体，附以公元；外国史以公元为主体，附以中国年代。

（七）指导参考书籍阅览　教员须酌量学生之程度与学习之时间，随时指定简明参考书令学生阅览，或规定全级阅览，或指定轮流阅览，并须予以充分指导，实现"辅导学习"之精神。

（八）注意时事与史事之联络　教员对于史事，在可能范围内当竭力使与现代社会发生关系，且于讲授本国史时可酌量报告国内时事而加以解释，于讲授外国史时可酌量报告国际时事而加以解释。此外，对于学生之阅览报章杂志，亦当予以适当的指导。

（九）应用地图图表图片　历史地图对于历史为必要的工具，因大部史迹离去地理之背景即不能明了。此外，讲授各时期之疆域、战事、交通等时尤然，非就特殊之地图或在普通地图中指示不可。此外如历史的图表以及图片、古物模型等，均有增进学生兴味与了解之效用。

（十）其他　此外如历史古迹之访问，足以引起学生对于前人或史事之想像，故学校可于学期中就附近古迹作考察的旅行，旅行中即可为学生讲解关于本古迹之故事，或令学生就听讲及参考所得作笔记，程度较深者可指定局部问题试作短文。方法甚多，须由教员随机应变，留心试验。

（十一）附历史课程之设备　历史学所探求之对象极广，而又切合人生，故欲使学生得真切之了解，必须有相当设备，学校当局必须打破历史为文学一类学科之观念，而将历史科设备与理化生物等科的标本仪器视为同样重要，须在可能范围内特辟历史陈列室，或教室至少与地理科合设一史地教室。大概历史科的设备主要者为(1)历史地图（挂图），(2)历史的图表，(3)名人画像与历史的图片，(4)各种古物（例如器物古碑雕刻等），(5)模型（如古物模型及建筑模型）。此种设备或由购置，或由搜集，或由自制，均可在室内收藏或陈列，借便教授而供观摩。即限于经费，亦当量力设施，先为草创，渐谋扩充。

修正初级中学地理课程标准　民国二十九年九月　日公布

第一　目标

（壹）使学生明了本国地理状况与总理实业计划纲要，以养成其爱国护土之观念与利用厚生之能力。

（贰）使学生明了外国地理概况、国际关系及本国现在之国际地位。

第二　时间支配

每周二小时，共三学年。第一、二学年及第三学年第一学期授本国地理，第三学年第二学期授外国地理。

第三　教材大纲

（壹）本国地理

　　（Ⅰ）乡土地理

　　　　初中地理应自乡土教起，各学校应将本县本省之地理详加讲授，教材另编。

　　（Ⅱ）概说

　　　　略述本国地理概况，使先立一简单轮廓，俾资统一其后所受日益增多之教材。

（Ⅲ）省区地方志
  （一）中部地方
    1. 南京市
    2. 江苏省
    3. 上海市
    4. 浙江省
    5. 安徽省
    6. 江西省
    7. 湖北省
    8. 湖南省
    9. 四川省（重庆市附）
  （二）南部地方
    1. 福建省
    2. 广东省
    3. 广西省
    4. 云南省
    5. 贵州省
    6. 南部地方总论
  （三）北部地方
    1. 河北省（北平市、天津市附）
    2. 山东省（青岛市、威海卫行政区附）
    3. 河南省
    4. 山西省
    5. 陕西省
    6. 甘肃省
    7. 北部地方总论
  （四）东北地方
    1. 辽宁省
    2. 吉林省
    3. 黑龙江省

4. 东北地方总论

（五）漠南北地方

1. 热河省

2. 察哈尔省

3. 绥远省

4. 宁夏省

5. 蒙古地方

6. 漠南北地方总论

（六）西部地方

1. 青海省

2. 新疆省

3. 西康省

4. 西藏地方

5. 西部地方总论

说明：地方志叙述方法由省区说到自然区，先述分省，后以自然区为总结，内容项目约举如下：

1. 位置及面积

2. 地形与气候

3. 主要产品与民族概要

4. 交通状况

5. 主要城市

6. 国际关系与国防形势

7. 经济开发计划

8. 其他地方特殊事项

（Ⅳ）全国总论

（一）疆域

（二）地形

（三）气候

（四）水利

（五）产业（包括物产、商业）

（六）交通

（七）人口

（八）国界与国防

（贰）外国地理

（一）概说

（二）日本

（三）南洋群岛

（四）南亚细亚（安南、缅甸、泰国、印度）

（五）西南亚细亚（阿富汗、波斯、土耳其）

（六）西北亚细亚及东欧苏联

（七）北欧

（八）中欧

（九）南欧

（十）西欧

（十一）非洲

（十二）北美洲

（十三）南美洲

（十四）澳洲与太平洋

（十五）结论

第四　实施方法概要

（壹）作业要项

（一）以教科书为授课时之纲领。

（二）以地图及统计图表为讲习之参证。

（三）以照片模型仪器等为必要之补助。

（四）以野外旅行及各种实习或参观特种场所及展览会等为实地之观察。

（五）以初步测量制作图表求地理观念之确实。

（六）注意选阅地图及填绘地图（教科书中可插印空白地图，俾资填绘）。

（七）教授关于国防材料时应注意下列各项：

1. 军事形势及交通路线。
　　2. 边疆及沿海各省之地理形势。
　　3. 关于旧有疆域之教材。
　　4. 国防国耻图表。
　　5. 我国及外国设防形势。
　（贰）教法要点
　（一）应与小学教材联络，提高内容之程度，用有机的教学使学生得总括的知识。
　（二）用具体的叙述说明人地之关系，尽量利用归纳法推寻其原因及结果，引起学生研究地理之兴趣。
　（三）以讲演为纲，或用设计法尽量活用地图、图表、模型、标本，及各种实物、野外实习，并时时提出应用问题，使学生得实际的知识。
　（叁）选择教材之注意
　（一）须与小学教材联络。
　（二）妥选插图，附加注解，并应注重产业图及统计比较表，俾与本文对照，使学生之印象明确。
　（三）人口应据最近之调查，本国城市人口在五万以上、外国在二十万以上者，应特为标明。
　（四）各种统计应据最近之调查，其有不明或变动特甚者，则采用近数年间之平均数。
　（五）外国地名在译名未公布前应采用最通行者，并附原名。
　（六）取材应用力求简要。

参考资料第十一号

师范学校史地课程标准草案

师范学校历史课程标准

第一　目标

　（壹）叙述中华民族之起源、形成及其疆土开拓之经过，而各支族在血统上与文化上之混合情形，及其相互依存之关系，尤应加意申述，使学生对于中华民族有整个之认识与爱护。

（贰）叙述我国历代政治、文化、经济、社会之变迁，尤其足以影响于现代社会生活之史迹，应特别注重，借以明白我国现状之由来。而于上古代之光荣与近世外力之压迫，以及三民主义之历史背景，尤应从详申述，以启示学生复兴民族之途径，及其应有之努力。

（叁）叙述上古以示世界各主要民族之演化，与各国政治、文化、经济、社会之变迁，及其相互间之影响与关系，使学生对于世界有正确之认识。而近世科学之功能、帝国主义之发展、民族运动之大势，以及现代国际问题之由来，尤应充分说明，以策励学生研讨世事，探求科学，而努力于抗战建国之大业。

（肆）选录中外名人传记轶事，使学生多得生动知识，以期适应于将来之教学。

（伍）略述史料学编纂方法，使学生将来可以自动搜辑地方历史补充教材。

第二　时间支配

第二学年每周授课四小时，第一学期授本国史，第二学期授外国史、中外名人传记及轶事、史料之搜集及编纂法。

第三　教材大纲

（壹）本国史

  （一）绪论

    1. 历史之定义价值及本国史之特点

    2. 中华民族之形成

    3. 本国史时间之划分

  （二）上古史

    1. 概说

    2. 三皇与五帝时代

    3. 夏代之建制

    4. 商殷之文化

    5. 周公之制作与西周之政策

    6. 西周王室与诸侯

7. 春秋时代之社会

   8. 孔子之生平及其学说

   9. 战国时代之政治与学术

（三）中古史

   1. 概说

   2. 秦汉之政制（中央与地方）

   3. 汉武帝以后之儒术政治

   4. 王莽之改制

   5. 东汉之经学与科学

   6. 两汉疆域之开拓与日本之朝贡

   7. 匈奴西迁与欧洲日耳曼民族之影响

   8. 佛教之东来

   9. 三国时代疆域之开展

   10. 两晋势力之转变

   11. 南北朝之风尚与同化

   12. 隋唐对外之发展

   13. 由藩镇至五代

   14. 隋唐之政教制度（考试、兵制与田赋等）

   15. 隋唐之学术思想与文艺

   16. 魏晋以来之宗教与文化

（四）近古史

   1. 概说

   2. 宋初建国政策之得失

   3. 宋太宗及真宗之外交政策

   4. 王安石时代之政治与社会及其改制运动

   5. 辽、夏、金三国之内政

   6. 元之兴衰与中西文化之交流

   7. 宋元之理学文学与美术

   8. 明之武功与外患

   9. 王守仁时代之学术思想

10. 明季流寇及其背景
11. 日本足利氏之降附及倭寇
12. 中华民族之海外发展
13. 基督教与西方科学之传入

（五）近代史
1. 概说
2. 清初之政策
3. 康乾时代边疆之开发
4. 乾嘉时代学术思想
5. 欧人之南洋殖民及俄人之东来
6. 清中叶之社会
7. 太平天国之建制
8. 鸦片战争前后之中外关系
9. 晚清政局与维新运动
10. 英法联军至八国联军之侵略
11. 日俄战争与太平洋新局势
12. 清代之学术文艺宗教经济

（六）现代史
1. 概说
2. 国民革命之目的及其初期进展
3. 三民主义之产生及其要义
4. 民国以来之蒙藏问题
5. 二十一条之交涉
6. 华盛顿会议与中国
7. 中国国民党之改组与国民政府之成立
8. 国民革命军之北伐与全国之统一
9. "九一八"事变与国际形势
10. "七七"事变与全面抗战
11. 抗战建国纲领及其实施
12. 现代之中国（包括政治、经济、学术等项）

13. 中国前途及对世界之责任

附注：师范学校本国史教材应避免与初中重复，注重较为特殊之史实，凡初中已有叙述者，仅于各时首列"概说"一章，略作一简单的系统的回顾。

（贰）外国史

　　（一）史前时代之概况

　　（二）亚非之古文化

　　（三）希腊与罗马之文化

　　（四）印度与佛教

　　（五）日耳曼民族之迁徙与封建制度

　　（六）基督教之教会与回教之帝国

　　（七）佛教之传播与南洋诸国之建立

　　（八）日本之文化革新

　　（九）文艺复兴与地理上之新发现

　　（十）宗教革命与宗教战争

　　（十一）世界各民族国家之成立

　　（十二）英国十七世纪之历次革命

　　（十三）英法海上霸权之争

　　（十四）美国之独立及其发展

　　（十五）法国大革命

　　（十六）工业革命及其影响

　　（十七）帝国主义之殖民政策

　　（十八）日本明治维新后国势之发展

　　（十九）德义与民族运动

　　（廿）英法与民主政治之进展

　　（廿一）世界大战与巴黎和会

　　（廿二）俄德奥之革命

　　（廿三）国际联盟与国际大势

　　（廿四）土耳其之复兴

　　（廿五）德义改制后之世界大势

（廿六）第二次大战之爆发及其演变

　　（廿七）国际现势下之中国

　　（廿八）近世以来欧美之文化与社会

　　（廿九）近世以来欧美之科学及其应用

（叁）中外名人传记及轶事

　　（一）关于政治外交军事革命等人物

　　（二）关于教育科学文艺宗教等人物

（肆）史料之搜集及编纂法

　　（一）史料之搜集法

　　（二）史料之鉴别法

　　（三）史料之编纂法

　　（四）地方史作法

第四　实施方法概要

（壹）作业要项

（一）阅读书报　高中教学历史，已有初中三年之基础，更当注意培养自由学习之能力。教员当随时酌量指定参考书籍（兼及杂志报章），或供一般的参考，或为某一节目、某一问题之特殊参考，令学生随时阅览，而由教员予以详密的指导与考核。

（二）习作笔记　笔记可分为讲授笔记与阅读笔记两种，前者由学生于上课时扼要记录教员之讲演，后者由学生于课外阅读时记录之。记录内容，或摘述事实，或编列纲要，或搜集比较，或发挥心得。其间或令全级为之，或分别作为个别的作业，分别令其呈缴，由教员审阅指导之。

（三）练习图表　教员宜注意应用历史地图与表解，同时即可将历史地图之关系重要者，印成空白图，令学生填明。其繁复事实骤难了解与记忆者，可指导学生为分析统计之研究，作成种种表解，以养成其精确与明晰的观念。

（四）研究问题　高中历史教材，宜采用问题式的讨论，并当训练学生研究问题之能力。其法可分为教室讨论与课外工作二种，前者由教员随时就教材中提出若干较简易之问题，以供学生学习时之研究,在教室报告讨论,或取自由质问的方式,由教员提出共同讨论,以启发其思想,充实其理解。后者由教员指定较为具体的问题,指定参考用书。任学生自由研究,作成简明报告,以养成其自由研究的能力。

（五）教材研究　国民学校及中心学校历史教材为学生课外必读之材料,关于教材教法,学生需作系统而详尽之研究,教员当随时查阅研究报告,并作适当之指导。

（六）实际考察　教员当注意扩充本学程内之设备,同时更就可能范围内领导学生作实际的考察,以引起其想像力,增加其对史迹之研究与兴趣,考察范围,或为古物保存所、博物馆等所搜集之古物,或为陵墓祠宇园林等古迹,均可于相当时间作参观旅行,并于考察后作成报告或考证。

（贰）教法要点

（一）补充教材　教员当于可能范围内,尽量补充参考材料。或讲述大意,或录示内容,或指示参考书名,而于特殊问题,新发见之材料,或最近时事,为教本所完全未采及者,尤宜编印补充讲义。

（二）注重讨论　教员不必详解课本或胪述事实,而当于简单说明事实之后,引起问题,加以讨论。以后即可随时提出问题,与学生共同讨论,或使学生自行提出讨论之。

（三）讲明因果关系　教员于讲授或讨论时,皆当注意说明史迹之因果关系,于史事对于现代问题之关系尤宜注意。

（四）应用图表　教员宜尽量应用地图与表解,并设法采集图片模型,以布置一特殊的陈列室（参看初中历史课程标准）。

（五）倡导自学　教员宜尽量培养学生自由学习的能力。如阅览参考书,作述笔记,习作纲要,试作论文,皆当按学生程度及时间许可之范围内酌量规定,并予以适宜之指导。

（六）教法要点,自不止此数条。如引起学生对于历史的兴趣,乃一般所认为关系重要者。但如何方能引起兴趣,全视教员如何运用方法。如奖励学生发问,活化历史上人物及事迹,均堪试验。教员须随时随地运用各种方法,使学生对于历史能发生浓厚的兴趣。

师范学校地理课程标准修订草案

第一　目标

（壹）使学生由已得之本国及外国地理基本知识，进而作综合之研究，就自然地理与人文地理各种重要现象，阐明其相互关系，俾学生明了地理上之基本事实与原理。

（贰）使学生明了国内外地理状况，以激发其爱护国土之观念，使其了然于国际问题之地理背景。

（叁）使学生明了地理与经济生活之关系，借知日常生活资料之来源、产销、运输等情形，以及社会一般之经济实况，以唤起其利用厚生之兴趣，而推动国民经济之建设。

（肆）使学生明了国父实业计划及地理与国防军事之关系，借知开发边疆及充实国防之重要，并培养其统一的国家观念与民族思想。

（伍）略述地理编纂法，以便学生搜辑地方教材，供教学应用。

第二　时间支配

在第一学年教授，每周三小时。第一学期授自然地理及区域地理，第二学期授人文地理及地理编纂法，实习于课外行之。

第三　教材大纲

（壹）第一学期　自然地理与区域地理大纲

　　（一）自然地理

　　　　1. 地球之形状及运动

　　　　　甲、地球之形状大小

　　　　　乙、自转公转及昼夜四季关系

　　　　　丙、经纬线与时区

　　　　2. 地层与地史

　　　　　甲、陆地之分布

　　　　　乙、岩石种类与性质

　　　　　丙、地层构造与变化

　　　　　丁、地史大要

　　　　3. 地形变化

甲、山岳平原及各种地形

乙、火山地震及内生力作用

丙、风化作用

丁、土壤

4. 水界

甲、河流及海洋之分布

乙、河流及其演化

丙、海洋与海水流动

丁、湖泊

5. 气候

甲、测候仪器

乙、温度雨量

丙、气候运行

6. 世界重要气候区

甲、热带区

乙、温带区

丙、寒带区

7. 生物地理

甲、植物带

乙、动物带

(二) 区域地理大纲

1. 本国自然区域地理

甲、中部地方

乙、南部地方

丙、北部地方

丁、东北地方

戊、漠南北地方

己、西部地方

(附) 区内应注意各点

甲、区内自然特性(地形、气候与土壤)

乙、区内自然状况（主要物产与工业）
　　　丙、主要城市与交通
　　　丁、水陆国境及国防要害
　　　戊、国内移民与边疆开发
　　　己、被侵略之领土与利权
　　　庚、国父实业计划中关于本区之事项
　　　辛、地方特殊事实（防旱、防泛、防卤、垦殖、水电、开港等）
　2. 世界自然区域地理
　　　甲、亚洲——亚洲概说
　　　　　子、日本
　　　　　丑、南洋（印度支那半岛及南洋群岛）
　　　　　寅、印度
　　　　　卯、伊兰高原
　　　　　辰、阿尔伯高原
　　　　　己、土耳其
　　　　　午、西伯利亚与中亚细亚
　　　乙、欧洲——欧洲概说
　　　　　子、苏联
　　　　　丑、德意志
　　　　　寅、法兰西
　　　　　卯、意大利
　　　　　辰、大不列颠（附爱尔兰）
　　　　　己、中欧诸国概说
　　　　　午、北欧诸国概说
　　　　　未、南欧诸国概说（意大利除外）
　　　丙、北美洲——北美洲概说
　　　　　子、北美合众国
　　　　　丑、加拿大
　　　　　寅、中美及西印度群岛

　　　　丁、南美诸国概说

　　　　戊、非洲各部概说

　　　　己、大洋洲概说

　（附）区内应注意各点

　　　　甲、各区自然性（地形、气候与土壤）

　　　　乙、居民生活特性与自然关系

　　　　丙、世界主要物产之分布

　　　　丁、与中国之比较

（贰）第二学期　人文地理及地理编纂法

　（一）人文地理

　　1. 我国及世界饮食品概况

　　　　甲、稻

　　　　乙、麦

　　　　丙、糖

　　　　丁、茶

　　　　戊、大豆

　　　　己、肉类

　　　　庚、其他

　　2. 我国及世界衣料产销概况

　　　　甲、棉

　　　　乙、丝

　　　　丙、皮毛

　　　　丁、麻

　　　　戊、其他

　　3. 我国及世界矿物及动物之利用与分布概况

　　　　甲、煤

　　　　乙、铁

　　　　丙、石油

　　　　丁、水力

　　　　戊、其他

4. 我国及世界一般商业概况

　　甲、数量

　　乙、性质

　　丙、供求

5. 我国及世界交通概况

　　甲、公路

　　乙、河运

　　丙、铁道

　　丁、海运

　　戊、航空

　　己、电信

6. 我国及世界居民概况

　　甲、种族及言语

　　乙、人口分布

　　丙、人口移动

7. 华侨分布与海外发展

　　甲、分布状况

　　乙、发展状况

8. 国际现势及我国所处地位

　　甲、太平洋形势概述

　　乙、欧洲国际关系概述

（二）地理编纂法

1. 地理学之性质及其价值
2. 地理材料之搜集法与整理法
3. 测量大意及地图绘法
4. 地方地理作法概要

第四　实施方法概要

（壹）作业要项

（一）使学生利用地图及统计图表等以为学习之参证。

（二）提供课外自习材料及图书等以为自动作业参考之资料。

（三）使学生利用课外时间行系统的实习，如模型实习、图上实习、制图实习、地文人文实习及研究实习等。

（四）使学生利用野外旅行及参观等时间以行野外实习及实地实习等。

（五）使学生利用比较统计及笔记要点等，以求学习内容之综合。

（贰）教法要点

（一）教授时以教科书为教材之纲要，另行指导学生搜集参考资料以为自动研究之基础。

（二）教授时应与初中地理取得联络而避免其重复。

（三）多利用图表、照片、模型及仪器等以增加学生学习之兴趣，并使其获得实际的具体知识。

（四）应利用假日率领学生旅行游览名胜，参观特种场所，使之活用书本知识，并养成其实地观察之习惯。

参考资料第十二号

高级职业学校地理课程标准草案

第一　目标

（壹）使学生明了本国经济地理之概况，以养成其爱护国土之观念。

（贰）使学生明了总理实业计划与国防及国民经济建设之关系。

（叁）使学生明了与我关系深切诸国经济地理之概况，及形成现在国际关系之经济地理背景。

（肆）使学生明了物产与自然之关系而养成其利用环境与开发产业之能力。

第二　时间支配

第一学年每周二小时，三分之二时间讲授本国经济地理，三分之一时间讲授主要有关国家经济地理。

第三　教材大纲

（以下各项教材如编为单元时，须留有相当之篇幅以为各校特殊补充教材之用。）

（壹）概论

　　（一）疆域

　　（二）位置

　　（三）面积

　　（四）地形

　　（五）气候

　　（六）水利问题及其解决方案

　　（七）交通现状及其开发

　　（八）人口分布及移民

　　（九）我国对外贸易

（贰）本国产业经济地理

　　（一）米麦杂粮——食粮问题

　　（二）丝棉毛麻——衣着问题

　　（三）我国民食上两大消费品——糖盐

　　（四）我国民食上两大嗜好品——茶烟

　　（五）大豆桐油——贸易之今昔观

　　（六）林木与畜产（水产）

　　（七）煤与水力

　　（八）石油

　　（九）铁

　　（十）其他矿产——锑钨锡铜金银

（叁）本国区域经济分论

　　（一）中部地方

　　　　1. 江苏省

　　　　2. 浙江省

　　　　3. 安徽省

　　　　4. 江西省

5. 湖南省

6. 湖北省

7. 四川省

8. 南京市

9. 上海市

(二) 南部地方

1. 云南省

2. 福建省

3. 广东省

4. 广西省

5. 贵州省

(三) 北部地方

1. 山东省

2. 河北省

3. 山西省

4. 陕西省

5. 甘肃省

6. 河南省

7. 北平市

(四) 西部地方

1. 青海省

2. 西康省

3. 西藏地方

4. 新疆省

(五) 漠南北地方

1. 绥远省

2. 察哈尔省

3. 宁夏省

4. 蒙古

（六）东北地方
　　　　1. 辽宁省
　　　　2. 吉林省
　　　　3. 黑龙江省
　　　　4. 热河省
（肆）重要诸国经济地理
　　（一）日本经济集团
　　（二）苏联经济集团
　　（三）英国经济集团
　　（四）德国经济集团
　　（五）法意经济集团
　　（六）美国经济集团
　　（七）越南半岛与荷印之经济地理
　　（八）世界经济地理概观及其问题
　　第四　实施方法概要
　　（一）以教科书为教学之纲领，如暂无适当之高级职业学校专用之经济地理教科书，可酌编用讲义，不得选以普通中学之教科书代替。
　　（二）注意选阅地图。
　　（三）各种统计数字必须注意其时间性、可靠性，尤须逐年补充修正。
　　（四）讲述本国经济地理须注意其生产运销之情形，尤须渗入有关外国经济地理教材以资比较。
　　（五）对于有关本省本县经济地理，应多选取补充教材，以便学生研习。
　　（六）教材应以民族主义为其中心，每一单元亦须只重少数事实，理解重于记忆，态度养成重于知识获得。
　　（七）每一单元必须备有单元测验，用以衡测学生成绩，尤须附有练习（问题填图、制图之类），俾使学生于实习中验证学习结果。
　　（八）教材须与初中衔接，并与各科保持密切联络。

（九）采用问题单元式的教学式,应用讲演法惟须注意纲目条理,务使清晰具体。

（十）尽量利用照片、画片、标本、模型幻灯及实验仪器等以为教学时必要之辅助。

参考资料第十三号

小学课程标准社会科史地部份

小学高级历史课程标准草案

一、教学目标

（一）指导儿童明了本国历史演进之情形,以培养儿童爱护国家之观念、民族至上之意识。

（二）指导儿童明了世界历史演进之情形,以启发儿童自强不息之精神、崇高远大之志向。

二、教学时间

（一）高小二年共四学期,前三学期教本国历史,后一学期教外国历史。

（二）每学以二十周计算,每周占六十分钟一课,前三十分钟教课文,后三十分钟复习。

三、教材大纲

（一）本国历史（占四分之三）

（Ⅰ）由远古到隋朝的讲述（第一学期）

1. 中华民族的诞生
2. 中华民族的建国——黄帝
3. 远古之食衣住行
4. 文字的发明
5. 尧舜禅让
6. 大禹治水

7. 汤武革命

8. 周公政绩

9. 周召共和

10. 春秋与战国

11. 孔子

12. 秦始皇帝

13. 平民革命

14. 汉武帝

15. 班超

16. 纸笔墨的发明

17. 诸葛亮

18. 谢安

19. 刘裕

20. 隋炀帝

(Ⅱ) 由唐朝到清中叶的讲述(第二学期)

1. 唐太宗

2. 唐朝文化之东播

3. 佛教道教的兴起及回教的传入

4. 郭子仪

5. 五代纷扰

6. 寇准

7. 王安石

8. 岳飞

9. 朱熹

10. 成吉思汗

11. 三大发明的外播

12. 明太祖

13. 郑和

14. 张居正

15. 戚继光

16. 徐光启

17. 史可法与郑成功

18. 康熙帝

19. 顾炎武

20. 乾隆帝

（Ⅲ）由鸦片战争到民国的讲述

1. 鸦片战争

2. 太平天国

3. 英法联军

4. 中俄交涉——东北边地及西北边地之丧失

5. 中法战争——安南之丧失

6. 中日战争——高丽台湾之丧失

7. 三国干涉还辽及沿海重要港湾的租借

8. 戊戌政变

9. 义和团与八国联军

10. 日俄战争

11. 孙中山先生

12. 辛亥革命

13. 二十一条

14. 护国之役

15. 国民政府之成立与国民革命军北伐

16. 济南惨案

17. "九一八"事变

18. 淞沪战役与长城战役

19. 蒋委员长

20. "七七"事变　对日抗战

（二）外国历史（占四分之一）

（Ⅰ）世界各国历史的讲述（第四学期）

1. 埃及和西亚的古代文明

2. 释迦牟尼

3. 苏格拉底和亚里斯多德

4. 亚力山大

5. 耶苏基督

6. 恺撒

7. 阿蒂拉

8. 查理曼大帝

9. 十字军

10. 哥伦布

11. 鲁伊十四

12. 彼德大帝

13. 弗雷德力克大王

14. 拿破仑

15. 华盛顿

16. 明治天皇

17. 俾斯麦

18. 凯末尔

19. 威尔逊

20. 今日之世界

四、教学要点

（一）教材之选择与组织

1. 历史教材选择必须符合教学目标。

2. 历史教材选择必须适应儿童程度。

3. 历史教材选择应由浅入深循序渐进。

4. 历史教材应以人物为中心兼顾历史系统。

5. 历史教材应于每课内提出重要历史词语加以注释。

6. 历史教科书或参考书之编制必须内容真实、插图丰美、文笔生动、叙述具体周详，并附有简大事年表、地图、人物图等。

7.历史科之课外读物如名人传记等，应充分利用且须随时随地适应课文编教材。

(二) 教学方法

1.历史教学应与其他各科取得联络。

2.历史教学应利用引起儿童兴趣，能引证有趣味之故事尤为必要。

3.历史教学应利用纪念日之讲述资料，或参观历史博物馆，详加讲解，亦为必要。

4.历史教学应利用机会表演历史戏剧以增加兴趣，帮助想像。

5.历史教学应鼓励儿童发表问题，启发儿童崇拜英雄之观念。

(三) 教学用具

1.师生必须共同搜集或绘制历史模型、画片、图表等。

2.历史教员应充分利用教具如下：

(1) 小学历史挂图全套。

(2) 古物、幻灯、照片、名人画像。

(3) 历史大事年表、朝代帝系表。

(4) 最底限度历史教学书籍、刊物、名人故事丛书。

小学高级地理课程标准草案

第一　目标

(一) 指导儿童明了本国地理之概况，以养成爱护国土之观念、民族至上之意识。

(二) 指导儿童明了世界地理之概况，以促进国际地位之认识、大同理想之实现。

第二　教学时间

高小二年共四学期，每学期每星期六十分钟，分为二节，前三学期注重本国地理，后一学期注重外国地理。

第三　教材大纲

每周六十分钟教学约一单元，四学期共八十单元，分配如下：

(壹) 本国之部
 (一) 概论
  1. 中华民国（注重疆域、位置、面积及山川大势等）
 (二) 重要都市研究
  (A) 政治都市
  2. 首都——南京（注重高山、深水、平原、形胜、交通、经济、人口与建都等）
  3. 陪都——重庆（注重山城形势、交通、经济、人口及国防等）
  4. 陪都——西安（注重关中形势、交通、物产及建都国防等）
  5. 上海　我国第一之大都市（注重国际关系、交通、经济及人口等）
  6. 北平　我国之第一大古都（注重历代之建都以及交通、人口、胜迹等）
  7. 广州　革命之策源地（注重气候、物产、交通、人口及革命之纪念物等）
  8. 武汉三镇　国庆之纪念地（注重三镇形势、交通、商业、物产及人口等）
  9. 成都——天府之区（注重形势、物产、交通、人口、胜迹及国防等）
  10. 昆明——长春之都（注重气候、地形、物产、国际交通及国防等）
  11. 兰州——全国地理中心（注重交通、物产、商业、人口及国防等）
  12. 桂林——桂林山水甲天下（注重交通、物产、胜迹及国防等）
  13. 贵阳——西南公路交通中心（注重形势、交通、经济、人口及国防等）
  14. 福州——华侨之乡（注重物产、地政、交通、人口与

华侨之情形）

15. 沈阳——九一八与沈阳（注重交通、物产、人口及国防等）

16. 拉萨——藏人政治中心（注重地势、交通、种族、人口、宗教、经济与国防等）

17. 库伦①——蒙人政治中心（注重交通、物产、人口、种族、宗教、经济与国防等）

18. 迪化——西北国防重镇（注重交通、物产、人口及边防等）

(B) 经济都市

19. 我国四大米市（长沙、芜湖、南昌、无锡）

20. 我国二大糖市（汕头、厦门）

21. 沿海二大商港（天津、青岛）

22. 盐垦之中心点（淮阴、南通）

23. 北方大港（注重港址交通及发展等）

24. 东方大港（注重港址交通及发展等）

25. 南方大港（注重港址交通及发展等）

(C) 名胜都市

26. 杭州（西湖与钱塘潮）

27. 孔林与泰山（注重曲阜、泰安与济南之交通及名胜等）

28. 中山、奉化　我国之二大模范县（注重总理、总裁故乡景物及交通等）

29. 洛阳、开封　我国中原二大古都（注重形势、交通、胜迹及建都等）

(D) 国防都市

30. 万里长城上的三口（南口、张家口、独石口，注重塞外草原、交通、物产及国防等）

31. 我国江防要塞（长江在江阴、镇江、湖口、九江、荆州、宜昌等）

---

① 即今蒙古人民共和国首都乌兰巴托。

32. 我国陆防要地（买卖城、满洲里、塔城、安东镇与镇南关、江心坡等等）

33. 我国海防要地（旅大、象山、三都澳、金山卫及海南岛等等）

34. 我国的租界地与让割地（广州湾、关东洲、香港、九龙、澳门、旅大）

（三）水利交通

35. 三峡与长江之水利（注重三峡形胜、长江交通）

36. 黄淮水灾

37. 我国之大运河

38. 我国的公路（注重重要干线及国防线）

39. 我国的铁路（同上）

40. 我国的航空

（四）经济物产

41. 山西的煤铁

42. 陕西的石油

43. 湖南的锑

44. 江西的钨

45. 太湖流域的丝

46. 江南丘陵的茶

47. 东山的大豆

48. 川湘的桐油

49. 西北的皮毛

50. 东北的森林

51. 西南山地的名产（犁牛、麝香、羚羊、铜、锡……）

52. 东南沿海的渔盐（淮北之盐、舟山群岛之渔）

53. 我国的工业（注重工业名产如瓷器、夏布等）

54. 我国的贸易（注重国别、数别及出入超）

（五）民族人口

55. 移民与华侨（注重东北移民与华侨之问题）

56. 蒙人的生活（注重各地居民之生活、宗教、方言）

57. 藏人的生活

58. 回人与满人的生活

59. 西南边地居民的生活（风俗及政治关系等，以中华民族一元论辟日俄建立满蒙伪国之非）

（六）自然地理

60. 我国的地势与气候（注重统整概括观念）

（贰）外国之部

61. 我国旧有藩属（朝鲜、台湾、琉球及越南半岛等）

62. 日本帝国

63. 太平洋与华侨

64. 印度民族独立运动

65. 亚洲三个回教国家（土耳其、阿拉伯、伊朗）

66. 苏维埃联邦

67. 英吉利帝国

68. 德意志

69. 意大利

70. 法兰西

71. 荷兰与比利时

72. 北欧上三王国（挪威、瑞典、丹麦）

73. 美利坚合众国

74. 中南美洲

75. 黑暗大陆之被宰割

76. 南极与北极

77. 世界水陆的分布

78. 世界人种的分布

79. 世界物产的开拓与争夺

80. 我国在世界上国际地位

第四　教学要点

（一）教材之选择与组织

1. 地理教材选择必须符合教学目标。
2. 地理教学选择必须适应学生程度。
3. 地理教材选择应合以近及远原则,乡土地理教材尤应重视。
4. 地理教材应用单元编制,于单元中仍须顾及地理系统。
5. 地理科教科书或参考用书之编制必须内容精当、插图丰美、文笔生动、叙述具体周详,并附有一简单图表等。
6. 地理科之课外读物如游记等应予充分利用,且须随地随时适应环境另编补充教材。

(二) 教学方法
1. 地理教学应与各科联络,遇必要时得作大单元之设计教学。
2. 地理教学应注意儿童亲身之经验,书本知识乃不过补充直接经验之不足。
3. 地理教学应以儿童眼前日常问题为出发点,时事教学尤应充分利用。
4. 地理教学应先理解而后记忆,以人地之关系代替琐屑的地名之记忆。
5. 教学都市地理可用想像旅行方法以联系空间之观念,远足旅行尤应利用机关多多举行。
6. 战斗地理教学须注重宣传与应用,绘制每周抗战地图为最良善课外活动。

(三) 教具
1. 师生必须共同搜集或制作地理之照片、图画、图表、地图或模型等。
2. 各校应根据范围之大小酌量准备下列各种教具:
    (1) 小学地理挂图全套。
    (2) 风景人物生活照片图画。
    (3) 重要地形模型如地球仪、长城、运河模型之类。
    (4) 最低限度地理教学书籍刊物。

参考资料第十四号

拟制高初中史地挂图目录

高中历史挂图目录 三十年六月　日　教育部史地教育委员会拟定

式样：黑白单色或三色，石印。
纸张：土报纸或道林纸，纸裱。
大小：长九十公分，阔六十公分。
绘法：粗细线条并用，得酌用较小字体。

（一）寒武以前亚洲海陆图（参考 GRABAV 氏中国地层构造）
（二）三皇五帝时代都邑图
（三）夏代图（包括夏代之迁徙及对外关系）
（四）商代图（包括汤前、汤后之迁徙及重要侯国）
（五）西周图（划出王畿及重要侯封）
（六）春秋图
（七）战国图
（八）秦代图
（九）楚汉图（参看刘文淇《楚汉疆域志》及黎东方《中国战史研究》）
（十）西汉图（画出郡国及七国之乱）
（十一）东汉图
（十二）三国图（画出诸次战役）
（十三）西晋图
（十四）东晋五胡图（以各种虚实粗细之界线表明列国疆域）
（十五）南北朝图（表明疆域变迁）
（十六）隋图
（十七）唐图（画出藩镇割据）
（十八）黄巢图
（十九）五代十国图
（二十）宋图（画出十五路及南宋疆域）

（二十一）宋辽关系图（包括二国全部领土）

（二十二）宋金关系图

（二十三）宋夏关系图

（二十四）宋元关系图

（二十五）元代图（本部）

（二十六）四大汗国图

（二十七）元末群雄图

（二十八）明代图

（二十九）倭寇始末图（包括日本全国及中国东部）

（三十）明清关系图

（三十一）清兵入关图

（三十二）南明图

（三十三）三藩始末图

（三十四）清初西部用兵图

（三十五）太平天国图

（三十六）回变捻变图

（三十七）清末历次战役图

（三十八）辛亥形势图

（三十九）二十一条图

（四十）军阀割据图

（四十一）北伐图

（四十二）中日事变图

（四十三）民族战争图

（四十四）埃及图

（四十五）巴比仑图

（四十六）希腊图

（四十七）罗马图

（四十八）日耳曼族迁徙图

（四十九）东罗马图

（五十）神圣罗马帝国图

（五十一）阿拉伯帝国图

（五十二）土耳其帝国图

（五十三）英法百年战争图

（五十四）西班牙帝国图

（五十五）法兰西帝国图

（五十六）不列巅帝国图

（五十七）拿破仑时代图

（五十八）维也纳后欧洲图

（五十九）德国统一图

（六十）美国扩展图

（六十一）第一次欧洲大战图

（六十二）凡尔赛后欧洲图

（六十三）德国扩展图

（六十四）世界最近形势图

高中地理挂图目录　三十年六月　日　教育部史地教育委员会拟定

式样：黑白单色或三色，石印。

纸张：土报纸或道林纸，纸裱。

大小：长九十公分，阔六十公分。

绘法：粗细线条并用，得酌用较小字体。

（一）中国历代疆域图（较初中历史挂图之图张较详）

（二）中国行政区划图（画出行政督察区及蒙旗、藏部）

（三）中国地形图（第三图至第八图，根据《申报》地图）

（四）中国土壤图

（五）中国气候图（包括雨量、气压、温度等）

（六）中国农产分布图

（七）中国地质图

（八）中国矿产图

（九）中国交通图（包括水陆空，参考最近材料）

（十）中国人口分布图（参考最近材料）

（十一）中华民族分支图（画出干族及各支族分布概况）

（十二）中国重要都会图（画出各地户口）

（十三）总理物质建设图（宜详）

（十四）京沪及江苏省（每省画出政区、交通、物产及十五个以上之重要城市）

（十五）浙江省

（十六）~（四十三）其他各省区

（四十四）中国地理复习图（暗射）

（四十五）天体恒星图（分春夏秋冬四小张，合为一大张）

（四十六）半球图（东西南北半球各占一格）

（四十七）世界地形图（参考谭廉《最新世界地图集》）

（四十八）世界地质图

（四十九）世界气候图

（五十）世界物产图

（五十一）世界交通图

（五十二）世界人种人口图

（五十三）世界政治形势图（注重母国及殖民地间之交通）

（五十四）东亚南亚列国图（标出各地之华侨、日侨数目）

（五十五）中亚西南亚列国图

（五十六）苏联图（画出政军区及政治、军事、经济各中心地点）

（五十七）中欧东南欧列国图（详绘人口种别及交通形势）

（五十八）西欧列国图

（五十九）非洲地中海图

（六十）美国图（详绘）

（六十一）南北美洲图

（六十二）澳洲图

（六十三）太平洋形势图

（六十四）世界地理复习图（暗射）

初中历史挂图目录　三十年六月　日　教育部史地教育委员会拟定

式样：黑白单色或三色，石印。

纸张：土报纸，纸裱。

大小：长九十公分，阔六十公分。

绘法：粗细线条并用，注字最小者不得小于十五公厘见方。

（一）历代疆域大势图（以现有疆域画粗黑线，元代画细黑线，汉代画虚线，唐代画粗虚线，清代画圆点线，其余各代从略，地名只画现今及汉唐元清京城）

（二）历代京城图（以现有疆域为轮廓，以夏、商、周、秦、汉、魏、晋、宋、齐、梁、陈、隋、唐、五代、宋、元、明、清二十二代之京城及简明地形入图）

（三）远古图（注明西周以前列帝列代之京城要邑）

（四）禹贡九州图（注重黄河入海之分流情形，及江淮与支流关系）

（五）春秋战国图（以粗线条画战国国界，大字注国名，方格画国都，以小圆圈加点画春秋列国国都，小字加括弧画春秋国名）

（六）秦代图（三十六郡及后增四郡，除郡界外并画出郡治、京城）

（七）两汉图（凡都护府所领各国皆须画入中国国界以内，以一横两点画国界，以一横一点画州部间及藩属各国间二界。又日本西部之倭奴国，亦应画在我东汉版图以内）

（八）三国图（三国分别以粗斜纹、细斜纹及白面标之，画出国都及重要战争地点）

（九）两晋图（东晋白面，西晋多出之部份为细斜纹，五胡列国只画国都，以长方框线注明国号）

（十）南北朝图（分别以各种线纹标明南北二方诸朝代之递换）

（十一）隋唐图（隋界细黑线，唐界为粗黑线）

（十二）五代图（包括十国）

（十三）两宋图（包括辽金夏）

（十四）元代图（须详画西境所至）

（十五）明代图（包括后元）

（十六）清代图（三藩变叛时之领域以虚线注明，太平天国之进兵路线以箭线标明，清末失地以斜纹绘出）

（十七）民国图（注意二次革命时及军阀混战时重要地名，每次北伐之进兵路线以箭线标明）

（十八）中日形势图（现今形势）

（十九）中国历史复习图（暗射，画现今及汉唐元清疆域、历代重要地名及进兵路线，概不注字）

（二十）亚洲历史地图（包括朝鲜、日本、印度及中亚南洋诸国，开明疆界与重要地名）

（二十一）西洋古代图（包括埃及、小亚细亚诸国，与希腊、罗马之疆域、国名、地名）

（二十二）中世近代欧洲图（略列日耳曼诸族之移动路线，并以虚线、黑线、细线、粗线标明重要国家之疆域变迁）

（二十三）现代世界图（各国及其属地分别以粗细斜纹等方法表明之）

（二十四）外国历史复习图（世界暗射图，总绘二十一图至二十四图，不注字）

初中地理挂图目录　三十年六月　日　教育部史地教育委员会拟定

式样：黑白单色，石印。

纸张：土报纸，纸裱。

大小：长九十公分，阔六十公分。

绘法：粗线条。

（一）中国疆域图（包括旧有疆域详注，现有疆域则不详注并不画省界）

（二）行政区域图（各省省界、省会、大川、铁路公路干线、国都、陪都、各特别市）

（三）地形图（以细点、斜纹、十字纹、粗十字纹代表各种高度，海画

回纹、平原白面）

（四）物产图（根据《申报》地图，惟不以外国字母分标各物，改用中等大小圆图，内边全黑、半黑、斜纹、粗斜纹等等标明各种物产，无关地名概以省略）

（五）自然区域总图（以六大区为准）

（六）中部地方图（包括苏、沪、浙、皖、赣、湘、鄂、川，每省重要都会自五地至十地，参酌现行各教科书，详画公路支线、铁路、航路、航空线、河渠及简明地形、名峰等）

（七）南部地方图（包括闽、粤、桂、黔、滇，内容同上）

（八）北部地方图（冀、平、鲁、豫、晋、陕、甘）

（九）东北地方图（辽、吉、黑）

（十）漠南北地方图（热、察、绥、宁、蒙）

（十一）西部地方图（青、新、康、藏）

（十二）总理物质建设图（参考中华葛氏《高中地理附图》，画时务期简明）

（十三）本国地理复习图（暗射，旧有疆域、省界、大川、名峰、重要都会、铁路及公路干线，概不注明）

（十四）太阳系图（注重九大行星之距离及其个别大小）

（十五）东西半球图（经纬度、洲界、中国国界、回归线）

（十六）世界列国图（采 Mercator 画法，于欧、非二洲画出此次战前之波、捷等国，加以斜纹）

（十七）亚洲（采 Bonne 画法，注重中国旧有疆域及中日形势与南洋诸岛）

（十八）欧洲（画出交通情形及政治形势）

（十九）非洲（同上）

（二十）北美洲（同上）

（二十一）南美洲（同上）

（二十二）澳洲及太平洋（东及三藩市，西及新加坡）

（二十三）世界物产分布图

（二十四）世界地理复习图（画法同本国地理复习图）

参考资料第十五号

边疆教育委员会第二次全体会议议决案
（有关史地语文部份）

（一）第三十案　边疆各级学校教科书应由中央编发以适应其要求统一其思想案

刘锡蕃提

决议：原案通过送部参考。

理由：边疆素无教育，故无论何种性质不同之学校，亦无论何种年龄不同之人物，均须小学教起，而现时出版之各种小学教材与课程，在具有特殊性之边区之社会中多未能适合其需要，尤未能适合一般成人之心理，于是教材之编选，实成为当前边教进行中最切要而又最困难之问题。以广西论，各县边疆小学所用之教材大都采购商务、中华出版之教科书，而小学学生之年龄，幼者七八岁，壮者二三十岁，无论何校，幼与壮人数级相等，以此为数，其不合宜也，不言可知。广西特种师资训练所在教育之阶段上，列为中等学校，然究其实际，即是初小、高小、简师三种学校之集合体。盖该所来学之学生，不似其他中学师范之学生可以循资考试，择优取录，该所于目不识之无、口不通汉语之青年皆予收受，不受则更无合格之学生。教师方面长于边之人才，根本缺乏，无法罗致，如是为教师者且教学且研究，学生程度一班殊于一班，一届异于一届。教师才识优长任职较长者，所编讲义尚有可观，其次便难胜任快愉。初来之教师，足不曾一履徭区，目不曾一观边胞之生活，纵使有才，亦有望洋之叹。该校为省立之学校，其困难尚且如此，各县小学不问可知。广西如此，推而至于边疆各校，既又别于普通之学校，则所用教科当然须有别于普通之教科，此理至明，无待辨费。况边区教师人数奇少，待遇尤薄，滥竽充数之人十居其九，教科字义且有未明，欲其补充教材、改正教科，正如虮负泰山，岂能如愿？又即使人人能任编撰，一国之中，甲省与乙省不同，一省之中，甲校与乙校互异，杂乱无章，彼此歧别，流弊所及，更无底止；思想不正者，其危害党国、贻害青年，所关尤为重大。是以各级学校之教科，苟非中央编撰，欲其圆满收效，殊不可能。

办法：由中央聘请海内晓畅边地之教育专家，编拟各级学校教科，印发各省各级学校师范与小学教材，在现时需要最急，尤应首先编发。惟各省边民生活，彼此互异，故此种教材难由中央编印，各省仍可按照当地之情形，在原则不能变更之条件下，仍可酌量损益，以求适于环境之需要。但修改内容仍须详具意见，报告中央，中央汇集各省之报告仍为其所编印之教科，有须重复修改时，亦得根据各方之所陈，随时修改。如此进行继续不断，匪特切合适当，日新又新，集思广益，主观客观，融调一致，尤有意义冶五金于一炉，汇万流以朝宗，此即边疆教育之极致，而亦经国之大政也。是否有当，敬候公决。

(二) 第四十二案　组织边疆民族文化研究委员会案

刘锡蕃提

决议：并入四十五案讨论。

理由：我国沿边各省，尤其西南、西北两方面，种族最复杂，生计最穷困，语言风俗最歧殊。然而各个种族之间，过去莫不发生交流分泌同化之作用，吾人若能详加研讨，分析其同异，借考其源流，了解其生活，明辨其利弊，不特于史地、民族诸言诸种之学问得以阐发千古之秘藏，而于经济、政治与国防其助力尤为伟大。吾人处此大时代，对兹使命决不容再有丝毫之漠视或游移，尤其是敌人所囊据越南、觊觎泰缅之日，此问题之严重性，更为吾人所震惧。吾人过去考察边事，一以参考外籍为不二之法门，今而后此等心理不澈底改除，即无以负荷抗战建国之使命。正如一家之子弟，弃其宗谱，荒其田庐，忘其族党亲戚父子兄弟，而惟邻人是询，其不至于丧家破产者，未之有也。

办法：由中央罗致海内外专家于国都，组织民族研究委员会总会，于各省组织分会，担任调查征集及研究编著事宜，分门别类，计日程功。有所得，印刊诸日报，宣之月刊，合日报月刊之资料，再加以精密之整理及编审，辑成巨著，布之于全国。俾边区一切情形，上自政府，下至国民，皆得到充分之了解，而国家对于边疆之建设，即以此为根据，以决定一切。主此项工作人员,应以专职为原则,致薪给宜从优厚,其征集调查设备诸事,不特经费充裕,而尤须予以工作上种种之便宜,能专心致志,畅所欲为,以完成其伟大之任务。如此办理,庶乎外症发药,不致闭门造车,筹边化俗,始有成效。国难如斯,时不我待,虽曰亡羊补牢,尚有可以为也。是否有当,敬候公决。

(三) 第四十五案　筹设边疆教育研究所案

吴文藻提

决议:原案通过请部从速筹设。

理由:抗战以来,边疆教育之重要,经委员长剀切晓喻,最近八中全会更已规定具体方案,以充实大学有关边疆科目及设立边疆研究机关,为边疆建设入手之途径。盖吾国政府对于边疆事业素所注重,但近五十年来,边事日见严重,建设未见成效者,其故不在政府之疏忽,而在有美意而乏良策,有良策而缺人才。边地阻塞,情况隔膜,通当之政策,均宜之兴废,难能规制;边区辽阔,行政复杂,政策之推行,兴废之实施,更不易见效。故欲求良策,惟有实地观察;欲求功效,惟有训练人才。是以为边政谋永久之计者,不能不自提倡高深研究及教育始也。

考国内各大学,有意设立关于边疆科目者,为数不少。例如清华大学于十年前即有社会学及人类学系之设置,中山大学向亦重视开设民族学之科目,燕京、金陵等大学则历次选派科学工作人员,赴边区作实地考察。抗战以来,齐鲁大学与中华基督教会全国总会合作,组织边疆服务部,准备训练边疆服务专门人才。然各大学大都在社会学系附设人类学或民族学之科目,尚未见有设立专系者,因之边疆学术之高深研究,迄未为大学教育所重视。教育部于去年复令各校添设边疆语文讲座而迄未见成立者,其故乃在师资与教材之缺乏也。国内既少训练有关边疆学术之高级机关,故大学师资不能不赖国外之培植,而受国外大学之教育者,对于本国边疆实况仍甚隔膜,教材空虚,难有成绩。故充实大学有关边疆科目,犹非短期间可以有望,务先致力于师资与教材之培养与搜集,是以边疆研究工作尤为目前急务。

国内学者对于边疆具有兴趣者,亦不乏人,成绩斐然可观者有之。

惟边情复杂，交通困难，私人之人力物力决不能维持长期与系统之工作，有志者每感心余力怯之苦，已尝试者又多中途受挫，不另继续。在此情况之下，犹欲青年致力边疆研究，难矣。故求边疆研究能有发展，势必赖政府之奖励与组织，尤重于集中已有人才予以生活之保障、工作之便利，并预定计划分工合作，勤收典章标本，广集参考图书，增加学者开讨论观摩之机会，凡此皆有赖于边疆研究所之设立矣。

办法：爰就筹备设边疆研究所之方针及办法择要分项列后：

一、研究工作之性质：边疆研究所之设立，既以培植筹边人才而利边政施行为目标，考原则上应注重于有关建设之政治、经济、教育、党教等实况之精密调查，并根据调查所得探讨建设之实施方案，再觅实验机会，反复校核补充，俟有结果，汇报政府，以作参考。故研究方针将以理论与实用并重。

二、研究工作人员：本所均聘请边疆研究工作成绩卓著者之专家，为研究导师，负责规划一切边区之研究计划及指导与审查区内研究人员之工作；聘请国内外研究院毕业或有相当程度者，为研究员及副研究员，在导师指导下进行专题研究；招收大学毕业生为研究生，随从导师及研究员在边疆实习。

三、研究工作之分区：本所研究工作则注重实地调查及实验，故将在边地设立工作站，由一研究导师主持之，由若干研究员和研究生参加工作。工作站所研究之区域，当根据实况加以分划，以一言语、文化及政治之原有区域为单位。工作站之数目，由少而多，依本所能力之增加逐渐扩充。

四、研究工作之步骤：工作站成立之前，由研究导师先至该地作一概况调查，及人事接洽，制定工作计划，经所中通过后，率领工作人员，至该区学习方言，然后进行调查，复集中讨论，分写调查报告，签拟建设实施方案，苟得当地政府之合作，加以实验。

五、研究所之设备：除工作站外，于本所中心地点设立图书馆及博物馆，以供所内外人士之参考；各工作站员负责搜集调查区内文物标本，以充实博物馆，并得请求所中添购有研究工作之参考书（图书馆及博物馆可与其他机关合作）。

六、研究所之组织：本所由董事会选举所长一人，所长之下分四部：一、秘书室，二、图书馆，三、博物馆，以上各设主任一人，事务员若干人；四、研究工作委员会，由研究导师及研究员代表组织之，所长为主席，得设干事一人，助理所长工作。

(四) 第四十六案　请于适当地点设立民族文化博物馆以资研究而便观摩案

黄文弼提

决议：案由改为请于适当地点增设国立边疆文物馆分馆。

理由：中国边疆民族复杂，语言、文字、风俗、宗教等亦异。今为改进民族生活、统整民族文化起见，特设边疆民族文化博物馆，陈列在边疆搜集之各项材料，以便提高研究边疆兴趣、了解边疆情形，借便计划改进边疆实施方案。谨拟办法，听候公决。

办法：

一、本馆应设于接近边疆之适当地点或边政研究所内。

二、搜集材料办法：(一) 由本馆自行搜集；(二) 托边民机关及服务人员代为征集选送，其征集材料详细项目表格，由本馆制订分发应用。又关于习惯、语言、思想等等，有非物质所能包容，拟采用以文字记录方式，由边政研究所制订各种调查表格，分发各地机关及服务人员，逐条填注，为改进民族生活及统整文化之参考资料，其事虽微，收效甚大也。

(五) 第四十七案　边疆教科用书及通俗读物请用注音符号互注读音以利推行而便传习案

黄文弼提

决议：照修正案通过。

理由：我国西南西北边疆同胞，语言文字根本不同，若专赖国语及汉字之传习，以为教科用书及通俗读物之教育工具，未免"俟河之清"；若分别沿用其特殊的语言文字，以编印各种不同之教科用书及通俗读物，则既失同之一统之道，且亦谈何容易？夫团结民族形成国族，统一意志争取胜利，若彼此语文隔阂，则一切政治、经济、文化、教育等等建设工作,自皆感到隔阂。今欲打破语文隔阂,其才术必需简单迅速而确实,则惟有将汉字与特殊语言文对译,并利用注音符号,互注其读音而已。如此凡边胞已学此简单之注音符号者,即可迅速读汉文而习国语,施教者既熟习此简单之注音符号,亦即可迅速读出与特殊谚文之音,以资互创。且西南边疆之仅有谚语而无文字者,并可借此注音符号为之建立文字,以免他人之越俎代庖。以简单之注音符号互注不同之谚文,俾迅速成为统一之媒介,确实有效,计无逾于此者。谨拟办法,听候公决。

办法:

一、凡边疆各级学校之教科用书及民众通俗读物,概由教育部统筹分别编印。

二、凡边疆适用之教科书及读物一律以"注音国字"为正文,并分别用蒙藏回文对译其意义。

(六) 第四十八案　请教育部指令西北西南各大学或师范学院自三十一年度起增设边疆语文系培植边疆服务人才以利边务案

黄文弼提

决议:案由改为请部指令若干大学自三十一年度起增设边疆语文科系。

理由:按八中全会决议设置边疆语文与西北西南文化研究所,以培植边疆人才,教育部迭令边疆各大学设置伊斯兰文化讲座,及增设边疆科目起见,中枢注意边务之至知。惟边疆语言文字及文化独成体系,大学现有科系实行隶属,致负责乏人,鲜著成效。今为推动便利起见,宜在边疆各大学或师范学院,特立一系,列入大学行政系统,与各科系同,以专职责,而宏造就深入边疆高级服务人士及中学教师。谨拟办法,听候公决。

办法:

一、本系附设于大学文学院,除因特殊关系所设之特殊科目,如西北必设蒙藏回及西北民族文化史或宗教史,西南必设猓猓文、苗文、藏文及西南民族文化史外,其他科目就历史系、国文系、教育系中之必修科目酌为增减。但中国史地为普遍必修科目,如愿兼修政经及理工科目者,亦可准其选修。

二、招生资格及肄业年限与大学及师范学院同,如为边疆民族曾入边疆中学或专科者,特许入学,不受以上资格之限制。

(七) 第五十九案　　建议订正上古历史汉族驱逐苗族居住黄河流域之传说以扫除国族团结之障碍案

马毅、顾颉刚提

决议:案由改为建议订正历史上有碍国族团结之传说等案。

理由:三民主义中之民族主义,第一次全国代表大会宣言及第五次全代大会决议对中华民族不分畛域、一律自由平等之原则详阐靡遗,此为对边民之国策,固极正确;中央更订定边民教育办法,确定经费,湘桂滇黔各省复推行不遗余力,成绩亦甚卓著;教育部之《训育纲要》对边疆学校之施教纲领尤足钦式。

但某省某区(密)曾有大规模之苗族复兴运动,主其事者皆为国内外专科以上学校之学生(名密),强调民族五千年前为中国之主人翁,居住黄河流域,被汉族所驱,遂致式微,故宣传一律使用苗语苗文,读苗书(实并无文字),穿苗族衣装,禁止与汉族通婚,并分遣代表至各省宣传,以期恢复故土,复兴苗族。

又暹罗亦称滇黔为泰族故居,改泰之后即有倭寇操纵,利用种族问题,妄作种种企图。

故欲消除边胞团结之障碍,泯灭敌人煽拐之口实,此汉族驱逐苗族之荒唐传说必须订正,否则边教愈普及,边民程度愈高,而种族间仇恨反而益深,与融合情感、团结国族之企图实南辕而北辙。

办法:

一、教育部从新订正各级学校历史教本,根据最近甲骨陶器之研究结果,证明汉族为黄河流域土著,并未驱逐压迫任何民族。就章太炎之《排满平议》、吕思勉之《中国民族史》及顾颉刚《边疆》中发表之文章,以证明古之三苗非今之苗胞。此种传说一经厘订,则民族间假想之人为仇恨可不致发生。然后推行边教,庶不致发生相反作用,而与教育部规定之"阐发国族精神""注意讲解民族融合史"之目的正相吻合。

二、凡关于边民问题之著作,经教育部审查后方准出版,不得违反三民主义,尤须与中央之政策一致。

参考资料第十六号

专科以上学校史地学术研究团体工作报告分析(上)

三十年二月　江应澄拟

本分析所根据材料仅有国立师范学院、私立金陵大学、国立四川大学、国立浙江大学、广东省立文理学院、私立无锡国学专修学校、湖北私立武昌中华大学、私立复旦大学、国立西北大学、私立齐鲁大学十校报告。此初步之分析,一俟其他各校报告陆续到齐,再作第二步之分析,汇合而订正之。

本初步之分析,约分名称、宗旨、组织、人员、成立时期、经费、事业活动、工作计划八项,兹分述之如后:

一、名称

十校之报告中史地学术研究团体,合设者七校,分设者三校。分设者系私立金陵大学、国立西北大学、私立齐鲁大学,或名为历史学会,如金陵大学;或名为历史社会学会,如齐鲁大学;或名为地学会与史学会,如西北大学。合设者中三校名为史地学会,四校名史地研究会。上者均无不妥之处,惟须责成未设地理学会之学校筹组地理学会,以符政府兼史地教育之意,而齐鲁大学之历史社会学会,亦须妥为修改,以重一致也。

二、宗旨

各校宗旨颇多出入,或谓"研究史地阐扬文化",或谓"研究中国史地学术,发扬民族文化,加强国民爱国观念",或谓"联络感情,研究学术,发扬民族精神",或谓"砥砺学行,联络感情",或谓"研究史学地理",或谓"研究历史地理,以发扬民族精神",或谓"研究学术,联络感情",或谓"致力抗战工作,研究学术,调查古迹、古物、民俗、宗教、语言"或"研究史地学术,实现革命教育,发扬民族意识,完成抗战建国大业"。综合言之，大抵似以"研究史地学术，发扬民族文化，启迪民族意识"一端最为适宜可取。只谓"研究学术""砥砺学行"，而不冠以"史地"字样，似嫌过于广泛，宜令国立师范学院、私立金陵大学、国立浙江大学等校分别妥为修正。

三、组织

各校组织由于事务简繁、会员多寡，故颇不相一致。主持会务人员或谓执委，或谓干事，少至三人，而多至十三人，多数则为七人（三校）。或以事权而分总务、研究、出版，或则综合办理，凡此均无紧要。惟有数校，将具体研究之项目列入组织系统以内，例如四川大学，研究部下分为中史研究、西史研究、西南民族研究、地理研究、考古研究等组，武昌中华大学分为通史、断〔代〕史、专史、边疆地理、经济地理等六组，责有专成，较易发挥效率，可提供以备各校之参考。

四、人员

各校学会参加人员，在性质上，学生为主，居于主动；教师为辅，居于指导地位。惟国立师范学院，则师生合作，尤史地系之师生，均为当然之会员，亦尚可取。在范围上，与会有关科系同学，多为指定参加，间有自由参加者；其他科系同学，多为自由参加。因此在数量上少则二十余人，多亦不过七十余人，如与各校学生总数相较，似有待于普遍发展。

五、成立时期

十校之中，共有八校于此次抗战后方始成立史地学术研究组织，足征过去各校不甚重视史地教育事实。其中且有三校，乃受本会指示方于近数月内成立报告；历史最久，不过三年。惟金陵大学之历史学会于民国十二年即成立矣。

六、经费

各校学会经费来源，不外下列数项：（一）会费，（二）学校补助，（三）教授同学捐助，（四）呈请政府补助，（五）其他临时征集。惟事实上，多为少数会费收入，且有一校，经费来源不甚具体，谓为临时征集。凡此均可影响事业进展。今后各校当局，当列史地教育研究之补助费，为一正当而必需之支出预算，以符政府推进史地教育之意。

七、事业活动

各校学会已有事业活动,归纳约如下表:

活动项目	学校名称	次数	备　　注
1.学术演讲	国立师范学院	8	敦请校内外之教授专家作学术上讲演。
	私立金陵大学		
	国立四川大学		
	国立浙江大学		
	私立无锡国学专修学校		
	复旦大学		
	国立西北大学		
	私立齐鲁大学		
2.讨论报告	私立复旦大学	4	包括时事座谈、教学、座谈、学术辩论等等。
	国立师范学院		
	国立四川大学		
	国立浙江大学		
3.整理扩充图书	国立师范学院	2	
	国立四川大学		
4.旅行参观考察	国立师范学院	(3)〔4〕	
	国立四川大学		
	私立复旦大学		
	国立西北大学		
5.运动游艺	国立师范学院	2	
	国立西北大学		
6.个别专题研究	私立金陵大学	2	
	私立中华大学		
7.设研究室	国立四川大学	1	
8.编辑抗战史料	国立四川大学	1	

续　表

活动项目	学校名称	次数	备　注
9.宣传出版	国立四川大学	5	包括壁报、会刊、季刊等等。
	私立齐鲁大学		
	国立西北大学		
	广东省立文理学院		
	私立复旦大学		
10.调查毕业同学	国立四川大学	1	
11.编辑专书	私立无锡国学专修学校	2	
	私立复旦大学		
12.图表展览	国立西北大学	1	

以上各项，系以学术演讲、讨论报告二项最为普遍；至运动游艺、调查同学等，则为一二校之特殊设施；出版研究、考察、整理图书，亦较为普遍耳。

八、工作计划

各种工作计划总如下表：

工作项目	学校名称	次数	备　注
1.设研究室	国立师范学院	4	
	国立西北大学		
	国立四川大学		
	私立无锡国学专校		
2.扩充图书	国立师范学院	2	
	私立无锡国学专校		
3.编辑刊物	国立师范学院	7	
	国立四川大学		
	私立复旦大学		
	私立金陵大学		

续　表

工作项目	学校名称	次数	备　注
	国立西北大学		
	广东省立文理学院		
	私立无锡国学专校		
4. 交换刊物讨论意见	国立师范学院	3	
	国立四川大学		
	国立西北大学		
5. 接洽经费补助	国立师范学院	2	
	国立西北大学		
6. 接洽专家演讲	私立齐鲁大学	4	
	私立金陵大学		
	国立四川大学		
	私立无锡国学专校		
7. 旅行考察考古	国立四川大学	4	
	广东省立文理学院		
	私立武昌中华大学		
	国立西北大学		
8. 刊行抗战丛书	国立四川大学	1	民族英雄传记、汉奸传记。
9. 编辑抗战史迹	国立四川大学	2	
	广东省立文理学院		
10. 调查古迹	国立西北大学	2	
	国立四川大学		

以上各项,编辑专刊一项,发见次数最多。发表研究心得公诸社会,诚为必要,惟以战时纸张昂贵,印刷困难,进行颇为不便,不如由会

编印史地教员季刊,择取各校研究心得之优良者发表,以节财力,以励研究。

又各学会工作计画,如受经济限制,可否由会酌予补助优良学校,尤须使次第成立研究室。

附表:

学会名称	成立年月	会员人数	经费	备注
1. 国立师范学院史地学会	二十七年十二月	七十九人	拟请学校补助	
2. 私立金陵大学历史学会	十二年	历届历史系学生均为会员	会员会费、学校补助、教授捐助	
3. 国立四川大学史地研究会	二十七年十月	七十一人	会员缴纳、学校津贴	由民国十八年成立之史学会改组而成。
4. 国立浙江大学史地学会	二十七年四月	六十八人	会员缴纳	
5. 广东省立文理学院史地学会	二十八年秋	七十四人	会员缴纳、学校补助	
6. 无锡国学专校史地学会	二十九年六月	三十六人	临时征集	
7. 武昌中华大学史地研究会	三十年一月	三十三人	会员缴纳、学校补助	
8. 复旦大学史地研究会	二十七年十二月	二十人	会员缴纳	由文史地学会改组而成。
9. 齐鲁大学历史社会学会	未注	二十三人	会员缴纳	
10. 西北大学史学会	二十七年	六十六人	会员缴纳	
11. 西北大学地学会	二十八年	六十人	会员缴纳	

参考资料第十七号

评选史地课本进行情形

本会为改进各书局所出版之中小学史地教科书之内容起见,爰函各书局,将最近送会之中小学史地教科书分别予以评阅,三十年一月已由本会编辑江应澄先生将葛绥成编《高中本国地理》初评完竣报告于后,其他各书则在继续评阅中。

评阅葛绥成编《高中本国地理》报告　　评阅者　江应澄

甲编　分论

(一)该书上册第一编"概论"第一章"自然之部"第一节"位置之境域"第二页表内琉球、朝鲜、安南、暹罗、缅甸等地面积略有出入。

琉球面积原书为	一六八八八方公里	似应为	二三八六方公里
朝鲜面积原书为	二六五二五六方公里	似应为	二二〇七三四方公里
安南面积原书为	四五二二一五方公里	似应为	七三八〇〇〇方公里
暹罗面积原书为	一〇〇八五九九方公里	似应为	五一八〇〇〇方公里
缅甸面积原书为	四九一〇二八方公里	似应为	五七四〇〇〇方公里

(面积改正数系根据胡焕庸先生著《我们的版图》所附失地表)

失地面积总数亦应据此妥为更改。

(二)同节第六页:"现在我国四周的疆界,东北到黑龙江和乌苏里江的会合点,就是在东经一百三十五度二分的地方;南部南海的南沙群岛,就是北纬十度的地方;西止葱岭北端的乌赤别里山口,就是东经七十三度的地方;北达阿尔泰山的萨彦岭脊,就是北纬五十三度四十八分的地方。"按,极东界乌苏里江与黑龙江合流处之耶字界牌,在东经一百三十五度零二分半;极北界之萨彦岭脊在北纬五十三度五十二分半;极西界在帕米尔高原的巴达克山位在东经七十度零二十一分;"葱岭北端的乌赤别里山",据《中国经济年鉴》载,为中俄界之极西端,而非国境之极西端;极南界在南海九岛最南端之安波拿礁(Gay d Amboine)位北纬七度五十二分。

（三）同书第二节"面积"第八页附表：西康、四川面积，应将原隶四川省之雅安、盐源、荥经、汉源、西昌、冕宁、昭觉、天全、越巂、宝兴、芦山、会理、宁南、盐边等县面积，计为一九六六八九.五六方市里划并西康。

（四）同节第九页"以上各省区，都在温带区域内"，按"以上各省区"，系指第八页附表所列中国各省区，然其中似有非完全属于"温带区域"者。盖北回归线贯穿汕头、苍梧、蒙自等地附近，过此以南，已系热带范围，故原句似有语病，且与同书第二十八页"我国土地广阔，地形复杂，所以气候便随地不同，有的在亚热带，有的在温带"句相矛盾，似可改正为"以上各省区，有的在亚热带，有的在温带"。

（五）同节第九页"福建、广东、广西、云南、贵州，属于粤江流域"，按福建属于闽江流域，并不属于粤江流域，原句似有语病，且与该书中册第三编"区域分论"第一章"南部地方"第一节"位置和区域"第一页"南部地方在行政上包括福建、广东、广西、云南、贵州五省，论水系属于闽江的，只有福建省，余则都属于粤江流域"句相矛盾，似应亟予修正。

（六）同书第三节"地形"第十页"高原之面积约六百六十余万方公里，几占全国的大部分"，惟据翁文灏先生之统计，全国高原面积为三六二五八六方公里，占总面积百分之三十四。

（七）同书第四节"山系"第十三页"喜马拉亚山系：长约二千三百余公里，广约三百四十余公里"，似与该书下册第二编"区域分论"第二章"西部地方"第二节"地形"第五十二页"喜马拉雅山：东西长约二千五百公里，南北宽约二百二十公里"相矛盾。

（八）同节第十五页"南支叫唐古剌山，也称当拉山，高达四千八百八十六公尺"，似与下册第二编"区域分论"第二章"西部地方"第二节"地形"第五十二页"南支为唐古剌山，高度在五千公尺以上"相矛盾。

（九）同书第六节"气候"第二十九页附表，南京、北平、库伦、滨江等地温度略有出入，似应据中央研究院气象研究所之中国之温度改正如下：

南京　一月摄氏温（平均）原书作〇.八度，似应为二.三度。

七月摄氏温（平均）原书作二七.二度，似应为二七.七度。

北平　一月摄氏温(平均)原书作〇.一二度,似应为负四.五度。
　　　七月摄氏温(平均)原书作二一.一度,似应为二六.一度。
库伦　一月摄氏温(平均)原书作〇.一六度,似应为负七.六度。
　　　七月摄氏温(平均)原书作二六.七度,似应为一七.七度。
滨江　一月摄氏温(平均)原书作〇.三五度,似应为负二〇.四度。
　　　七月摄氏温(平均)原书作二一.一度,似应为二三.二度。

(十)同节第三十二页附表,南京、北平、香港等地雨量略有出入,似应据竺可桢先生之《中国之雨量》改正如下:

南京　年雨量原书为一〇八一公厘,似应为一〇〇二.四公厘。
北平　年雨量原书为六三四公厘,似应为六三七.四公厘。
香港　年雨量原书为二一一三公厘,似应为二九一.九公厘。

(十一)同节第三十五页"东三省类全年平均温度在十度以下,其中至少有五个月在零度以下",似与中册第三编"区域分论"第三章"东北地方"第四节"气候"第二〇七页"其余东三省全部为东三省类,全年平均温度在十度以下,但至少有三四个月在〇度以下"相矛盾。

(十二)同书第七节"土壤"第四十三页"灰色沙漠土壤……量雨稀少,温度较低,夏酷热而冬奇寒",据《中国经济年鉴》载温度似为湿度之误。

(十三)同书第一编"概论"第二章"人文之部"第一节"人口"第五十三页,各省区人口表似宜改取新颖而可靠者,表内江西省人口数为一〇三五三〇〇〇人,而同书第二编"区域分论"第一章"中部地方"第六节"人口"第一六一页谓"江西——全省人口约计有二千六百余万人";又表内绥远省人口数为二一二三〇〇〇人,而下册第二编"区域分论"第一章"漠南北地方"第六节"居民"第十五页谓"绥远全省人口约三百万"。前后均相矛盾,宜采一精确数。

(十四)同书第一编"概论"第二章"人文之部"第二节"产业"第六十八页"猪除四川、绥远两省外,余多盛行牧畜",四川不畜猪乎?

(十五)同书第七十一页"依二十一年统计,长芦为四百四十三万九千余担,山东为七百五十六万九千余担……",时间性稍陈旧。

(十六)同书第三节"交通"第七十三页"各省区公路表"乃转录二

十三年之《申报年鉴》，应参照一九三七年英文《中国年鉴》及其他最近之精确统计予以修正。

（十七）同书第二编"区域分论"第一章"中部地方"第二节"地形"第一二七页"黄山海拔一千四百公尺"，似与同书第十六页"黄山高二千零八十公尺"相矛盾，如以丁文江等氏所测绘申报馆本国地图为绳准，似为一千七百公尺。

（十八）同书第七节"产业"第一六四页"四川雅安的蒙顶茶"，今雅安已隶于西康，似可归划西部地方讲述。

（十九）同书第七节"产业"第一七八页"中部地方各省区畜牲表"，来源不甚可靠，因据《中国经济年鉴》所载，该项估计"系根据中等农家及耕田面积而推算，致役畜类如水牛、黄牛、马、骡、驴等之估计似嫌过低，而因畜类如猪、鸡、鸭则又嫌过高"，应予删改。

（二十）同书第八节"交通"第一八六页"江西全省已成公路达二千五百余公里"，按一九三七年英文《中国年鉴》"江西公路已成四〇七五公里"，原数应妥修正。

（廿一）同节中部地方淞沪（一八八页）、沪杭甬（一八八页）、南浔等（一九〇页）铁路长短略有出入：

淞沪路长　原书作十五公里，据《铁道年鉴》为一六.〇九公里。

沪杭甬路长　原书作三百八十公里，据《铁道年鉴》为二七四.六五公里。

南浔路长　原书作一百三十公里，据《铁道年鉴》为一二八.〇五公里。

（廿二）同节第一九五页"嘉陵江线自巴县至北碚温泉公园可通小轮，更上溯则用帆船至合川、南充、阆中"，按民生公司小汽船可上溯至合川，原句应稍删改。

（廿三）同节第一九九页空中交通"沪蓉线九小时可到达"，按中国航空公司沪蓉班行机时刻，上午七时起飞，下午三时三十五分到达，共不足九小时，其间且于南京停十分钟，九江停十分钟，汉口停二十五分钟，宜昌停十分钟，重庆停二十五分钟，实际飞行时间且不足八小时，原句似嫌含混，应稍删改。

（廿四）同节第二〇一页"电报线表"、二〇三页"邮局邮路表"均嫌陈旧，似应根据最新统计，妥为补充。

（廿五）同书第十节"商业"第二二三页"商埠表"无锡、安庆、芜湖、九江、汉口等地开放日期略有出入：

无锡　原书作"民国十二年自行开放"，惟据二十七年内政部统计"全国商务埠一览表"作"民国十一年自行开放"。

安庆　原书作"光绪二年《中英烟台会议条约》允作暂停处，二十三年开放"，惟据内政部统计，作"清光绪廿八年中英续议通商行船条约允开"。

芜湖　原书作"光绪二年《烟台条约》，二十三年开放"，惟据内政部统计作"清光绪三年二月十八日设芜湖关"。

九江　原书作"咸丰八年中英续约开放"，惟据内政部统计作"同治元年十一月十二日设九江关"。

汉口　原书作"咸丰八年中英续约，同治元年开放"，惟据内政部统计作"清咸丰十一年十一月初旬设江汉关"。

（廿六）该书中册第三编区域分论第一章南部地方第二节地形"猺山猺人"中之"猺"字似应改为"傜"字，以重法令而尚种族间情感，第二一页"苗猓獠猺"、第二四页"民〔四蛮〕六"，惟此亦应分别删改。

（廿七）同章第三节"水系"第八页"闽江合本支流灌溉地域实达全省面积之半"，第三十一页"总计闽江本支流域几达福建全省三分之二"，前后似相矛盾，应予删改。

（廿八）同章第七节"产业"第三十一页"石油以贵州省为最富，龙里和贵筑两县交界的泡木冲地，新近发现石油矿，凡东至千家卡，西至黄泥哨，长约三四公里之遥，实是含油最富的矿区，周围面积不下四五方公里，油层统在距地表约三百公尺至六百公尺之间，油量总在数万万石以上，现由贵州农工厅设黔隆油厂经营之"，惟据《中国经济年鉴》所载："贵州产油地点有二：一在贵阳龙里界之泡木冲，一在炉县之翁次。前者石油皆存于三叠纪石灰岩之孔穴中，含油石灰岩不过三公尺，此层上则无其他踪迹，业经本省建设厅多次调查，判定并无多大价值；后者石油存于志留纪之页岩中，蕴藏情形较前为佳。"

（廿九）同节第三五页"森林面积表"，面积数中之宜林地面积数项误刊森林地之百分比数，森林地之百分比数误刊宜林地之面积数，应互对调。

（三十）同节第三七页"南部地方畜牲表"，来源不甚可靠，详见第十九条。

（卅一）同章第八节交通南部各省公路应参照最近之统计详为补充。

（卅二）同节第五五页"电线统计表"，似稍嫌陈旧，应予补充，第五八页"邮局表"亦然，两表均未注明年月日，有欠科学精致精神。

（卅三）同章第十一节"都市"第八四页"……澜沧江畔，有江洪，清时为车里宣慰司所在地，就是发生中英境界问题著名的地方"，惟据第九〇页"江洪地方，包含孟阿、猛乌乌得、镇越、车里等地，清光绪二十一年《中日马关条约》成立，法国自居三国干涉退还辽东之功，要求修正界约，清政府不能拒，遂以宁洱东边的猛乌乌德割让于法，猛乌乌德和宁洱本都是车里宣慰司地方。华盛顿会议，法人曾口头允许归还侵地，乞无结果"，"中英"似为"中法"之误。

（卅四）该书中册第三编"区域分论"第二章"北部地方"第二节"地形"第一〇一页"太行山：海拔自一千四百至二千公尺"，惟据上册第一七页"太行山平均高度约一千一百二十公尺"，二数不相一致，应妥修改。

（卅五）同章第七节"产业"第一三七页"北部地方畜牲表"来源不甚可靠，详见十九条。

（卅六）同章第八节"交通"，各省公路里程应照最近统计删改。

山东省公路　原书作五二二一公里，惟廿五年《申报年鉴》已成六六四一.八四公里。

河南省公路　原书作一五〇〇公里，惟廿五年《申报年鉴》载已成三四四一公里。

（卅七）同节第一四九页"同蒲铁路共长七百六十公里"，惟据《铁道年鉴》所载长八百六十五公里。又第一五〇页"北宁铁路干线全长八四二公里"，惟据廿五年《申报年鉴》长八四三.一四公里。

（卅八）同节第一五五页"电线表"第一五六页"邮局表"，材料稍嫌陈旧，且未详明年月，均应妥为补充。

（卅九）同章第十节"商业"第一六五页"商埠表"烟台、郑县开放日期略有出入。

烟台　原书作"同治元年开放"，惟据内政部"全国商埠一览表"乃系"咸丰十一年七月十七日设东海关"。

郑县　原书作"光绪三十年自行开放"，根据内政部"全国商埠一览表"乃系"民国十一年自行开放"，第一七七页又诏郑县系光绪三十四年自行开放，尚未经营。

（四〇）同节第三章"水利"，内容仍为水系，"水利"仍应改为"水系"。

（四一）同节松花江、鸭绿江长度前后略有出入。

第一九八页谓"松花江全长一千七百余公里"，第一四〇又谓"松花江……绵延长约二千余公里"。

第二〇一页谓"鸭绿江全长八百六十余公里"，第二三九页又谓"鸭绿江全长约九百二十公里"。

（四二）同章第四节"气候"第二〇七页"东三省全部为东三省类，全年平均温度在十度以下，但至少有三四个月在零度以下"，而上册第三五页又谓"东三省类全年平均温度在十度以下，但至少有五个月在零度以下"。

（四三）同章第六节"居民"东三省人口数字，应参照最近之统计妥为删改，第七节"产业"、第八节"交通"亦然。

（四四）同章第七节"产业"第二二七页"东北地方畜牧表"来源不甚可靠，详见第十九条，下册第二三页"漠南北地方畜牧表"亦然。

（四五）下册第二编"区域分论"第二章"西部地〔方〕"第三节"水系"第六一页"其北有江达河（Nyang River）源自太昭"，第一一三页"太昭位于尼洋河东岸"（Nyang R），系尼洋河、非江达河之译音，原英文注应删。

（四六）同章第八节"交通"第九八页"西部地方线路表"未注年月，且嫌陈旧。

（四七）第三编"结论"中各节统计数字，应参照最近者妥为补充。

（四八）同编第九章"我国在世界上的地位"应以地理立场妥为阐发，举凡无关地理性质材料例如"学术""历史"材料但可割爱删弃。

乙编　总论

该书编制纯粹依照课程标准教材纲目，并未加以组织整理，以致总论、分论之间教材颇多重复；各单元间同一教材来源似亦庞杂，以致前后颇多矛盾不相一致之处。取材之时似乏中心，以致徒务铺陈而失轻重之序。惟其记述尚较详尽，应妥修改（以简御繁）再送审订，俾使成为妥善之教材用书也。

参考资料第十八号

教育部中等学校史地教员暑期讲习会创办情形

本会为改进中等学校史地教学起见，特商请中等教育司就本会第二次全体委员会议之便，举办中等学校史地教育第一期暑期讲习会，会期自七月七日起至八月二日止。〔会址〕则为前国立第十四中学通学部之校舍。因目下交通不便，学员暂限于川省渝市之公私立中等学校，人数亦限在一百六十名以下。兹将讲习科目及拟定讲师姓名表列如左：

科　目	讲　师
三民主义	陈部长
高等教育概况	吴俊升
中等教育概况	章　益
国民教育概况	顾树森
史地教育改进	黎东方
本国历史	钱　穆
外国历史	雷海宗
本国地理	李旭旦
历史教材组织研究	陈东原
地理教材组织研究	李清悚
历史教学法	徐炳昶
地理教学法	黄国璋

此外有特别讲演若干次,拟请左列诸先生担任：

一、吴稚晖先生

二、陈果夫先生

三、顾颉刚先生

四、熊十力先生

五、齐士英先生

六、傅斯年先生

七、张廷休先生

八、郝更生先生

九、王星舟先生

十、许心武先生

除上午有各课目讲授外,每日下午均有分组讨论,注重教学经验之交换及教材教法之研究,借作今后改善之依据。刻该会列经筹备就绪,各方学员已陆续到部报到。

七七学术讲演周记事

（一）大会临时提案
（二）讲告
（三）各报记事汇辑

议决案（4）临时动议

请由部举行七七纪念中国史地学术讲演周案

吴俊升、王星舟提

议决：通过。

说明：查一国之史地学术，关系存亡至巨，尤以吾华具有五千年之历史、四万万方里之土地，其潜在力量发挥于兹次对日抗战者亦昭昭然举世共见。本会举行第二次全体会议于抗战四周年纪念之前夕，国内国际之情势，在在俱足以表现胜利曙光日益明朗。本部提倡史地教育已有年所，似应借此专家集合之机会举行内容充实之讲演周，爰提办法二条，提请公决。

办法：
一、由会推选专家九人在渝作有系统之讲演。
二、于讲演完毕后编印专册。

（刊《中央日报》七月七日至十二日）

教育部主办七七纪念学术讲演周

查"七七"抗战今满四年,我中华民族之文化韧力久经表现,学术抗战之功能正与军事、政治、经济诸部门之抗战因协同而日益宏伟。今后如何加强民族之自信、奠定国家之基础,亦学战以外无足与兵战相比肩。本部有鉴于此,爰借史地教育委员会第二次全体会议之便,邀请全国史地专家举行"七七纪念学术讲演周",尚望爱国士子共同赞助为幸。

期间:三十年七月七日至十二日

地点:两浮支路中央图书馆

七月七日	下午三时	徐炳昶	洪水	前国立师范大学校长、北平研究院文学研究所长
	下午五时	黄国璋	西康的游历印象	前国立西北联合大学地理系主任、中国地理研究所所长
七月八日	下午五时	缪凤林	历史的教训与国族的前途	国立中央大学师范学院史地系主任
七月九日	下午三时	顾颉刚	甘青的游历印象	前国立北京大学教授、齐鲁大学国学研究所所长
	下午五时	钱 穆	民族争存与文化争存	前国立北京大学教授、齐鲁大学研究所导师
七月十日	下午二时	张西堂	经学与史学	前国立武汉大学教授、史地教育委员会委员
七月十二日	下午三时	金毓黻	由北宋时外患说到现在	国立中央大学史学系主任
七月十二日	下午三时	胡焕庸	地理上之中国与世界	国立中央大学地理系主任
	下午五时	黎东方	历史上之中国与世界	前国立中山大学研究院导师、史地教育委员会驻会委员

各报记事汇辑

(1) 七月八日《扫荡报》

七七学术讲演之一

洪水的故事

徐炳昶讲　卜宁记

圣经上有过这么一段故事，一个传教师奉派荒野里传道，没有一个听众，但他继续对荒野演讲了七天，终于招来大群信道者。

昨天是"七七纪念学术讲演周"一日，主讲"洪水"的徐炳昶先生，十足表现出上述故事的伟大精神。频繁的空袭，使一般人无暇注意到这个安静的"学术角落"。教育部吴俊升司长在介绍词上，更歉疚着该部筹备的仓促。但徐先生并不介意这些，在寥寥十几个听众面前，他始终从容的侃侃谈他在考古学方面的发现。这种沉着精神令记者深受感动。一个民族若想永生，正赖每一成员能具有这种沉着精神。

徐先生是教育界老前辈，过去他单独赴西北作考古工作，堪称国内第一人。昨天所讲之"洪水"也是他多年研究的大收获，随处有其独到之见。一个月前，我们在纪念工程师节时，曾料到推崇大禹治洪水，但洪水究竟是什么？禹是怎样治水的？这两个问题，徐先生昨天给我们以极圆满解答。

首先徐先生对国内考古学术作一泛评，他认为古代史科所传太少，难据以作系统研究。疑古派力辨古书真伪，其治学精神可钦，但一手想推翻古代史料，其态度却有点武断。比如，最古的信史，如《尚书》诚然为春秋以后作品，但其中《尧典》《大禹谟》《禹贡》三篇，毕竟多少保存了关于禹的资料。至于《尚书》所以属春秋后作品，其证甚多。例如,据近卅年考古研究,铁器出现于春秋后,而《禹贡》却提到铁;又如《尧典》中所记"中星",据近人在天文方面研究,系出现于三千年前,亦在春秋后①。

次言洪水,这在各国各地都有,大凡社会进化到农业初期,洪水本属必然现象。西方学者研究古代水灾,多以树木之年轮为准。雨量多,树长得快,轮必厚,反之必薄,而雨量多则有水灾。据竺可桢先生研究气象,古代雨量有周期性,水灾亦有周期性、地域性。人类居处不能离水太远,多不过二三里;农业时代的耕地,离水最多不过四五里。一旦山洪爆发,大水成灾,田舍荡然,必予人类以莫大刺激,而造成很深恐怖。如在渔猎时代,捕鱼或畜牧,居所无定,即使有洪水,并无影响,唯其在初期农业时代之稼穑生活中,洪水始与人类命运相连。当时既乏防御术,人类由于畏惧,不免对洪水之威胁作种种夸大之词。实则洪水非神话,乃事实也。

据徐先生考证,"洪水"最初只是一条小河的名字,孟子称"降水者洪水也",《禹贡》中亦有"北过降水至于大陆泽"。降与泽通,《汉书》上郑玄谓,河南辉县共北山,其地原即"降"国,"降"字有投"降"之意,人民不喜,改称。共北山左近有共水源自百泉,此水是一条小河,与黄河毗邻,黄河在上游并无害,流到河南境内,与共水相混才成灾患,古人不察,以为系共水之患,"共"与"洪"通,故共水实即洪水。在古书上,有所谓共工,即古代治水者之称,而凡提及共工者,亦必与治水相关。洪水的主要范围,大抵在中国东部,河南特别受其灾害。

徐先生另一个考古大发现是颛顼,是古代宗教主,比尧舜与一切帝王都重要,但是有虞、夏、商的真正祖先,理由是《山海经》提到他的次数比尧舜还多。《山海经》是记叙古代帝王的书,如此重视颛顼,可见他极重要。又,近人研究甲骨文,发现其中有一字象形猿猴,此字即颛顼,而猿则为人类祖先。颛顼都濮阳,黄河与洪水混合成灾后,最先受祸的是它,其地位既极重要,受水灾后,一般人对洪水的印象自然特别深刻。此后鲧的治水,所谓筑堤,不过在濮阳城四周作一土圈子耳,自然挡不住洪水,于是被冲破,再筑复冲破,如是凡九次,无功,鲧乃被杀,由禹继

---

① 原文如此。

任。禹治水的主要方法是"疏九河",这个"九"字是"很多"之意,云其疏导了很多水,非仅九条水也。禹治水的范围,大抵不出河南,对象是瀹济、漯,至于江汉则属南方,其地有苗人尚未征服,自无法治水。至于"禹筑龙门"之说,以龙门的工程言,即今日开筑,亦非易事,在古代自然更不可能。大抵龙门只是古代"伊阙"讹,伊阙是河南某山下小沟,禹用土堵住,经过自然变化成"门"状,乃讹传龙门,与洛阳附近之龙门,实是两回事。

徐先生讲毕,记者叩询以古代科学之落后,谓"疏"水之工程,究竟如何进行。徐答:禹之治水仍系用土法,不过有许多事,远非我们所能想像者。如现在防空洞之开凿,是用炸药,古人没炸药,他们乃将大石烧至高热度,再喷以冷醋,石竟爆炸。此法用于石灰石极灵验,秦岭多石灰石,用此法即可开山,今人视之岂非奇迹乎?论及此点,顾树森先生亦作佐证,他说都江堰的工程相传系秦李冰开筑,那时并无今日科学,此种工程若似不可能,但事实上,二千年来它却惠泽了川西千万人民。

继徐先生后,原定黄国璋先生讲"西康游历印象",以时间太晚,他只匆匆讲数语,大意是抗战四年为中国之历史空前大时代,今后滨海的平原文化将与内地河山岳文化相混合,必可育出新文化;如能冒险,肯进取的人多多入西康工作,以建设我们最理想我国防区域、国防线。

(2) 七月九日《大公报》

教部学术讲演周

各学术家连日挥汗讲演

【本报讯】教育部主办之学术讲演周,连日举行,各学术家均在空袭频仍中挥汗作长时间之讲演,精神殊可敬佩。战时学者之努力,可见一斑。

国族与民族

黎东方氏昨讲演"国族与民族"一题,据称:民族觉醒是近代的事,法国大革命实系最早者。古有氏族,进而成为部族,再而形成民族。我汉满蒙回藏实皆系部族或支族,而非民族。所谓"汉"亦系文化水准之名称,不及者皆称为蛮夷。"蒙"与汉,黎氏举例证实语言有一致处,司马迁之《匈奴列传》称夏后氏之苗裔,殷墟掘出之甲骨亦有土方之证;且自血统上言之,皆属宽头种。至于"满",乃金之后,世称通古斯族者,实东胡之音误。至五胡时代为鲜卑宇文氏,与匈奴一家。"回"为部族,亦系宗教,唐称回纥,今称维吾儿,为突厥之一部。突厥始自甘省兜兽山,亦称羌氏,羌为牧羊人之象,亦即后之姜姓,进步的作了官,不进步的分布各地,有个共同特征,即喜缠头。"藏"即羌,马援破羌,经玉树入藏,亦系用单音字,中国公主多下嫁藏王,故血统上亦恒有中国之血。"苗"被驱说,系来自日本人,白夷、黑夷尤非独立之民族。黎氏之结论谓:虽从无两个历史学者意见一致者,但民族定义实应根据孙中山先生所指出之语言、血统、生活、风俗习惯、宗教等点而立论云。

大禹与洪水

徐炳昶氏前日讲演"大禹治水史迹真像",亦有三小时之发挥,颇多新颖意见。徐氏认为禹乃实有其人,河南籍,其所治之水,即洪水,在今河南辉县境。此地古名共,洪与共,古同字,黄河至此入平原,故多泛滥。徐氏认为禹疏九河皆在东部平原,是时无铁器,大半神话皆属传说,"施工决不到了江汉",但一个固定国家的形成,实自禹始。徐氏引用材料极丰富,对于史学家非"疑古化",即"理想化",皆有所批评。

西康的问题

黄国璋氏曾率学生深入西康,达半载之久,前日亦作短时间之讲演。在四川境内,黄氏已见沿海与内地人文之大交流,彼更愿此项交流推广至于边远之国防区域内,为国家创造新局面。黄氏指出西康当前问题为(一)吏治必须改良,(二)教育必须设法普及云。

(3) 七月九日《扫荡报》

七七学术演讲之二

中华民族不可分性

　　教育部史地教育委员会最近在渝召开二次会议,集国内史地专家四十余人于一堂,讨论今后史地教育,此次会议最重要一议决案,为"确定史地学科民族立场"。

　　讲到民族立场,史地教委会提出两事,唤起学术界注意:(一)是张其昀先生近著《黄帝的子孙》一文,其中认中国民族之本源系由于中原黄族、南部炎族、东部泰族。泰族来自山东泰山一带,亦即泰国民族之祖先。妄自尊大的泰国,其参谋部所画之地图,今已将中国云南列入版图内,若得悉其祖先系在中国山东(后来被中国赶到西南及暹罗),则更振振有词。(二)某书店近出版《西南考察记》一书,其中提出"广西民族""贵州民族""云南民族"等名词,殊有割裂中华民族之嫌,甚属不妥。顾颉刚先生前赴青海考察,当地人大贴欢迎标语,有一条是"欢迎顾颉刚先生,拥护民族自决",顾先生当即向他们表示:"你们若要主张民族自决,请不必欢迎我。中国境内只有一个民族,民族自决的口号根本即不能成立。"

　　由于上述情形,故站在民族立场,研究中国历史前须辨明中国境内各族是否同源。过去有人提出"国内各民族一律平等"的口号,并主张"民族自决",其前提是假定中国境内有一个以上的民族,即俗称汉满蒙回藏五族,若此五族原只是一个民族,而中国境内只有一个中华民族,此外别无其他民族,则前面两口号即不能成立。

　　"中国只有一个民族",此一口号为晚近史学提出,记者深信必受国人注意。昨日为"七七纪念学术讲演周"第二日,原定缪凤林讲"历史的教训与国族的前途",缪氏临时因交通阻碍未能赶来,乃由前中山大学教授黎东方氏讲"民族与国族",其推论即为"汉满蒙回藏五族本属一家,中国只有一个民族"。虽然,黎氏理论之根据,尚有待于学术界之研究,但其所提之问题,却值得重视。兹将所讲证据,择志如下。

（一）蒙汉同源证据：（1）汉蒙语言有相同者，例如蒙人云"黑"为"黑啦"，"白"为"白啦"，啦字乃系语尾，正为沪语之有语尾，其他若干蒙语如除去语尾，多即汉语相同。（2）《史记·匈奴列传》开宗明曰"匈奴，夏后氏之苗裔也"，夏后氏系指夏禹后代而言。（3）近人研究殷墟甲骨文，发现北方有一"土方"国常与商作战，"土方"实即匈奴，据近人音韵学研究，古音"土"与"夏"同音，而《诗经·商颂》云："洪水茫茫，禹下土方"，可见匈奴实为夏之后代，亦即今日之蒙古人。（4）蒙古人与汉人头盖骨宽度相同，蒙人眼鼻亦大抵与汉人相同，惟眼略细与鼻下端略宽，此则因北方风沙大，眼须常细，而鼻下端所受气压则宽。

（二）汉满同源：满族，亦称"通古斯族"。"通古斯"系"东胡"之译音，而"斯"字在法文中无音。关于东胡，《史记》曾有记载，系指东部胡人而言，亦即五乱华时之鲜卑宇文氏，居于北，与匈奴一家。所谓"胡"，范围甚大，在东为"东胡"，在西则为西匈奴。匈奴既与汉族同源，则东胡自亦非例外。

（三）回汉同源：回为突厥，发源于甘肃，与羌氏同族。"羌"与"姜"同音，实与周朝姜太公同族。姜为汉人，羌自亦与汉人同源。

（四）藏汉同源证据：（1）"藏"者"羌"也，羌人在川陕者被马援击溃，赴藏。（2）藏文，与汉文同为单音字。（3）自唐代始，藏汉通婚频繁，血统已混。

黎氏结论有三：（一）中国境内有几个部族或枝族，但民族只有一个，即中华民族。（二）我们都是黄帝子孙。（三）过去官方公布人口统计不确，如外蒙号称五百万人，实际只有六十五万人，其他回藏亦然，故即以枝族论，其数量亦甚小也。

（4）七月十日《大公报》

教育部学术演讲

顾颉刚讲游历甘青印象　勉励青年到边疆去工作　讲民族文化之关系

【本报讯】教育部主办之学术讲演，昨午仍在中央图书馆举行，听讲人士更形踊跃。首由顾颉刚氏讲演游历甘青印象。顾氏于抗战后,个人思想由"为学问而学问",变为"为致用而学问",彼于旅行华北平原及绥西后,更受中英庚款之补助,赴甘青视察教育。甘青为汉、回、番交杂区域,番为羌人,文化甚高,喇嘛之建筑尤极雄伟,寺僧在此究研天文、算术、医药及逻辑之学。回之文化较差,但亦均能熟知阿剌伯文。惟汉人文化相形之下为最差。清代运用分化政策,使人民间感情欠佳,此种情形,现今犹存。顾氏坚持中华民族为一个说,力辟各族之说,彼谓自文化上看,则系三个集团:(一)汉集团,(二)藏集团,(三)回集团。"在政治上要合,而学术上要分",不应为帝国主义侵略之工具。末并提出当地惊心事实,以证明外人对我之用心,乃大声激励青年,从速有计划的到边疆去,二十年后,边疆仍必为我所有。边地出路为:(一)经商,(二)行医,(三)社会施教,尤须注意通婚云。

继由钱穆氏讲演"民族争存与文化争存"一题,历二小时之久,极为渊博。钱氏力言民族之产生与文化为不可分的,由共同文化之大团体而造成民族意识与民族精神,"一民族对文化不发生兴趣,必致灭亡"。继乃分析近百年来,中国实在"争存"状态中。自"中学为体西学为用",近而致力于政治改革,再进而为新文化运动。章太炎氏在天津答本报记者问谓:"一个国家必须保留的是历史",钱氏以为"历史"二字可易为"文化"。中国文化在世上极伟大,但其个性则与外国不同,有长处,亦有短处;有常态,亦有变态。近百年来,所看到者偏偏皆外国长处、中国短处。"中国文化要新陈代谢,不要借尸还魂。""中国政治生了病,要用中国传统的理论诊治,方法有二:(一)去病,(二)补短。在这个基础上,再加上科学。"钱氏最末发挥中国政治理论,谓西方为契约的,中国则为权利的、信用的。今日西洋理论正在激变中,中国人亦应知中国文化之特质,充满"文化自信","民族争存与文化争存"实为不可分云。此项演讲,今日下午四时起继续举行。

(5) 七月十日《新民报》

顾颉刚大声疾呼

好青年到边疆去

甘青宁民众多关心抗战　文化落后亟待推行民教

【本报讯】教育部主办之七七学术讲演周,昨为第三日请顾颉刚氏讲甘青印象。顾氏系于二十六年赴甘青宁考察一年,略谓:甘青宁为汉回藏杂居之地,藏人精神最佳,回教较差,汉人最坏。藏人政治文化皆操于喇嘛之手,庙宇建筑精于王宫,其研究苦干精神,殊堪敬仰,对于经典、天文、地理、逻辑、医药等皆有湛深之研究,著书亦多在四五十岁成熟之年,其书多为美丽之韵文。回人读阿剌伯文,但多能读而不解义。汉人虽设中小学,但因经费太少,教员兼营农商,以交通不便之故,文化较大都市落后二百年;学校虽有地理、历史、理化等科目之设,亦读而不能讲解。并谓承满清统治之分化政策及帝国主义之侵略,致各族间有时不能相安。

不去将非我所有　去则仍是我们的

顾氏结论:国内为一中华民族,为汉蒙回各文化集团之总合体,汉族文化实亦多出之四夷,呼吁青年前往边地,"不去则非我所有,去则仍为我有"。取得边地信仰之方法,为进行民众教育、营商、行医、通婚等。自抗战后,边地亦多关心战事,贴战报,对于蒋委员长甚具信心,回民皆乐意应征抗战云。

钱穆教授讲

民族斗争　文化斗争

继钱穆氏讲"民族争存与文化争存"。钱氏谓民族争存,即所以为文化而争存，二者不可分。并历述中国近百年来思想之变革，但一般错误，以为中国文化根本取消，完全换以西洋的。此为"借尸还魂"之类，已失去根本之精神。末分析中国病源为政治腐化，仅为短处，"无科学"可舍短取长而补救之，对于中国之本位文化，应具信心，设法去腐生新，决不可根本推翻。如丧失民族文化，国家即将灭亡，民族争存更无所依附云。

(6) 七月十日《扫荡报》

七七学术演讲之三

民族争存与文化争存

钱穆讲　卜宁记

昨天是"七七纪念学术讲演周"的第三天，钱穆先生主讲"民族争存与文化争存"。记者聆毕，认为钱先生此次演讲，必能如巨石投波，在文化界中引起热烈之反应，爰追记如后。

钱先生首认民族争存即文化争存，盖一民族能否永生，胥赖民族精神与民族意识。而此精神此意识之产生，系由于文化。四万万中国人，所以能团结在一起，亦系因为有民族文化之故。大凡民族生命之持续，端在此民族各分子有一共同创造文化之兴趣。若此一民族共同创造文化之兴趣随时中断，则此一民族之生命亦随时毁灭。

清中叶道光以降，近百年来，为中国民族争存史，亦为中国文化之争存史。中国人看不惯外来新文化，乃为固有文化争存，文化存则民族亦存。初期张之洞的"中学为体，西学为用"，即为文化争存之序幕。但甲午一役惨败证明，徒造兵舰大炮，并不能强国，乃注意及政治，而有立宪党之产生，使二千年来之政治理论动摇，"中学为体"之说，至此遂如桌子缺一腿，而有残阙。但文化是整个的，于是乃有新文化运动之勃起。

文化争存，贵乎有"我"，贵乎无"我"，何必争存？假使有一中国人，其灵魂、思想、记忆、衣服、鞋帽皆被改换得干干净净，另注以生命，使之只知有西方圣人，不知有中国孔子，只会说外国话，不会说中国话，如是，则其人已无中国之"我"了。虽曰活，只可谓为"借尸还魂"。

《论语》上，（哀公）〔子贡〕问政，子曰："足食，足兵，民信之矣。"又问三者如不得不去其一奈何，子曰"去兵"。又问如再去其一奈何，子曰"去食"，但"民无信不立"。"食"是经济，"兵"是军队，"信"是文化。一个国家立于天地间，可以无军队与经济，但不可无文化。经济是平面的，文化是立体的。没有经济，四万万五千万中国人绝不会同时饿死；若无文化，则四万万五千万人民虽活犹死。

"九一八"后、"七七"以前，章太炎先生赴北京，当时天津记者曾提出四个问题，第一个是：章先生熟知过去，若中国人不得不仅存过去，最先应保存的什么？章答：保留历史，史在，国必不亡。钱先生认为此"历史"二字，实可易为"文化"。盖无文化的历史，绝不能保存国族。历史是死的，文化则包括一切死的与活的。不了解不信仰中国文化，则不能称为中国人。文化是一种感情，一种生活，我们天然的欢喜中国人，讨厌日本人，故前线百万士兵虽非智识分子，却最懂得中国文化。

既讲文化争存，则中国文化究竟能否"存"？钱先生的解答是：五千年来，中国文化既讲存在，且不断光大，则今后亦必能存在、必能光大，我国决不能以近百年的衰弱而抹煞五千年文化的存在。

近百年来，中国所以衰弱，系因：（一）中国文化有短处；（二）中国社会是病态的、变态的。

文化是积极的，非消极的。凡文化必有个性，其短处则并不能代表其个性。没有科学是中国文化短处，但并非其个性，而无科学即不能谓为无文化，正如教授虽不能经商，却能讲书也。近百年来，中国文化的特别短处（无科学），遇到西方文化的特别长处（有科学），虽然惨败，但并不能证明中国文化本身无价值。

文化如人，有健康时，亦有病时，有常态，亦有变态，绝不能因一部分变态而抹煞其全面常态。综观二千年历史，近百年实为变态。嘉庆以后，中国社会一直往下坡路跑，内乱四起，灾患频仍，满清若不借外人之力，或已被洪杨推翻，亦未可知。故即使不与西洋文化接触，中国社会亦必有大变，必大有革命。就文化言，明末及清初，西洋文化未侵入前，即有人大声疾呼反对八股与科举矣。

中国文化既有病、有短，欲作文化争存，须去病、去短。作为二件事，当代人却误为一件事，此是大错。药可治人之病，但不能去人之短，阿斯匹灵治伤风，但不能使不会游泳者能游泳也。没有科学乃中国短处，非中国之病。若有人因咳嗽，而说肺不好，要换一个母亲，再生一个好肺，此乃是借尸归魂，是自杀，非治病，而主张全盘西化者正是如此。中国之病，是近百年之事，病因在近不在远，正伤风咳嗽，只是两三天来遭受风寒之故，若埋怨二千年来的孔子，岂不冤枉？若云清朝之亡，可为殷鉴，则自古未有不亡之朝代，以汉唐之盛，亦终不免一亡也。

中国在北伐以前之病，在政治，政治不上轨道，社会不安定，则一切科学事业无从说起。政治病是近病，非远病，是内病，非外病，此病来自中国社会本身，与西洋文化侵入初无关系也。

讲到政治，钱先生最痛心的是，一般政论家都把中国政治的生命植根在外国，或主英美民主，或主德义法西斯，或主苏联共产。实则中国政治的生命应归还中国本身，中国"政治型"亦须从中国历史上找寻，中山先生的三民主义，正是这种理想的追求之一。

今人每喜称二千年来中国政治一团漆黑，并加以孟德斯鸠所谓之"君主专制"一词，实则翻遍廿四史，无一语及于"君主专制"也。中国过去政治可谓"有君主，无国会，非专制"。中国古代最大宪法是《唐律》，其中所订租税法，经数百年不稍易。就皇帝之权限言，其命令若无宰相盖章，亦不能行。皇帝亦不能擅作主张、随便用人，凡此皆可成为中国的政治之理论体系，足以傲视全世。

西洋政治来源有二：一为希腊各小邦的民主政治，亦即契约政治；一为罗马的帝国政治亦即侵略政治。大抵欧洲各国政治对内用希腊式，对外则用罗马式。契约政治适用于小邦，倡契约论的卢梭说，世界最好的政治是他家乡日内瓦的政治。像中国这样大邦，非另有"政治型"不办。以汉时刘邦为例,若谓其应用专制权力,则其政治上,三公九卿及一般官吏皆无一人姓刘者。在军事上,其军队皆解甲归田,汉高祖既不开银行,谈不上资本主义的经济权力,则其政治何由支持？钱先生的创见是：信托！

中国过去政治为信托政治,犹如信托公司,一切皆信托政府。西洋资本家讲究契约,中国旧式钱庄讲究信用,中国政治亦如是。宰相权甚大,其出身由于考试,再经铨叙升迁,故中国"政治型"是"学校—政治—民众"。学校指导政治,皇帝须受教育,而政治重心则在读书人身上。中国政治不讲多数与少数,而以少数英才教育之,使之考试,再掌政治。就教育言,中国过去教育是"有教无类",非如西洋教育有阶级之国别之分。

钱先生的结论是：政治重心既在读书人身上,则智识分子今后责任实太重大。若要克尽厥职,读书人首须受"中国本位文化"之教育。读书人首须了解并信仰中国文化,而以"先天下忧者忧,后天下乐而乐"为己任。若读书人能有良知、有良心,把中国政治的生命还源于中国传统文化,则中国文化争存后必能存,中国民族亦能存,并蔚为泱泱大国,与英美各国并驾齐驱,共缔造人类新文化。

顾颉刚昨讲演甘青游历印象

【本报讯】史学家顾颉刚氏,昨日下午在中央图书馆讲演"甘肃青海游历印象",于其结论中希望青年多赴边疆,与边人通婚。

(7) 七月十二日《大公报》

"历史之谜"

金毓黻昨日演讲
纵论历史上的外患与中国

【本报讯】史学家金毓黻氏于教育部学术讲演会上剖析"历史之

谜"，纵论历史上的外患与中国，将今比古，其结论为：历史不会重演，暴敌决不能如辽金元之得志，我亦决不会再走两宋史之前路。金氏为熟研宋之权威，据称：历史上如宋朝者有四个时期：（一）春秋战国历时五百六十年，终于六国时代为拥有西戎文化之秦国灭亡。（二）魏晋南北朝历时三百六十年，北方之隋卒灭南中国。（三）五代两宋历时约三百七十年，蒙古灭南宋，此非汉人之统一，实为历史一大巨变。（四）现代则为一大战国，包括自鸦片战争以来百年，中国在世界舞台上已成为强国。金氏特提出两宋与辽、金、元、夏关系，加以分析，谓外族本无灭宋意，只因宋本身太差，于是乃有割地、索赂、伪国组成及自作主人之形成，而宋室应付之策，亦只有非和即战两途。金氏提出石敬塘之伪晋，实历史上第一次引用外力之汉奸组织。辽因用"以华制华"政策，始迟进攻中国约三百年。东平知府刘豫被金人立为齐帝，是曰伪齐，使"以中国人杀中国人"。有此时间，乃使宋有偏安时间，完成后来对金作战一大关键。盖"有守而后有战，能战而后可知"。当时宋立据点为：（一）四川全部，（二）襄阳，（三）南京。北宋时代不免"议论未定而敌已渡河"，南宋以来，已有进步。金氏认为历史便从来为"始事者，必自毙"，辽金与宋对敌，然皆前亡于宋，蒙古灭金后四十七年始灭宋。将古比今，由果求因，即知：（一）宋失败在士大夫政治好争小是非，忘掉大利害，今已无此种现象。（二）宋重内轻外，防止重用武人，分裂力量，今已无此现象。（三）宋有四大敌，我只一日本，且日本之敌甚多，古今情形，迥乎不同。金氏末抨击日本，一部熟读宋明史之文人灭亡中国之梦，终必成为泡影。"无敌国外患者国恒亡"，中国在此种情形下中兴，偏安一百五十三年之南宋时代决无重演可能云。

前日讲演会
张西堂讲经史之学　顾颉刚讲民众读物

【又讯】此项学术讲演会，于前日空袭警报解除后，照常举行。首由张西堂教授讲演"经学与史学"，张氏近有巨著《经学史纲》，尚待付梓。张氏首先博引群集，解释经之意义。据谓：经为常道，盖可守之学问。有谓线装书即为经者，实非事实。盖古代未尝有经，且照简册之装订，是纬而非经。古代多用皮包，亦鲜用线。张氏乃肯定"经"即理学、道学、哲学。"六经皆史也",《春秋》是史学,同时亦为经学,乃异曲而同工。由于今古文学家讲法不同,经学之解释恒能影响史学,学术思想史因之而行变化。"经"对"史"之因果的影响如是,而史学对经亦恒有影响,如史家认为六经并未因秦火而大损云。

顾颉刚氏又被邀讲演民众读物提倡之经过,希望大家眼光要变,多注意边疆、农村及民众。顾氏历述其注意民间歌谣、唱本、戏剧之经过,五卅惨案曾试作伤心歌,大为风行。民国二十二年创办通俗读物编刊社,出版物达七百种。图书销路最好,连环图书次之,唱本又次之。成本每份仅七厘,优良者半年曾售至五十万册。在山东出版《求生之路》,运用一千四百单字,每期销行三十四万份。在上海出版《民众周报》,每日有五十个定户。又在《申报》出刊通俗讲座,亦甚受欢迎。顾氏强调此项工作不亚边疆工作,士大夫阶级应走上此路,过去大病在城市,今后应在农村充大工作。中国人不阻挠中国人,前途无限云。

(8) 七月十二日《新民报》

金毓黻昨讲

"历史之谜"

解释历史分裂时期　认定暴敌必然自毙

【本报讯】七七学术讲演周,昨为第五日,仍在中央图书馆举行,请中大历史系主任金毓黻讲"历史之谜",从南宋外患说到现在。金氏谓历史上分裂有四个时期:(一)春秋战国时统一于秦,历五六〇年;(二)魏晋南北朝时统于隋,历三六〇年;(三)五代两宋三七四年,被大元帝国统一,为最不光荣时代;(四)清末民国近百年。现就(三)(四)两期相较,看历史是否重演,以解答"历史之谜"。金氏认为历史决不重演,外族侵略之步骤为割地、索贿、建立伪组织、自立为主,宋代被侵时之大汉奸，如伪晋石敬塘①、伪楚张邦昌、伪齐刘豫，主和之秦桧，宋走了主和之路故亡，"始作难者必自毙"，故金反先宋而亡，四十七年后宋亡于元。宋亡之原因：(一)亡于士大夫政治好争是非，不判大利害；(二)防备武人专政，重内轻外。目前抗战中之中国，无上述之弊，虽有汉奸汪精卫，但有英明之领袖，坚持抗战到底，且日寇为始作难者，故日必败。又此项讲演，今日下午为最后一次，将由陈立夫部长亲自主持，由胡焕庸、黎东方两氏讲演。

(9) 七月十三日《扫荡报》

七七学术讲演之六

中国与世界

卜宁记

昨日为"七七"纪念学术讲演最后一日，由陈教长主持闭幕式，午后炎热至一百度以上，听众较前数日尤为拥挤。

陈教长致介绍词后，首由中大教授胡焕庸氏讲演"经济上之中国与世界"。胡氏就经济方面，划近代史为三个时代：(一)十六、十七两世纪为商业时代，时哥伦布发现新大陆，西班牙、葡萄牙竞作商业斗争，在非洲抢购奴隶。(二)十八、十九两世纪为工业时代，英德两国富工业技术，缺资源，故英占印度，获其棉花，制成纺织品，向殖民地推销，德亦锐意向外发展，致演成上届大战。(三)廿世纪为全能经济时代，此种之特征在兼有农工商三者。如美国有工业技术、有资源，经济可自给自足，无须如英德两国之开拓殖民地，故自上次大战后，美国经济力量突飞猛晋，在国际上堪称无敌；苏联革命后，亦步美国后尘，走上全能经济之坦道，盖苏联有技术，亦有资源也。

现代国际经济，已分成二大壁垒：(一)能独立自主者；(二)受人

---

① 按，此非宋代，乃五代时。属报道文字不严谨。

侵略者。目前德国之欲统治欧洲，旨在建全能经济集团。今日一国若不建全能经济，即不能立足世界。欧亚两洲，虽属战火四起，但军事冲突，仅图表面，就实质言，今日实为经济大混战时代，英德如不能缔造并稳定其帝国，即无法建立其全能经济。但此次大战结束，无论英胜德胜，其经济对殖民地之倚赖性，包无改变。中国地大物博，抗战以后，天然的可成为一全能经济国家。若自本世纪初算起，美国全能经济之建立，较中国早四十年，苏联迟美国二十年。以美苏两国为例，中国之全能经济，抗战后二十年内，必大有建树。以资源言，中国较美苏二国，尤为丰富，盖热带及附热带产物为二国所缺乏也。

胡氏结论甚乐观，断定今之德日等，必如昔之西班牙、葡萄牙，五十年后必声消迹匿，而中国必与美、苏二国为世界列强。

黎东方氏继讲"历史上之中国与世界"。谓自威尔斯之《世界史纲》史起，各国史学家开始注意中国。德国斯宾格勒之《西方之凋落》一书，以四季划分中国史，称春秋为春，战国为夏，象征繁荣，秦为秋，主杀，汉唐为冬，已凝固成一大帝国。而今之希特勒德国，实为中国汉唐之重演。英国史家汤因比以七十余高龄述著《历史》一书，以中国《易经》中之阴阳解释历史，对中国多所推崇。"中国"一词，为相对名词，无可穷小，亦可无穷，世界各国如埃及及巴比伦等多先后覆亡，唯中国巍然独存，故将来历史必以中国为重心。而中国亦绝不会重演埃及、巴比伦之灭亡悲剧，因：（一）中国文化能吸收一切外来物；（二）中国社会有组系；（三）中国政治非侵略性。

陈教长末致闭幕词，对史地教育有精辟之分析。陈氏认国族如人，人之履历有姓名、籍贯、年龄、经历，国则有史地。一人不知某友履历，感情无由生，国民不知史地亦无从爱国；一个人常爱惜其过去，一个国族亦应如是。陈氏慨叹：今日若干文化人，多毁灭过去，亦即毁灭将来。子若不识其父，则可任做别人儿子；民族若不识其历史，亦易受他族奴隶，危殆莫甚。陈氏之结论说："有光荣之历史，不必有光荣之将来，但欲有光荣之将来，必须先保存光荣之历史。"

(10) 七月十三日《大公报》

教部学术讲演周

昨日圆满结束

陈教长致词强调史地重要
胡焕庸、黎东方出席讲演
根据史地讲"中国与世界"

【本报讯】教育部"七七纪念学术讲演周"于昨日结束,陈教长亲临参加,作简短之闭幕词,谓:历史、地理实为启发爱国思想及民族意识之源泉。盖习历史始知过去之光荣,习地理始知蕴藏之丰饶,而发生深厚之热爱,更由历史地理而知我民族远大之将来。及今日之使命,在于造成一工业化之国家,使"人尽其才,物尽其用,地尽其利,货畅其流",造成一全能经济之富强康乐国家。

昨日主讲者为经济地理之权威胡焕庸氏,讲题为"地理上之中国与世界"。胡氏首先就近代史发挥意见,谓:由哥伦布发现新大陆迄今,五百四十年,可分为三时期:(一)十六、十七世纪为商业经济时代,西班牙、葡萄牙以航海术之利用而占世界大部殖民地,以发展贸易。(二)十八、十九世纪为工业经济时代,自工业革命始,英、法挟优越之工业技术,代西、葡而操纵世界经济,印度亡于英国之纺织机。(三)二十世纪实进入一新时代,由第一次欧战之结果,英国兴起,成为一全能不可侮之国家,冶工商农于一堂,而成自给自足之全能经济。现在世界分为三个经济壁垒:(一)工业国,如英、德,以经营殖民地而满足其一己之经济需求,农业国成为工业国家之资源供给地。(二)全能国家,苏联与美国是也,地大物博,并拥有优越之工业技术,而成为自给自足之全能经济。此种全能之要求,已普及全世界,盖否则无以立足世界也。日本、德国之侵略,即企图以强力造成一全能经济集团。然此种力量实不能久存,盖不平也。我国地大物博,实有造成全能经济之优越条件,可能走上美苏之前途。盖在某种限度内，我国之物产较美国尤丰，此种天赋之优厚，再加以工业化，其前途实甚远大，但需努力十年，于全能国家中，我们便可后来居上。最后胡氏云："在国际长距离竞走中，我们是乐观，希望我们都有机会为此而努力。"

黎东方继讲"历史上之中国与世界"。黎氏历述中国历史之悠久与伟大，并比较中西历史谓：中国是"一治一乱"，西欧则为"一亡一兴"，而亡国之后，即不能再复兴，今日之埃及为阿拉伯之埃及，今日之希腊系斯拉夫人之希腊。世界古国仅存者为中国，其原因有三：(一)文化之原因，自古中国即对各民族一视同仁，随时对各民族兼容并蓄，而延继至今；(二)社会之原因，家庭为社会组织之核心，而保存中国之文化及立国精神，更因人口的繁殖而使国家日益扩大；(三)政治原因，无帝国主义思想。黎氏最后称：过去中国为各民族之中心，今后愿中国为世界之中心云。

教育部史地教育委员会第三次全体委员会议参考资料汇辑

据 1943 年蜡纸刻写油印本整理

参考资料目录

（三十二年三月二十四日）

一、会议日程

二、本会委员名单

三、列席人名单

四、本会概况第二号（见另册）[①]

五、本会三年来工作总报告

六、本会第一、二次会议议决案执行情形报告表

七、各研究院所近况汇录

八、大学及师范学院史地各系现行科目表

九、各院系有关史部必修选修科目表

十、各大学史地教授名册

十一、中学史地课程时间表

十二、中学史地教学调查报告

十三、中学史地教员名册

十四、史地教育统计

---

① 见本书所收《教育部史地教育委员会概况 第二号》。

史地教育委员会第三次全体委员会议及中国史学会开会日程表

（三十二年三月）

会　　别	时　　间	地　　点
史地教育委员会第三次全体委员会议开幕式	三月二十四日上午九时	渝部大礼堂
中国史学会成立大会开幕	三月二十四日下午三时	中央图书馆
史地教育委员会会议分组审查会	三月二十五日上午九时起	渝部大礼堂
史地教育委员会会议闭幕	三月二十五日下午二时起	渝部大礼堂
中国史学会第一次理监事联席会议	三月二十六日下午三时	中央图书馆
史地教育讲演周	三月二十七日起	中央图书馆

教育部史地教育委员会委员姓名通讯地址表

聘任委员	姓 名	通讯处	临时住地	聘任委员	姓 名	通讯处	临时住地
聘任委员	吴稚晖	重庆上清寺七三七号		聘任委员	傅斯年	重庆上清寺中央研究院转	
聘任委员	张西堂	贵州贵州大学		聘任委员	张其昀	贵州遵义浙江大学	
聘任委员	雷海宗	昆明西南联合大学		聘任委员	顾颉刚	沙坪坝中央大学	
聘任委员	金毓黻	沙坪坝中央大学		聘任委员	曾世英	北碚地质调查所	
聘任委员	吕思勉	上海光华大学		聘任委员	吴其昌	武汉大学(嘉定)	
聘任委员	缪凤林	武汉大学(嘉定)		聘任委员	陈援庵	北平	
聘任委员	黎东方	兼〔史地教育委员会〕秘书		聘任委员	蒋廷黻	重庆行政院政务处	
聘任委员	吴绳海	北碚金刚碑		聘任委员	钱 穆	贵州遵义国立浙江大学	
聘任委员	郑师许	中山大学广东乐昌坪石		聘任委员	徐炳昶	重庆上清寺聚兴村二十一号	
聘任委员	李季谷	北碚复旦大学		聘任委员	陈寅恪	桂林良丰国立广西大学	
聘任委员	胡焕庸	沙坪坝中央大学		聘任委员	黄序鹓	江西萍乡湘东李宝收转南山下南山草堂	
聘任委员	黄国璋	北碚地理研究所		聘任委员	柳诒徵	柏溪中大师院	

续　表

聘任委员	姓　名	通讯处	临时住地	聘任委员	姓　名	通讯处	临时住地
聘任委员	萧一山	三台东北大学		聘任委员	蓝文徵	三台东北大学	
聘任委员	陈训慈	重庆美专街一号		聘任委员	陆懋德	城固国立师范学院	
当然委员	吴俊升			当然委员	刘季洪		
当然委员	孟寿椿			当然委员	顾树森		
当然委员	许心武			当然委员	骆美奂		
当然委员	陈可忠						

史地教育委员会第三届全体委员会议列席人姓名通讯地址表

（三十二年三月二十四日）

计开：			
张溥泉	李子坝石庙子十九号	张金鑑	南岸小温泉中央政治学校
袁守和	两路口中英庚款董事会宿舍	罗根泽	柏溪中大分校
马叔平	袁守和先生转交	吴景贤	南岸小温泉中央政治学校
方子樵	中央党部转	傅振伦	两浮支路中央图书馆三民主义丛书编委会
蒋慰堂	两浮支路中央图书馆	王献唐	牛角沱中央研究院
郑鹤声	北碚蔡锷路国立编译馆	徐文珊	曹家庵中央文化运动委员会
侯芸圻	兆碚蔡锷路国立编译馆	卫聚贤	中央银行总行秘书处
		张圣奘	沙坪坝重庆大学
罗香林	上清寺中央党部	李济之	上清寺聚兴村一十二号
罗梦册	南岸小温泉中央政治学校	王铁崖	沙坪坝中央大学
林同济	嘉陵新村五号	沈刚伯	沙坪坝中央大学
朱延丰	牛角沱二十五号中印学会	贺昌群	沙坪坝中央大学
柳定生	柏溪中大分校	丁山父	沙坪坝中央大学
陈衡哲	李子坝正街特三号	张贵永	沙坪坝中央大学

续　表

张忠黻	行营军委会参事室	李晋芳	北碚复旦大学
刘国钧	求精中学	郑天挺	滑翔总会
姚从吾	中央图书馆	王迅中（即王信忠）	滑翔总会
陈安仁		雷荣珂	
王兴瑞		陈啸江	

本部各单位代表名单

　　高等司　　马科长　小波
　　中等司　　许科长　自诚
　　国民司
　　社会司　　锺科长　灵秀
　　蒙藏司　　骆司长　美奂
　　秘书处　　赵秘书　吉士
　　参事室　　陈参事　石珍　　杨参事　兆龙
　　视导室　　陈督学　东原　　李督学　之鸥
　　训委会　　钱副主任委员　云阶
　　建教会　　郭主任　舜平
　　侨教会　　周委员　尚
　　医教会　　葛秘书　克全

史地教育委员会三年来工作总报告

二十九年度（自二十九年五月起至卅年六月止）

本会自去年五月十四日举行第一次全体委员会议以来，根据本会章程及各项议案分别进行。兹将经过概要略述如左：

一、改进大中小学史地教育事项

（一）辅导各专科以上学校组织史地学会

本会为谋全国各专科以上学校史地教育之发展，经拟就第三五五七一号部令，令各专科以上学校从速组织史地学会；其已设有历史学会、地理学会或史地学会者，着将该会章程及讲演纪录、会员职员名单、过去出版刊物及未来工作计划等件，克日呈部核定。前已收到国立师范学院等十余校史地学会章程及工作报告等，经分析国立师范学院、私立金陵大学、国立四川大学、国立浙江大学、广东省立文理学院、私立无锡国学专修学校、湖北私立武昌中华大学等校史地学术研究团体工作报告，并分别补助及指示改进之意见。其余各校现仍陆续寄到。

（二）调查各中学史地教学

本会为明了各中学史地教育实况，作为改进基础起见，特制就中等学校史地教学调查表，随同所拟第三三三五九号部令颁发。本部各督学及视察员等于视察各中学时，依照该表逐项填明，汇送本会，俾便分别辅导。现已收到四十余校，正在办理分别辅导中。

（三）中学史地师资之训练

本会为充实各校史地教员教学方法起见，定本年七月联同中等教育司举办全国中等学校史地教员讲习会,聘请全国史地专家担任讲师,暂以四川省各校史地教员为主,章程及办法归档(略)。

(四)修正高初中及草拟小学史地课程标准

(1)本部旧有高初中史地课程标准,原系廿五年六月颁定,现因情势变迁,多不适用。此次改定标准,奉交由本会签注意见,经已一一就草案审核,签注意见三十余条,多数已蒙采纳。新标准修正以后,已于二十九年九月明令颁布。

(2)核校六年一贯制中等学校史〔地〕课标准。

(3)起草小学史地课程标准及高级职校之史地课程标准。

(五)评选中等学校史地教科书

查书商出版之中学史地教科书,向用传统方法编辑,陈陈相因,取材颇嫌琐碎,以致教学方法亦受影响。本会爰拟就第一九一八一号部令,令各书馆局将已出版之各级地教科用书(教科书、教授法、地图、沿革图、参考书等)申送本会一份,以便分别审核,择优评选。现已收到者有:

甲、中华书局高小及初高中中外史地课本及教学法等书共十四种,计四十七册。

乙、正中书局初高中本国史地课本共九种,计十一册。

丙、商务印书馆高小及初高中中外史地课本共十四种,共二十七册。

丁、北新书局初中中外史地课本共五种,计十二册。

上列各书均已陆续着手评阅,俟记录完全再行选优议奖,或指令更改书中未尽妥善之处。

二、推动社会史地教育事项

(一)编制历史话剧

函请国立戏剧专科学校编撰历史话剧二部,每部各若干出,一以历代名将为中心,一以历代学术家为中心。嗣据该校函复,请定专家提供名将及学术家之姓名,并供给各方面充分之事迹与材料,俾易着手。

(二)编制历史歌剧

函请实验剧院编撰歌剧一部,各出以历代名将为中心。嗣该院负责人王泊生君来会接洽,报告《文天祥》一剧编演情形,已由本会先行面交所拟民族英雄名单一纸,嘱作为初步研究,再商进行。

（三）审核《文天祥》歌剧剧本

实验剧院于今年九月在中央训练团排演《文天祥》歌剧一部,成绩尚佳。奉交由本会就剧情内容加以审核,经已拟就"补充意见十条"函寄实验剧院,并抄录全卷,函送国立戏剧专科学校参考。

（四）摄制地理影片

函中国教育电影协会,请与中国电影制片厂接洽,计划摄制地理影片若干部,以各大都会或各省为单位,集为一部本国地理。嗣据该会复函,请先决定题材及工作步骤,俾利进行。当经函请胡焕庸先生设计。据其复函,谓以地理影片在教育上价值至高,如能积极推进,贡献必大；将来正式进行,恐须有专人负责或临时合作,方得有成；并附摄制地理教育影片计划草案一份。

三、编纂中国史地书籍事项

（一）编辑《中国史学丛书》

计甲辑中国断代史十册,乙辑中国分门史二十册,丙辑中国历史通论及甲乙两种大学教本中国通史五册。所有撰稿人选,分别由会先行函征同意,签准发给本部正式聘书。现已陆续收到稿件甚多,计开：

甲辑

中国远古史	陆懋德
春秋战国史	顾颉刚
秦汉史	黎东方
魏晋南北朝史	贺昌群
隋唐五代史	蓝文徵
两宋辽金史	姚从吾
元史	邵循正
明史	吴晗
清史	萧一山
现代史	郭廷以

乙辑

中国地理大纲	胡焕庸
中国民族构成史	朱延丰
中国政治思想史	萧公权
中国政治制度史	张金鑑
中国国民经济及财政史	罗仲言
中国哲学史	陈立夫
中国社会史	方壮猷
中国科学史	张资珙
中国伦理思想史	张君劢
中国经学史	张西堂
中国史学史	金毓黻
中国美术史	傅抱石
中国文学史	胡小石、卢前合著
中国教育史	陈东原
中国宗教史　道教篇	郭本道
佛教篇	邓永龄
回教篇	白寿彝
公教篇	方　豪
基督教篇	刘廷芳
中国外交史	张忠绂
中国地理开发史	张其昀
中国文化交通史	向　达
中国水利史	许心武

丙辑

中国历史通论	陈立夫、黎东方合著
甲种、中国通史大学教本	陆懋德、顾颉刚等十人合著
乙种、中国通史大学教本	钱　穆
乙种、中国通史大学教本	缪凤林
乙种、中国通史大学教本	吕思勉

(二) 编辑一般史地读物

一般史地读物原分历代名人传记、中国先哲传记等，各丛辑为便利进行起见，名册不拟同时进行，遇有适当撰述人时，即行分别函约，计已函约者有：

  一、墨子传　　　　　　罗根泽
  二、孟子传　　　　　　罗根泽
  三、荀子传　　　　　　罗根泽
  四、庄子传　　　　　　张默生
  五、韩非子传　　　　　张默生
  六、周濂溪传　　　　　黎锦熙
  七、张横渠传　　　　　黎锦熙
  八、刘知幾传　　　　　傅振伦
  九、玄奘传　　　　　　刘国钧
  十、朱熹传　　　　　　卢美意
  十一、曾国藩传　　　　刘继宣
  十二、国父传　　　　　高良佐
  十三、中国之哲学家　　刘国钧
  十四、中国之地理学家　邹翰芳

(三) 编制初中通用之中学史地挂图

本会为改进初中史地教学，并参加四月四日青年儿童科学教具展览会起见，先绘就初中史地挂图四十八幅，以为印刷时之初稿。高中史地挂图一百二十八幅已经编定目录及大部份底稿，正待绘制，将来连同初中部份印发全国各中等学校备用。至大学适用之史地挂图，则拟明年度再为进行（目录附后）。

(四) 编制抗战史料事项

去年六月二十六日，据本部秘书处第一九三五〇号函开，略称："本部前奉行政院令成立抗战史料编辑室，先后派由姜超岳、李焕之负责主持。兹改派黎委员接办。"当即于二十九年八月十四日召集该室参加第三次谈话会，制定编辑计划六条，呈奉批准。并依据议决案签奉令，派邹树椿为抗战史料编辑室编辑。邹树椿已于去年九月二十六到部，按照原定计划开始工作,先搜集本部各司每年每月份工作报告,再参以历届参政会本部工作报告,先为初步之编排,暂定每年为一卷,自二十七年起,已排成一卷。刻仍照前例继续编排,同时调卷汇辑各项工作之原委,俾成为有类例有系统之编纂。一方通令各附属机关及各省教育厅局,限期呈送有关抗战史料之材料,现已收到二十五件,亦正在编排中。

(五)其他(办理文书事项)

1. 交办文件共廿二件。
2. 拟办部令及部聘稿件共四十四件。
3. 签呈共廿六件。
4. 撰拟会函稿件共四百三十七件。

三十年度(自三十年七月至卅一年六月)

本会以促进各级史地教育及发扬民族意识为任务。根据总裁二十七年八月二十八日训词及二十九年四月呈奉行政院核准备案之本会章程分别进行,兹将三十年度工作经过概要略述如左:

甲、工作计划内事项

(一)改进大中小学史地教育

1. 辅导各专科以上学校组织史地学会

本会为谋全国各专科以上学校史地教育之发展,于二十九年十月令各专科以上学校组织史地学会;其已设有历史学会、地理学会或史地学会者,着将该会章程及演讲纪录、会员职员名单、过去出版刊物及未来工作计划等件,克日呈部核定。计已收到国立师范学院等十余校史地学会章程及工作报告等,除已分别予以指示,划一其组织方式外,并酌量予以补助。

2. 调查各中学史地教学

本会为明了各中学史地教育实况,作为改进基础起见,特制就中等学校史地教学调查表,随同所拟第三三三五九号部令颁发。本部各督学及视察员等于视察各中学时,依照该表逐项填明汇送本会,俾便分别辅导。现收到之表格,包括二百卅余校所调查之史地教员达八百人,正在分别情形办理辅导工作。

3. 训练史地师资

本会为改进各校史地教员教学方法起见,于卅年七月联同本部中等教司举办全国中等学校史地教员暑期讲习会,聘请全国史地专家担任讲师,以四川省各校史地教员为主,讲习时间为一个月,结果另有报告。

4. 修定高初中史地课程标准

本部旧有高初中地理课程标准,原系二十五年六月颁定,现因情势变迁,多不适用。此次改定标准由本会已一一就草案审核,计修正三十余条,业已由部颁布。

5. 草拟小学社会科史地课程标准

本会为加强小学史地教育,特将小学社会科课程标准之史地部份分别草拟完竣,明白规定其教学时数及教材单元。其中历史部份注重中心人物,地理部份注重国防形势及主要物产,以求达到原定社会科课程之目标外,小学适用之挂图、挂表亦在计划之中。

6. 评选中等学校史地教科书

查书商出版之中学史地教科书,向用传统方法编辑,陈陈相因,取材颇嫌琐碎,以致教学方法亦受影响。本会爰拟就第一九一八号及一八〇五九号部令,令各书馆局将已出版之各级史地教科用书、教科书教授法、地图沿革图参考书等申送本会一份,以便分别审核,择优评选。现已收到者计共一百三十一册,已陆续着手评阅,俟纪录完全,择优议奖。

7. 审查中等史地教科书中涉及左倾思想部份

本会于本年九月奉谕审查中等学校史地教科书,于两日期限以内审查完竣。计有左倾或其他问题者共十八种,分别轻重,咨请内政部会衔转行地方政府暂予查禁及令知各该书局于再版时更正。

(二) 推进社会史地教育

1. 辅助中国史学会之筹备

本会于三十年七月第二次全体会议议决由本会出席委员发起组织

中国史学会，当以此次到会同人为发起人，广征各学校及各研究机关之史学界人士共同发起。自发出征求同意函后迄至现在，已收到覆函七十余件，俟本会下届全会之时即可召集该会成立大会，共策进行。

2. 审核歌剧剧本及历史幻灯图稿

实验剧院于今年九月在中央训练团排演《文天祥》歌剧一部，成绩尚佳。奉交由本会就剧情内容加以审核，经拟就"补充意见十条"，函寄实验剧院并抄录全卷函送国立戏剧专科学校参考。又本部社会教育司制就历史幻灯片多部，事先亦经本会详加修正。

3. 计划摄制地理影片

函中国电影协会请与中国电影制片厂接洽计划摄制地理影片若干部，以各大都会或各省为单位集为一部本国地理。嗣据该会复函，请先决定题材及工作步骤，俾利进行。当经函请胡焕庸先生设计。据其复函，谓以地理影片在教育上价值至高，如能积极推进，贡献必大；将来正式进行，恐须有专人负责或临时合作，方得有成云云；并送到摄制地理教育影片计划草案一份，拟俟中国教育电影制片厂成立以后再议进行。

(三) 编纂中国史地书籍

1. 编辑《中国史学丛书》

本会根据第一次全体要员会议编辑《中国史学丛书》，计甲辑中国断代史十册，乙辑中国分门史二十二册，丙辑中国历史通论及中国通史之大学教本五册。所有撰稿人选已分别由会先行函征同意，签准发给本部正式聘书，并于今年五月与商务印书馆签定发行《中国大学丛书》契约在案。兹将各辑书名及已收稿件字数列表如左：

甲辑

中国远古史	陆懋德	十万〇一千字，4 册
春秋战国史	顾颉刚	
秦汉史	黎东方	五万二千字
魏晋南北朝史	贺昌群	七万三千字，1 册
隋唐五代史	蓝文徵	
两宋辽金史	金毓黻	
元史	邵循正	
明史	吴　晗	九万六千字，1 册
清史	萧一山	
现代史	郭廷以	

乙辑

中国地理大纲	胡焕庸	十二万七千字,2册
中国民族构成史	朱延丰	
中国政治思想史	萧公权	二十九万四千字,4册
中国政治制度史	张金鑑	
中国国民经济及财政史　财政篇	翁之镛、罗仲言	五十万三千字,6册
经济篇	李剑农	
中国哲学史	陈立夫	
中国社会史	方壮猷	七万三千字
中国科学史	张资琪	
中国伦理思想史	张君劢	
中国经学史	张西堂	
中国史学史	金毓黻	二十万字,4册
中国美术史	傅抱石	五万字,1册
中国文学史	胡小石、卢前	
中国教育史	陈东原	
中国宗教史　道教篇	郭本道	
佛教篇	邓永龄	三万二千字
回教篇	白寿彝	四万二千字
公教篇	方　豪	
基督教篇	刘廷芳	
中国外交史	陈石孚	
中国地理开发史	张其昀	
中国文化交通史	向　达	
中国水利史	许心武	
中国军事史	谷霁光	
中国工业史	刘阶平	
中国版本史	蒋复聪	

丙辑

中国历史通论	黎东方	拾万字,1册
甲种、中国通史大学教本	陆懋德、顾颉刚等十人合著	
乙种、中国通史大学教本	钱　穆	2册
乙种、中国通史大学教本	缪凤林	四万五千字,3册
乙种、中国通史大学教本	吕思勉	

2. 编辑一般史地读物

一般史地读物原分历代名人传记、中国先哲传记等,各丛辑为便利进行起见,名册不拟同时进行,遇有适当撰述人时,即行分别函约。计已函约及交稿者有：

一、墨子传	罗根泽	全稿四万三千字
二、孟子传	罗根泽	
三、荀子传	罗根泽	
四、庄子传	张默生	
五、韩非子传	张默生	
六、周濂溪传	黎锦熙	
七、张横渠传	黎锦熙	
八、刘知幾传	傅振伦	全稿五万字
九、玄奘传	刘国钧	
十、韩愈传	黄天朋	全稿五万字
十一、朱熹传	卢美意	
十二、曾国藩传	刘继宣	
十三、国父传	高良佐	
十四、中国之哲学家	刘国钧	
十五、中国之地理学家	邬翰芳	全稿五万字
共计		一百四十五万余字

3. 编制初中适用之中学史地挂图

本会为改进初中史地教学并参加四月四日青年儿童科学教具展览会起见，绘就初中史地挂图四十八幅，作为将来付印时之初稿。至高中史地挂图，则已编定一百二十八幅目录及大部份底稿，正待绘制，将来连同初中部份印发全国各中等学校备用。

4. 编辑抗战史料

本会于去年六月奉命接办抗战史料编辑室事宜，当即制定编辑计划六条，按照计划开始工作，先搜集本部各司每年每月份工作报告，再参以历届参政会本部工作报告。先为初步之编排，暂定每年为一卷，自二十七年起已排成一卷。刻仍照前例继续编排，同时调卷汇辑各项工作之原委，俾成为有类例、有系统之编纂。一方通令各附属机关及各省教育厅局，限期呈送有关抗战史料之材料，现已收到四十七件，亦正在编排中。

结论：原定工作计划中，以编纂中国史学丛书为中心工作，经一年来之努力，聘定全国各史学专家四十余人分别编撰。至改进各级学校史地教育及推进社会史地教育，以不涉及经费及花费不多之各项工作亦已次第实施，颇收效果。

乙、临时工作事项

（一）摄制古物照片

查史地教学最重实物教材，本会为此特于三十年三月重庆民众教育馆举行古物展览会时，派员前往该馆选摄其中较有意义之古物四十八件，准备制为幻灯影片及古物模型，以供各级学校与民教机关应用。

（二）举办"七七纪念学术讲演周"

本会第二届全体委员会议闭幕之时，适为七七纪念四周年之前夕，本部高等教育司司长吴俊升及社会教育司司长王星舟二人即席提议商请此次出席委员赴渝作一星期之学术讲演，借以阐述本国文化之精纯部份，作为今后"学战"之基础，定名为"七七纪念学术讲演周"。当经全体会议一致通过，嗣即按照决议，假座重庆两浮支路中央图书馆新址，如期举行。其时适值敌寇施行所谓"恶性轰炸"与"疲劳轰炸"之时，而每日前来听讲之陪都人士仍极踊跃。最后一日，本部陈部长亲临讲演周会场，担任主席，并作一总结论，听众情绪尤为紧张。陪都各报纸如《大公报》《中央日报》《扫荡报》及《新民报》等，关于"七七纪念学术讲演周"之经过，每日均有详细记载。

（三）编辑《教育》杂志"历史教育专号"及"地理教育专号"，并商请教与学杂志社及时代精神杂志社分别发行"史地教育专号"及"唯物史观批判专号"

本会鉴于目下印费用昂贵，自印定期刊物殊感困难，特与现有之著名杂志商定合作办法，由会担任全部或一部之稿件作为各该杂志之专号，计本年度已经实行者有教育杂志社之"历史教育专号"及"地理教育专号"、时代精神杂志社之"唯物史观批判专号"。

结论：临时工作以举办"七七纪念学术讲演周"一项甚有绩，其余限于经费问题，未能即时分别进行。

三十一年度工作检讨（自卅一年七月至卅二年二月）

1. 编印《中国史学丛书》

概况：本年度续收稿件十种，除钱穆《国史大纲》一种系收用成书不计外，其余九种计一百卅一万七千字，连前两年合计共有二百七十三万六千字。本年度所收各稿如左：

胡焕庸	中国地理大纲（第一次稿）	七万三千字
萧公权	中国政治思想史（复稿）	二万四千字
黎东方	中国历史通论（春秋战国编）	二十万字
黎东方	秦汉史（第一次稿）	五万二千字
蓝文徵	隋唐五代史（第一次稿）	十三万二千字
金毓黻	两宋辽金史（第一次稿）	八万五千字
缪凤林	中国通史要略（第三次稿）	十三万四千字
傅抱石	中国美术史（第一次稿）	五万字
罗仲言	中国经济史（依照本会意见改正稿全部）	五十万三千字

其中多数俱已连同上两年所收各稿统于〔黎〕东方审阅一遍后，分别交由钱委员穆、缪委员凤林等加以审阅。俟审阅意见征得著者本人同意后，一一陆续付印。现已交到商务印书馆付印者，计有金著《中国史学史》、黎著《中国历史通论·远古篇》、缪著《中国通史要略》第一册，三稿均系前年及去年所收之稿。

检讨：

（一）多数著者对于审阅人意见尚能接受。审阅人按章须由本会委员担任，本会常就委员中之送有著作者令互为审阅人。

（二）商务印书馆重庆工厂之印刷能力甚低，只允每三月印十万字，今后亟待大量出书，此点不无困难。

如交由其他书局印行，不仅影响原定契约，亦难获得多数著者之同意。本会一度向造纸学校商洽代印，印后交商务印书馆发行，但该校索价甚昂，商务有所不愿，且该校于要求于版权页列出代印之字样，亦商务所不能接受。

（三）若干著者迄未交稿，亦无纲要寄会，拟不再等候，迳由本会另行物色人选，呈部聘请充任撰稿。

2. 编制史地挂图

概况：本会原已于去年制就初中通用史地挂图稿四十八幅，嗣中等教育司与会商洽改制高初中史地挂图各一套，共为四套，计二百四十幅，侧重国防建设。后以二百四十幅所费物力时力均巨，难应急需，一面由司委托浙江大学史地研究室陆续拟稿，一面由会先就原有图稿加以补充，成为高初中通用之历史地理挂图一百二十幅（计增入本国分省图六十幅、国防图十二幅）。现所增本国分省图稿六十幅业已绘成，内都邑交通部份三十幅送在黄委员国璋及曾委员世英酌审查中，地形水系图稿三十幅送交艺专学生毕颐生等放大誊清中。

检讨：

（一）所绘各图系采取粗线条绘法，期其简单鲜明，便于讲授（查史地挂图原分墙壁挂图及黑板挂图二类，此次所绘黑板挂图一类）。

（二）凡课程标准所有及一般教科书所列地名，本图均行绘入。

（三）本图预计明年三月以前完成，已与中等教育司及亚新学社商洽，由司出资交由该社印发各校备用。

3. 调整各研究院所研究工作

概况：本会根据第二次全体委员会议议决"确定各研究院所史地部门分工合作办法"一案，曾经函征各研究院所意见，并参酌本部历次所收报告加以研究，认为：（一）各研究院所史地学部数量过少；（二）研究员生之研究题目未能互相联系；（三）研究员生之研究成绩未能充分发表；（四）研究内容多与教育及建设脱节，常有偏重个人兴趣、忽视国家需要之弊；（五）研究机关之设备多数不甚充分，未知利用本机关外之设备，且使用本机关设备之人常限于少数员生，亦嫌不甚经济。

除第一项对策已由会商请高等教育司酌量增设史地学部外，现已增设者为中央大学研究院文科研究所历史学部及理科研究所地理学部、东北大学文科研究所史地学部及武汉大学研究院文科研究所文史学部四处。

检讨：第二项以次亦正由会一一拟具对策，签请核办。各研究院所多数由于过去之传统习惯，一时不易改变作风。今后拟先从发行联合刊物、交换研究员生、扩充研究生名额、举行联合论文宣读等方面着手。

4. 辅导各专科以上学校史地学术团体

概况:本会于成立之初,即已规定辅导各校员生之史地学术团体为中心工作之一,去年度收到国立师范学院、私立金陵大学等十校之史地学会、史学会、地理学会等工作报告。已经一一分别函示应予改进之点,并酌予壁报津贴、出版津贴。今年度除上述各校之团体颇有继续报告者外,续到国立东北大学、国立女子师范学院、省立广东文理学院等校史地学术团体之报告,亦按照去年办法分别函示应予改进之点,并酌予壁报津贴及出版津贴。

检讨:

(一)各学术团体之名称组织多不一致,已由会分别令加调整。

(二)各学术团体之主持人物多为学生本身,今后拟饬教员共同负责,并使多请系外员生参加。

(三)各学术团体多数均有学术讲演及校外考察之活动,甚有成绩。拟饬抄缴纪录报告,酌予汇印分发,以资观摩。

(四)各校会员志趣既同,理宜互通声气,拟汇编一总名册,印发各员,以资彼此联络,兼为本部今后培养史地人材之一行政资料。

5. 调查各中等学校史地教学现状

概况:本会前托由本部视导人员于出发视导之时代查各中等学校史地教学现状,并印有调查表格备填。现已收到之调查表格计达一百五十八校,所调查之教员共有四百五十四人,经已由会据表加以详细分析,另案呈报。其中可供改进参考之资料甚多,例如此四百五十四史地教员之中,卒业于专科以上之史地学系者仅占百分之二十三点四,而卒业于中等学校或短期训练班之史地学员亦有百分之十一;各校教员所用之教科书初高中本国历史,均以吕思勉所编为最常用,分别占一百二十三次之六十三,及三十九次之十九,初高中本国地理则以葛绥成所编为最常用,分别占一百一十次之八十二,及三十三次之十七。

检讨:此项工作尚有困难之处:

(一)该馆送审呈核之手续未免迂回费时。

(二)该馆教材组编辑此项教本人才在资历上似尚不如一般书局之编辑人才,且于编辑过程之中未与本会发生经常联系,对于本部改进史地教育之方针不易完全明了。再技术上与其于事后交本会详加修订，亦不如早于事前先行商得编辑纲要方面之互相同意。

（三）该馆教材组所编教本类别甚多，性质繁杂。该组负责人常于史地教科书稿本既经本会修订以后，再度浏阅批注每一审查意见之去取。职是之故，将来该书出版时之最后形式，本会无从知悉，甚难共同负责。

补救办法：拟请饬将有关史地之教书连同现正从事编辑之人员划归本会办理，或责成〔黎〕东方以编纂资格直接对馆长负责。

6. 修订部编初中史地教科书稿本

概况：本部交由国立编译馆编辑之初中史地教科书已各成一册稿本，由该馆经由中等教育司转请本会审查，现已分别由〔黎〕东方及胡委员焕庸一一详加修改订正，逐条签注，经由中等教育司送达该馆，由该馆教材组主任陆殿杨呈核在案。

检讨：上项图表二幅，似嫌不足，拟再补充六幅，凑成八幅，借求完善。

7. 征选高初中本国史地课本

概况：此项工作原由本会发动，嗣于起草详细办法之中，因奖金经费关系，改交中等教育司及教科用书编辑委员会会同办理。惟迄今为时已久，各方应征人选如何，收到稿件若干，审查进行至何程度，本会尚未获有任何消息，似此事现今亦归国立编译馆教材组主管。

检讨：此事亦拟请划归本会办理，以专责成。

8. 拟定职业学校史地课程标准

概况：本部高初级中学及师范学校史地课程修正标准，前已由会一一拟就，送交中等教育司呈请公布施行在案。

今年度续成职业学校历史、地理二科课程标准草案各一份，正在征求各方专家意见，俟意见汇集，再为另案呈核。

检讨：本部课程标准向为纲目体裁，对于学生应知之人名、地名，似亦应有相当规定，借免过多过少之弊。因过多则学生难以记忆，过少则学生常识贫乏。拟另印人名、地名简表分发各校，借便学生记诵。

9. 编制小学应用中国历代年表及中国疆域挂图

概况：中国历代年表已由会制就，交由国民教育司印发各校备用。

中国疆域挂图尚在拟稿绘制之中。

检讨：

（一）根据所得统计，史地师资之缺乏亟待早谋补救。拟一面设法扩充现在专科以上学校史地各学系之学生名额，一面研究不合格史地教员补习史地办法，如举办并扩充各省市暑期讲习会，创办通讯研究会及函授学校等。

（二）史地教本最通行者为吕氏、葛氏之书。吕书虽缺乏精到之处，错误尚少。葛书则错误百出，业经本会编辑江应澄加以评阅，其报告载在本会概况第二号第一百五十五页至第一百六十一页。现除积极由部自编并征选新教本外，对于现最流行之吕、葛二书似宜有一补救办法。拟将书再加评阅，令饬商务印书馆（吕书）及中华书局（葛书）即日加以改正，另出新版。

10.补助设立中国史学会

概况：本会第二次全体委员会议关于由会补助设立中国史学会一案，议决由出席委员共同发起，须本会作为通讯处，并由会酌助经费。一年以来，业已征得专家一百一十六人之同意，地点遍及后方各省。拟另案呈请准予定期开成立会开始工作。

检讨：

（一）此会之成立会，拟与本会第三次全体委员会议同时举行。

（二）此会应有充分基金以办一永久性、国际性之刊物（外国学术团体之杂志多已寿在一百年或一百五十年以上，我国杂志每以缺乏基金之故夭折，几无例外，实为民族之耻）。

11.编订本部抗战史料

概况：本部前奉行政院令编辑教育方面抗战史料，先后由部交由姜超岳、李焕之二人主办。嗣本会成立，复行划归本会兼管，并专聘编辑一人邹树椿襄理。其事现除整理本部历届工作报告外，已陆续征得各国立学校、各省市教育厅局有关抗战史料九十五件，内容极为丰富。拟于明年陆续汇印成册，借免散佚。

检讨：关于一般之抗战史料，西南联大教授姚从吾及监察院参事孙俍工均在单独征集编订之中，党史编纂委员会亦甚注重此事，将来全国应有一统筹办理之机关。

12. 整理《清史稿》

概况：整理旧有史籍，原为本会任务之第一项，尤以现已刊行而曾经院令一度禁止之《清史稿》最为需要整理。本会鉴于各校员生及社会上一般人士待阅此书甚切，业已呈准由会就该稿重大荒谬部份先行厘正出版，借使教学。一年以来，业经朱笔圈点改正者，计有本纪三卷、列传四十九卷。

检讨：明年度拟分约会外人员，依据本会所定修改办法参加此事，期于一年之内完成，呈院刊行。

各研究院所近况汇录

一、国立浙江大学文科研究所史地学部

三十一年三月二十七日本会收到该校研究所史地学部复函,所述概况如下:

(一)工作人员职别姓名履历及研究问题

职　别	姓　名	履　历	研究问题
主　任	张其昀	另见别表	人文地理
兼任导师	张荫麟		中国史
兼任导师	谭其骧		中国史及历史地理
兼任导师	黎子耀		中国史
兼任导师	方　豪		中西交通史
兼任导师	顾榖宜		西洋史
兼任导师	叶良辅		
兼任导师	沙学浚		地理学及制图学
兼任导师	涂长望		气象学
兼任导师	任美锷		地形学及地理学
兼任导师	黄秉维		地形学及地理
兼任导师	刘之远		地质学
兼任导师	李絜非		中国史

(二) 研究工作分述如下

1. 史学组

史学组工作现注重社会史（张荫麟担任）、经济史（黎子耀担任）、历史地理（谭其骧担任）及中西交通史（方豪担任）等。已出版《徐霞客先生逝世三百周年纪念刊》一册。

2. 东北组

本组致力于东北史地之研究，刊布论文及专书，并与公私机关研究东北问题者保持联络。本组负责人张其昀。已出版张其昀著《东北问题》第一辑。

3. 南洋组

本组致力南洋史地之研究，刊布论文及专书，并与侨务机关保持联络。本组负责黄秉维。现在编辑南洋丛书六种（越南、泰国、缅甸、马来、荷印、菲岛）。

4. 边疆组

本组致力于西北与西南边疆之研究及实地调查考察工作，刊布研究及考察报告。本组负责人任美锷。已出版《文科研究所史地学部丛刊》第三辑。

5. 国际问题组

本组现先从事于《国际问题年报》（略仿英国国际问题研究所之《国际问题年报》）之编辑。负责人顾毂宜。已出版《太平洋问题讨论集》及《印度问题讨论集》。

6. 地形组

本组注重遵义湄潭附近地质地形之考察，为编纂遵义湄潭新方志之基本材料。负责人叶良辅。已出版《文科研究所史地学部丛刊》第一辑。

7. 气候组

本组除理论研究外，兼重气候与灾荒之关系。负责人涂长望。已出版《文科研究所史地学部丛刊》第二辑。

8. 资源组

本组致力于建国方略、实业计划之地理研究。负责人张其昀、任美锷。已出版张其昀著《建国方略研究集》一集。

9.史地教育组

本组主办教育部委托史地教育研究室。负责人张其昀、沙学浚、李絜非。出版物另为报告。

(三)史地教育研究室刊行图书杂志

第一类 挂图

史地挂图系受教育部委托制绘,第一年度计划先印成六十版(现已印成廿余版,其余在陆续印行中),每版高二尺,宽一.六尺,每图均有简要说明,用白报纸石印,每份售价六十元,邮费在内。其分配如左：

1. 本国历史挂图六版

2. 本国历史图画六版

3. 西洋历史挂图四版

4. 西洋历史图画四版

5. 本国地理挂图十版

6. 分洲地理图画五版

7. 中国地理五版

8. 外国地理五版

9. 本国地理分省暗射图十版

10. 时事地图五版

第二类 丛刊

1.《中国史纲》第一册　张荫麟编

2.《中华历代大教育家史要》　张其昀编

3.《东北小史》　李絜非编;《东北问题》第一辑　张其昀编

4.《建国方略研究集》第一辑　张其昀编

5.《欧洲政治地理》　任美锷编

6.《地理学研究法》第一辑　叶良辅

7.《政治教育丛著》第一、二两辑　张其昀编

第三类 杂志

该室所编之《史地杂志》,特重史地教育之研究重要新书与论文之介绍,以及补充教材与史地界消息诸项,每一月出版一册,现已出版二卷三期。

二、国立中山大学文科研究所历史学部

三十年六月二十三日，本会收到该校研究所复函，其概况如下：

（一）工作人员职别、姓名、履历及研究问题

职　别	姓　名	履　历	研究问题
所主任	杨成志	另见别表	人类学
部主任	朱谦之	另见别表	文化哲学
教　授	罗香林	另见别表	宋元史
教　授	郑师许	另见别表	隋唐五代史
教　授	陈安仁	另见别表	中国文化史
助　教	罗致平	另见别表	文化接触诸问题
研究生	戴裔煊	另见别表	宋代盐钞制度
研究生	王启澍	另见别表	贵州东部苗族之研究
研究生	丘陶常	另见别表	中国格物史

（二）工作侧重之要点

（1）地方经济史之研究

（2）边胞社会之研究

（3）海丰古物之发现

（4）中国科学史之探讨

（5）民族丛书之编辑与出版

（三）文科研究所工作进行大纲

1. 史学组

拟设史学研究室从事征集或整理关于：（1）国民革命史料；（2）西南各省府县地方志；（3）西南各省官厅档案；（4）华侨史料；（5）西南各省文集、年记、家谱及其他重要文献。

2. 人类学组

已设有民族学研究室，现拟分下列数项进行：（1）民族调查——继续在粤北、湘西、桂北及西南各地苗、傜、夷区域作普遍之考察及搜罗各

部族之民物；(2)古迹探访——收集西南各省古迹碑碣，从事绘制，为模型或拓本；(3)民族资料之采集——关于西南各省风俗、宗教、医药、神话、童话、故事、传说、歌谣、谜语及各种民俗品等，继续尽量搜求；(4)名著编译——选收各国人类学、民族学、考古学、民俗学诸名著译成中文，列入本院丛书。

3. 文学组

拟设立古籍校订室，其工作如下：(1)整理中国文学史料；(2)勘校古籍真伪；(3)编古今文学名著；(4)征集西南各省重要文籍并翻印其孤本。

4. 语言学组

(1)拟设语言学研究室——购置各种需用之语音实验仪器，以从事研究；(2)进行方言调查——各就粤桂湘赣各地方言依次作一有系统之调查，尤侧重于与人类学组合作西南各省苗、傜诸族之语言考察；(3)编译语言学专书——选收各国语言学名著若干种，编译成为中文，列入本院丛书。

(四) 关于出版方面

本所原有刊物三种：(一)史学专刊、(二)语言文学专刊，以上两种在澄江时曾出版一次；至民俗专刊，因有十余年之历史，为本院与外国交换刊物之一种，亦拟在最近复刊。至本所辅导工作，自本年度起，已开始与广东省政府边政指导委员会合作从事乐昌、连县等地边民之调查。

三、国立西南联合大学文科研究所历史学部

该校研究所于廿八年始告成立，其属于文科者设有历史学部，每年由部发补助费二千元。是年该学部复学，学生三年级者二人，二年级者一人，同年又录取新生五人。

四、国立东北大学文科研究所史地学部

该校自廿九年起设有史地经济研究室，内设三组及研究项目。分

述如下：

（一）历史语言组

    1. 古代东北民族之研究

    2. 鲜卑史之研究

    3. 契丹史之研究

    4. 女真史之研究

    5. 蒙古史之研究

    6. 东北文献之搜辑

（二）地理地质组

    1. 东北沿革地理之研究

    2. 东北现势地图集之编纂

    3. 东北地理之研究

（三）社会经济组

    1. 东北社会经济之研究

    2. 日本侵略东北之研究

以上各项研究均由研究员（由校长聘请教授、讲师兼任）一人或二人为之主持，并由研究生（由本校毕业生选用之，研究期间定为二年，不授予学位）协助之。

自三十一年后，以该室为研究特殊问题，与一般学术研究之研究所有异，呈准改为文科研究所史地学部，除原有补助费二万元外，又三万元，共为五万元。研究生准予研究期限延长一年，得照学位授予法授予学位（原研究生八人）。

各大学及师范学院史地各系现行科目表

院　别	系　别	科　别	学　分	学　年	备　注
文学院	历史学系	中国近世史（必）	四或六	二或三	起自道光，至抗战为止。要旨在研究外力压迫所引起之政治、经济、文化各种改革。
		西洋近世史（必）	六	三	自维也纳会议至现在。
		中国断代史（必）	八或十二	第二至第三	
		西洋断代史	八或十二	二至四	
		国别史	四或六	三	
		专门史	四至六	四	
		中国史学史或史学方法	四至六	四上	
		中国地理	三	四下	
		西洋史学史或史学方法	四	二	
以上必修					

附注：

（一）学生至少须选习下列中国断代史学科之二：(1)商周史；(2)秦汉史；(3)魏晋南北朝史；(4)隋唐五代史；(5)宋辽金元史（或元史分设，或元史与明史合授为元明史）；(6)明清史（清史得授至道光时为止,俾与中国近世史衔接)。每科定为四学分至六学分。

（二）学生至少须选习下列西洋断代史学科之二：(1)西洋上古史（希腊史、罗马史分设亦可）；(2)西洋中古史；(3)文艺复兴至法国革命（其中得分设文艺复兴史、西洋十七、十八世纪史，或法国革命史）。十九世纪史已在西洋近世史中讲授；至于大战后之世界，如西洋近世史未及讲授时，得分别开设。每科定为四至六学分。

（三）学生至少须选习下列国别史一种，如日本、俄国、英国、美国、德国、意国、法国、印度、西班牙，及南洋或巴尔干半岛等国史，或诸国某一时代史。每科四至六学分。

（四）学生至少须选习下列专门史一种，如中国经济史、中国社会史、中国政治史、中国政治思想史、中国哲学史、中国教育史、中国文学史、中国美术史、中国财政史、中国外交史（如外交方面特别有关之国家，得分国别讲授）、中国殖民史、中国交通史、西洋经济史（或分国别讲授）、西洋美术史、西洋政治思想史、欧洲殖民史等。每科四至六学分。以上课程无论在任何院系设置，均得为史学系课程。

院　别	系　别	科　别	学　分	学　年	备　注
		中国史部目录学	三	三	
		传记学	三或四	三或四	
		史籍名著	三或四	三或四	
		历史教学法	三或四	三或四	
		史前史	三		
		考古学	三或六	二、三、四	
		世界地理	四或六	二、三、四	
		制图学	三或四	二、三、四	
		人类学	三	二、三、四	
		文字学概要	六	二、三、四	
		社会心理学	三或四	二、三、四	
以上选修						

续 表

院　别	系　别	科　别	学　分	学　年	备　注
		中国通史（注重文化之发展）	六	一	必要时得在第二年设置。
	数学系	数学史	三	四	
	化学系	化学史	二	三或四	
	生物系	生物学史	三	三或四	
	心理系	心理学史	三	三或四	
理学院	地理学系	地理通论	六	二	包括数理地理、水文地理等各种大意，得在第一学年修习。
		气象学	六	二	
		气候学	三	三	
		地形学	六	二	除讲授外，应特别注重考察及读图。
		测量学	六	二	应包括路线、地形、经纬三种测量及实习。
		制图学	四	三	每周讲演一小时，实习一次。得在第二学年修习。特别注重地图透影。
		人生地理	六	三	应特别注重经济地理、人口地理。
		中国地理总论	三	三	
		中国区域地理	六	三下至四上	得分区或择地讲授。

续　表

院　别	系　别	科　别	学　分	学　年	备　注
		世界地理	九	三至四上	得分亚、美、欧三洲或依自然区，分区教授。
		地理实察	二	四	注重实地考察或作分区研究。
		以上必修			
		数理地理	三	三	
		海洋学	三	三	
		民族学	三	三	
		政治地理	三	三	
		经济地理	三	三	
		历史地理	三	三	
		社会地理	三	三	
		土壤地理	三	三	
		地理学史	三	四	
		地球物理学	三	四	
		中国地理研究	六	四	
		世界区域地理	六	二或三	得分区讲授。
		地图读法	三	二或三	
		第二外国语	十二	二、三、四	
		以上选修			
	地理学系气象组	地理通论	六	二	
		气象学	六	二	
		气象热力学	三	二上	
		测候学	三	二下	

续 表

院　别	系　别	科　别	学　分	学　年	备　注
		气候学	三	三上	
		中国地理总论	三	三上	
		中国区域地理	六	三下、四上	
		理论气象学	六	三	
		天气预告	六	三	
		高空气象学	四	三	
		天气图实习	六	四	每周讲演一小时，实习二次。
		本国天气	四	四	
以上必修					
		地球物理学	四	三或四	
		气体力学	三	三或四	
		大气物理学	三	三或四	
		农业气象学	四	三或四	
		世界地理	九	三或四	
		世界气候	三	三或四	
		本国气候	四	三或四	
		航空气象学	四	三或四	
		无线电学	三	三或四	
		微气候学	三	三或四	
		海洋气候学	三	三或四	
		极地气候	三	四	
		热带风暴	三	四	
		病理气候学	三	四	
		气候变化论	四	四	

续　表

院　别	系　别	科　别	学　分	学　年	备　注
		物候学	三	四	
		第二外国语	十二	二、三、四	
		以上选修			
	地质学系	地质学	六	二	在共同必修科中必修之。
		矿物学	六	二	每周讲二小时，实习一次。
		地形测量	三	二上	每周讲一小时，实习一次。
		地质测量	三	二下	每周讲一小时，实习二次。
		岩石学	六	二	每周讲一小时，实习二次。
		古生物学	六	二	每周讲二小时，实习一次。
		构造地质学	四	三	
		地学史	六	三	每周讲二小时，实习一次。
		分析化学	五	三上	每周讲二小时，实验二次。
		矿床学	六	三	每周讲二小时，实习一次。
		应用地质学	三	三下	
		光性矿物学	三	三下	
		野外实习	二	三上	
		以上必修			
		结晶学	三	四	
		高等矿物学	三	四	

续 表

院 别	系 别	科 别	学 分	学 年	备 注
		高等岩石学	四	四	
		高等矿床学	三	四	
		岩石分析	三	四	
		物理探矿学	三	四	
		高等古生物学	六	四	
		高等地史学	四	四	
		标准化石	三	四	
		地层学	四	四	
		高等地质构造	四	四	
		区域地质	三	四	
		地质测量	三	四	
		脊椎化石	三	二、三、四	
		标准化石	三	二、三、四	
		沉积学	二	二、三、四	
		古植物学	三	二、三、四	
		石油地质	二	二、三、四	
		中国地理总论	三	二、三、四	
		中国地质研究	三	二、三、四	
		采矿学大意	三	二、三、四	
		第二外国语	十二	二、三、四	
		以上选修			
		中国通史	六	一	注重文化之发展。
		西洋通史	六	二	同前。

续　表

院　别	系　别	科　别	学　分	学　年	备　注
	法律学系	中国法制史（必）	六	三下	
	数学系	数学史	三	四下	
	理化学系	化学史（选修）	二	三、四、五	
师范学院	史地学系	史学通论	三	二上	
		中国上古史	三或四	二下	
		中国中古史	四	三	
		中国近世史	四或六	四	起自道光，至抗战为止。在研究外力压迫所引起之政治、经济、文化各种改革。
		西洋上古史	四	三	
		西洋中古史	四	三	
		西洋近世史	六	四	起自维也纳会议，至现在。
		自然地理	六	二	
		人生地理	六	三	
		中国地理总论	三	四	
		中国区域地理	六	五	得分区或择要教授。
		世界地理	九	四至五上	得分亚、欧、美三区或依自然区，分区教授。
		中国历史地理		五下	

续　表

院　别	系　别	科　别	学　分	学　年	备　注
		分科教材及教法研究	三	四至五	
		以上必修			
		中国史部目录学	三	三、四、五	
		中国史学史或史学方法	四	三、四、五	
		国别史	四或六	三、四、五	
		专门史	四或六	三、四、五	
		史前史	三	三、四、五	
		考古学	三	三、四、五	
		传记学	三	三、四、五	
		中国文学专书选读	四或六	三、四、五	
		中国史学专书选读	四或六	三、四、五	
		历代文选	三	三、四、五	
		国防地理	三	三、四、五	
		经济地理	三	三、四、五	
		政治地理	三	三、四、五	
		地理实察	三	三、四、五	注重实地考察或作分区研究。
		地图读法	二	三、四、五	
		天文地理	三	三、四、五	
		测量学	三	三、四、五	
		地形学	六	三、四、五	
		气候学	三	三、四、五	
		气象学	六	三、四、五	

续　表

院　别	系　别	科　别	学　分	学　年	备　注
		儿童及青年读物	三	三、四、五	
		中外教育家研究	二或四	三、四、五	
		训育原理及实施	二	三、四、五	
		升学及就业指导	二	三、四、五	
以上选修					

各院系关于史部必修及选修科目表

院　　别	系　　别	科　　别	学　　分	学　　年	备　　注
文学院共同必修科		中国通史	六	一	
		西洋通史	六	二	
	中国文学系	中国文学史	六	一	
必修					
		中国哲学史	六	三	
		西洋哲学史	六	三	
		中国近世史	四	三	
		诗史	三		
		小说史	三		
		戏剧史	三		
		西洋文学史	二		
以上选修					
	中国文学系语言文字组	中国文学史	六	二	
必修					
		文字学史	三或四	三	
		声韵学史	三或四	三	
		文字形体变迁史	三或四	三	

续　表

院　别	系　别	科　别	学　分	学　年	备　注
		国语运动史	三或四	三	
		以上选修			
	哲学系	中国哲学史	六	二	
		西洋哲学史	六	二	
		印度哲学史	六	三	
		以上必修			
		中国美术史	三	二、三、四	
		以上选修			
	历史学系	中国近世史（必）	四或六	二或三	起自道光，至抗战为止。要旨在研究外力压迫所引起之政治、经济、文化各种改革。
		西洋近世史（必）	六	三	自维也纳会议至现在。
		中国断代史（必）	八或十二	第二至第三	
		西洋断代史	八或十二	三至四	
		国别史	四或六	三	
		专门史	四或六	四	
		中国史学史或史学方法	三	四上	
		中国地理	三	四下	
		西洋史学史或史学方法	四	三	
		以上必修			

附注：

（一）学生至少须选习下列中国断代史学科之二：（1）商周史；（2）秦汉史；（3）魏晋南北朝史；（4）隋唐五代史；（5）宋辽金元史（或元史分设，或元史与明史合授为元明史）；（6）明清史（清史授至道光时为止，俾与中世史衔接)。每科定为四学分至六学分。

(二)学生至少须选下列西洋断代史学科之二:(1)西洋上古史(希腊史、罗马史分设亦可);(2)西洋中古史;(3)文艺复兴至法国革命(其中得分设文艺复兴史、西洋十七、十八世纪史,或法国革命史)。十九世纪史已在西洋近世史中讲授;至于大战后之世界,如西洋近世史未及讲授时,得分别开设。每科定为四至六学分。

(三)学生至少须选习下列国别史一种,如日本、俄国、英国、美国、德国、意国、法国、印度、西班牙及南洋或巴尔干半岛等国史,或诸国某一时代史。每科四至六学分。

(四)学生至少须选习下列专门史一种,如中国经济史、中国社会史、中国政治史、中国政治思想史、中国哲学史、中国教育史、中国文学史、中国美术史、中国财政史、中国外交史(如外交方面特别有关之国家,得分国别讲授)、中国殖民史、中西交通史、西洋经济史(或分国别讲授)、西洋美术史、西洋政治思想史、欧洲殖民史等。每科四至六学分。以上课程无论在任何院系设置,均得为史学系课程。

院　别	系　别	科　别	学　分	学　年	备　注
		中国史部目录学(选)	三		
		传记学(选)	三或四		
		史籍名著(选)	三或四		
		历史教学法(选)	三或四		
		史前史(选)	三		
		考古学(选)	三或六	二、三、四	
		世界地理(选)	四或六	二、三、四	
		制图学(选)	三或四	二、三、四	
		人类学(选)	三	二、三、四	

续　表

院　别	系　别	科　别	学　分	学　年	备　注
		文字学概要（选）	六	二、三、四	
		社会心理学（选）	三或四	二、三、四	
以上选修					
理学院共同必修科		中国通史（注重文化之发展）	六	一	必要时得在第二年设置。
	数学系	数学史	三	四	
	化学系	化学史	二	三或四	
	生物系	生物学史	三	三或四	
	心理系	心理学史	三	二、三、四	
	地理学系	地理通论	六	二	应包括数理地理、水文地理等各种大意，得在第一学年修习。
		气象学	六	二	
		气候学	三	三	
		地形学	六	二	除讲授外，应特别注意考察及读图。
		测量学	六	二	应包括路线、地形、经纬三种测量及实习。
		制图学	四	三	每周讲演一小时，实习一次。得在第二学年修习。特别注重地图透影。

续　表

院　别	系　别	科　别	学　分	学　年	备　注
		人生地理	六	三	应特别注重经济地理、人口地理。
		中国地理总论	三	三	
		中国区域地理	六	三下至四上	得分区或择要讲授。
		世界地理	九	三下至四上	得分亚、美、欧三洲或依自然区分区教授。
		地理实察	二	四	注重实地考察或作分区研究。
以上必修					
		数理地理	三	三	
		海洋学	三	三	
		民族学	三	三	
		政治地理	三	三	
		经济地理	三	三	
		历史地理	三	三	
		社会地理	三	三	
		土壤地理	三	三	
		地理学史	三	四	
		地球物理学	三	四	
		中国地理研究	六	四	
		世界分区地理	六	二或三	得分区讲授。
		地图读法	三	二或三	

续　表

院　别	系　别	科　别	学　分	学　年	备　注
		第二外国语	十二	二、三、四	
		以上选修			
	地理学系气象组	地理通论	六	二	
		气象学	六	二	
		气象热力学	三	二上	
		测候学	三	二下	
		气候学	三	三上	
		中国地理总论	三	三上	
		中国区域地理	六	三下四上	
		理论气象学	六	三	
		天气预告	六	三	
		高空气象学	四	三	
		天气图实习	六	四	每周讲演一小时，实习二次。
		本国天气	四	四	
		以上必修			
		地球物理学	四	三或四	
		气体力学	三	三或四	
		大气物理学	三	三或四	
		农业气象学	四	三或四	
		世界地理	九	三或四	
		世界气候	三	三或四	
		本国气候	四	三或四	
		航空气象学	四	三或四	

续 表

院 别	系 别	科 别	学 分	学 年	备 注
		无线电学	三	三或四	
		微气候学	三	三或四	
		海洋气象学	三	三或四	
		极地气候	三	四	
		热带风暴	三	四	
		病理气候学	三	四	
		气候变化论	四	四	
		物候学	三	四	
		第二外国语	十二	二、三、四	
		以上选修			
	地质学系	地质学	六	二	在共同必修科中必修之。
		矿物学	三	二	每周讲二小时，实习一次。
		地形测量	三	二上	每周讲一小时，实习一次。
		地质测量	三	二下	每周讲一小时，实习二次。
		岩石学	六	二	同前。
		古生物学	六	二	每周讲二小时，实习一次。
		构造地质学	四	三	
		地学史	六	三	每周讲二小时，实习一次。
		分析化学	五	三上	每周讲二小时，实验二次。
		矿床学	六	三	每周讲二小时，实习一次。

续 表

院 别	系 别	科 别	学 分	学 年	备 注
		应用地质学	三	三下	
		光性矿物学	三	三下	
		野外实习	二	三上	
		以上必修			
		结晶学	三	四	
		高等矿物学	三	四	
		高等岩石学	四	四	
		高等矿床学	三	四	
		岩石分析	三	四	
		物理探矿学	三	四	
		高等古生物学	六	四	
		高等地史学	四	四	
		标准化石	三	四	
		地层学	四	四	
		高等地质构造	四	四	
		区域地质	三	四	
		地质测量	三	四	
		脊椎化石	三	二、三、四	
		标准化石	三	二、三、四	
		沉积学	二	二、三、四	
		古植物学	三	二、三、四	
		石油地质	二	二、三、四	
		中国地理总论	三	二、三、四	
		中国地质研究	三	二、三、四	

续　表

院　别	系　别	科　别	学　分	学　年	备　注
		采矿学大意	三	二、三、四	
		第二外国语	十二	二、三、四	
以上选修					
法学院共同必修科		中国通史	六	一	注重文化之发展。
		西洋通史	六	二	同前。
	法律学系	中国法制史（必修）	三	三下	
		中国政治史（选修）	六	三或四	
		中国经济史（选修）	六	三或四	
	政治学系	中国外交史	六	三	
		中国政治史	六	二	
		中国政治思想史	六	三	
		西洋政治外交史	六	三	
以上必修					
		西洋政治思想史（选）	六	三或四	
	经济学系	西洋经济史	六	三	
		中国经济史	六	三	
以上必修					
		经济思想史（选）	六	四	
	社会学系	中国社会史	四或六	二	
		中国社会思想史	三或四	三	
以上必修					

续　表

院　别	系　别	科　别	学　分	学　年	备　注
		社会经济史（选）	四或六	三	得以西洋经济史替代。
师范学院共同必修科		中国文化史	六	一	
		西洋文化史	六	二	
	教育学系	中国教育史	六	三	注重教育与社会变迁之关系、教育家之伟大精神及建国理想。
		西洋教育史	六	四	注重教育与社会变迁之关系、教育家之伟大精神。
		以上必修			
		中国社会史	四或六	三、四、五	
		中国经济史	四或六	三、四、五	
		以上选修			
	公民训育学系	中国政治及伦理思想史	六	三	包括立国精神及建国思想及立国思想。
		中国社会史	四或六	三、四、五	
		中国经济史	四或六	三、四、五	
		中国教育史	六	三、四、五	注重教育与社会变迁关系、教育家之伟大精神及建国理想。
		西洋教育史	六	三、四、五	注重教育与社会变迁之关系、教育家之伟大精神。

续 表

院　别	系　别	科　别	学　分	学　年	备　注
		中国哲学史	六	三、四、五	
		西洋哲学史	六	三、四、五	
		以上选修			
	国文学系	中国文学史（必修）	六	二	
		中国哲学史	六	三或四	
		西洋哲学史	六	三或四	
		西洋文学史	六	四或五	
		以上选修			
	英语学系	中国文学史	六	三、四、五	
		西洋哲学史	六	三、四、五	
		以上选修			
	数学系	数学史	三	四下	
	理化学系	化学史	二	三、四、五	
	史地学系	史学通论	三	二上	
		中国上古史	三或四	二下	
		中国中古史	四	三	
		中国近世史	四或六	四	起自道光，至抗战为止。在研究外力压迫所引起之政治、经济、文化各种改革。
		西洋上古史	四	三	
		西洋中古史	四	三	
		西洋近世史	六	四	起自维也纳会议，至现在。
		自然地理	六	二	

续　表

院　别	系　别	科　别	学　分	学　年	备　注
		人生地理	六	三	
		中国地理总论	三	四	
		中国区域地理	六	五	得分区或择要教授。
		世界地理	九	四至五上	得分亚、欧、美三区或依自然区,分区教授。
		中国历史地理		五下	
		分科教材及教法研究	三	四至五	
		以上必修			
		中国史部目录学	三	三、四、五	
		中国史学史或史学方法	四	三、四、五	
		国别史	四或六	三、四、五	
		专门史	四或六	三、四、五	
		史前史	三	三、四、五	
		考古学	三	三、四、五	
		传记学	三	三、四、五	
		中国文学专书选读	四或六	三、四、五	
		中国史学专书选读	四或六	三、四、五	
		历代文选	三	三、四、五	
		国防地理	三	三、四、五	
		经济地理	三	三、四、五	

续　表

院　别	系　别	科　别	学　分	学　年	备　注
		政治地理	三	三、四、五	
		地理实察	三	三、四、五	注重实地考察或作分区研究。
		地图读法	三	三、四、五	
		天文地理	三	三、四、五	
		测量学	三	三、四、五	
		地形学	六	三、四、五	
		气候学	三	三、四、五	
		气象学	六	三、四、五	
		儿童及青年读物	三	三、四、五	
		中外教育家研究	二或四	三、四、五	
		训育原理及实施	二	三、四、五	
		升学及就业指导	二	三、四、五	
以上选修					
	体育学系	体育史略	二	四、五	
农学院共同必修科	农业经济学系	经济史	三	三	
		商业史	三或四		
工学院共同必修科	水利工程学系	中国水工史	二	四上	
	建筑工程学系	建筑史（必）	四	二上	

续　表

院　　别	系　　别	科　　别	学　　分	学　　年	备　　注
商学院共同必修科		中国建筑史（选）	二	二下	
		商业史	三或四	二上	
	国际贸易学系	经济思想史	三	四	
		中国外交史	六	四	
以上选修					
	商学系	经济思想史（选修）	三	三或四	

专科以上学校史地教授名单

学校名称	姓名	性别	年龄	籍贯	等别及所兼职务	担任科目	著作及研究	备考
国立中山大学	朱谦之	男	四二	福建闽侯	教授兼系主任、院长	西方史学史 专门史 比较文化史	中国思想对于欧洲文化之影响、孔德的历史哲学、中国思想方法问题及杂志论文等	
	马采	男	三六	广东海丰	教授	中国美术史	美学与普通艺术学、中国美术之论等	
	谭太冲	男	四九	广东台山	同	中国哲学史	中国中古哲学史、中国近代哲学史	
	李白华	男	四一	广东兴宁	同	印度哲学史		
	陈安仁	男	五一	广东东莞	教授	中国近代史 抗战史料 中国文化史	抗战与建国、中华民族抗战史、中国农业史、现代中国革命史纲	

续表

学校名称	姓 名	性别	年龄	籍 贯	等别及所兼职务	担任科目	著作及研究	备 考
	罗香林	男	三六	广东兴宁	同	史籍名著选读 中国史学史	《隋唐五代史研究论丛》	
	罗志甫	男		广东兴宁	同	西洋通史 西洋断代史 西洋近代史	《羌章要义》《兄与弟》(莫泊桑作品)	
	杨成志	男	三八	广东海丰	兼任教授	考古学	考古学、人类学、民俗学、民族学	
	郑师许	男	四四	广东东莞	教授	明清史	中国文学史、中国哲学史	
	黄海章	男	四五	广东梅县	副教授	中国文学史	《明季三僧诗选》《元遗山选》	
	马炳文	男	三〇	广东顺德	同	西洋哲学史	一八九〇年后之文化学说	
	王兴瑞	男	三〇	广东乐会	讲师兼办公室主任	中国通史	中国近代革命史	
	区宗华	男	二八	广东台山	讲师	国别史		
	吕 复	男	六〇	北平	教授	中国法制史 中国政治思想史 中国政治史		

续表

学校名称	姓名	性别	年龄	籍贯	等别及所兼职务	担任科目	著作及研究	备考
	雷荣珂	男	四一	广西南宁	教授	中国外交史		
	周焕樱(?)	男	二五	广东梅县	助教兼讲师	西洋经济史		
	陈国治	男			教授	中国经济史		
	关有恕	男	三四	广东开平	同	社会思想史		
	董家遵	男	三一	福建	副教授	中国社会史		
	梁晨	男		广东新会	教授	中国财政史		
	刘耀檾	男	三一	广东东莞	副教授	经济地理		
	彭芳草	男	三七	湖北	同	政治地理 边疆问题		
	章导	男		广东梅县	同	西洋政治思想史 西洋政治外交史		
国立武汉大学	苏雪林	女		安徽	教授	中国文学史		
	陈登恪	男		江西	同	北魏史		
	谢文炳	男		湖北	同	美国文学史		

续 表

学校名称	姓 名	性别	年龄	籍 贯	等别及所兼职务	担任科目	著作及研究	备 考
	胡稼胎	男		安徽	同	中国哲学史		
	张 颐	男		四川	同	西洋哲学史		
	吴其昌	男		浙江	教授	商周史 宋元明清哲学史		
	方壮猷	男		湖南	同	中国社会史 宋辽金元史 中国史学史		
	韦润珊	男		浙江	同	人生地理 中国地理 经济地理		
	陈祖源	男		江苏	教授	西洋中古史 西洋古代史		
	鄢远猷	男		湖南	同	美国史 西洋通史 西洋史学史		
	陶振誉	男		安徽	同	中国通史		

续表

学校名称	姓名	性别	年龄	籍贯	等别及所任兼职务	担任科目	著作及研究	备考
	杨人楩	男		湖南	教授	西洋通史 法国革命史		
	汪诒荪	男		安徽	副教授	中国近代史 日本史		
	孙芳	男		湖北	同	中国法制史		
	鲍扬廷	男		安徽	教授	西洋政治史		
	王铁崖	男		福建	同	中国外交史		
	彭迪先	男		四川	教授	经济思想史 西洋经济史		
	王若恰	男		安徽	同	地质学		
	丁道衡	男		贵州	同	经济地质		
国立中正大学	谢兆熊	男	三九	江西遂川	教授	西洋通史		
	姚显微	男	三六	江西	副教授	中国通史		
	潘大逵	男	四〇	四川	教授	中国外交史		

续表

学校名称	姓名	性别	年龄	籍贯	等别及所兼职务	担任科目	著作及研究	备考
国立西北联合大学	丁山	男	四一	安徽和县	同		《殷周金文考释》三卷	
	杜光埙	男	四一	山东聊城	教授兼教务长	八小时	羌政制度之新问题,现代宪法问题,法国劳工运动史	
	黄文弼	男	五〇	湖北	教授	十小时		
	萃勉	男	三三	同	副教授	九小时		
	杨向奎	男	三三	河北	同	同	《中国古代之种姓考》《论谱牒》《北魏田制九品》《唐刑论》等文	
	何士骥	男	四四	浙江诸暨	兼任讲师	二小时		
	韩惠连	女	三〇	河北	同	同		
	林占鳌	男	三五	山东	兼任讲师	六小时		
	冉昭德	男	三五	山东	助教			
	殷祖英	男	四六	河北房山	教授兼系主任	十一小时	西北地理,政治地理	
	郁士元	男	四一	江苏	教授	十七小时	普通地质学及梁山地质	

续表

学校名称	姓名	性别	年龄	籍贯	等别及所兼职务	担任科目	著作及研究	备考
	杨曾威	男	二七	同	同	十小时		
	李武金	男	三七	广东	讲师	三小时	唐努乌梁海、甘肃走廊	
	张伯声	男	三八	河南	兼任讲师	六小时		
	王均衡	男	三六	同	同	二小时		
	李善棠	男	四六	同	同	五小时		
	姜玉鼎	男	三三	河北	助教			
	韩宪纲	男	三〇	同	同			
国立云南大学	楚图南	男	四一	云南文山	文史系教授兼主任	史记		
	白寿彝	男	三三	河南	副教授	中国上古史研究 史学名著校读	《中国回教史》及《咸同滇变史料》	
	刘汉	男			讲师	中外国地理		
	郑天挺	男			同	隋唐史 中西交通史		
	冯友兰	男			同	哲学史		

续表

学校名称	姓 名	性别	年龄	籍 贯	等别及所兼职务	担任科目	著作及研究	备 考
	邵循正	男			同	中国近世史		
	吴 晗	男			同	中国通史		
	朱驭欧	男		湖南	教授兼政治系主任	西洋政治思想史		
	王贡子	男			教授	现代中国政治史		
	朱德蒙	男			讲师	中国外交史		
	伍纯武	男	三五	云南	教授	经济地理 西洋经济史 欧美经济思想史		
	李宪之	男	三七	河北	讲师	气象学		
	袁 昌	男	三三	江苏	教授	中国通史		
国立同济大学	郑业建	男	四七	湖南	副教授	中国通史		
	万仲文	男	三六	广东	教授	中国外交史 中国政治史		
国立广西大学	漆琪生	男	三八	四川	同	经济思想史	译著《经济学原诠》一书已完基本	

续表

学校名称	姓名	性别	年龄	籍贯	等别及所兼职务	担任科目	著作及研究	备考
国立暨南大学	张先辰	男	三五	广西	同	中国经济史 西洋经济史	广西经济地理	
	董绍良	男	三八	河北	经济地理			
	阎宗临	男	三七	山西五台	同	西洋通史 近代欧洲政治外交史	西洋通史	
	黄现璠	男	三九	广西扶南	副教授	中国通史	中国社会风俗史	
	张文佑	男	二七		讲师	地质学		
	韩通仙	男	四八	浙江	教授	中国通史	《国际法学界之七大家》《商务》、《国际空战法规论》《中华》、《中国革命史》《闽警官训练所》	
	盛叙功	男	四一	浙江金华	同	地质学、经济地理		
国立东北大学	萧一山	男	四○	江苏铜山	教授兼文理学院院长	清史研究		
	蒋天枢	男	三八	江苏	教授	《三国志》中国文学史 要籍解题		

续表

学校名称	姓名	性别	年龄	籍贯	等别及所兼职务	担任科目	著作及研究	备考
	蓝文徵	男	四〇	吉林舒兰	教授兼系主任	明史 隋唐五代史 秦汉史		
	金毓黻	男	五四	辽宁辽阳	教授兼东北地理研究室主任	宋辽金元史		
	朱延丰	男	三四	江苏	教授	英国史 西洋史学史 西洋通史		
	徐光	男	五二	江苏	同	希腊史 西洋近世史		
	汤晓非	男	二九	辽宁	助教	中国通史		
	郑贤约	男	三九	河北	地理系教授兼系主任	南三大陆地志 中国地理 经济地理 地理专题研究		
	方俊	男	三八	江苏	教授			

续表

学校名称	姓名	性别	年龄	籍贯	等别及所兼职务	担任科目	著作及研究	备考
	沈思玙	男	四二	安徽		气象学 气候学 世界气候志 世界地志 制图学		
	谌亚达	男	三九	江西南昌	同			
	满颖之	女	二五	辽宁	助教			
	左仿彦	男	三八	江苏	政治系教授兼系主任	中国政治思想史 西洋政治思想史		
	江之泳	男	五一	湖北汉阳	教授	中国外交史 西洋政治外交史		
	李光忠	男	四九	贵州贵阳	教授兼教务长	西洋经济史		
	吴希庸	男	三四	辽宁辽阳	教授兼研究室研究员	经济思想史		
	侯凤	男	三六	四川	教授	中国经济史		
	周凤镜	男	三五	江苏宜兴	同	经济地理 商业史		

续 表

学校名称	姓 名	性别	年龄	籍 贯	等别及所兼职务	担任科目	著作及研究	备 考
	王淑瑛	女	三一	四川宜宾	同	西洋文学史		
	陈 述	男	三一	河北乐亭	副教授兼研究室研究员	中国史学史		
	孙道昇	男	三三	河南武陟	讲师	中国哲学史		
国立湖南大学	陈嘉勋	男	五五	湖南湘阴	教授兼文法学院长及训导长	西洋通史		
	李冉聃	男	六〇	长沙	副教授	中国文学史		
	伍薏衣	男	五一	浏阳	教授	中国外交史		
	翟 楚	男		安徽	同	西洋政治及外交史		
	周荫棠	男		安徽	同	中国政治史 中国政治思想史		
	谢义伟	男	三七	湖南新田	教授	西洋政治思想史		
湖南大学	何竹洪	男	三六	衡山	副教授	中国通史		

续表

学校名称	姓名	性别	年龄	籍贯	等别及所兼职务	担任科目	著作及研究	备考
国立厦门大学	潘源来	男	三八	浏阳	教授	经济思想史		
	曹廷藩	男	三三	河南	同	世界地理 中国地理 经济地理		
	王学膺	男	三三	长沙	讲师	中国经济史		
	蒋良俊	男	二九	湖南长沙				
	林庚	男	三二	福建	副教授	中国文学史		
	吴士栋	男	三八	江西南城	教授兼系主任	西洋通史		
	谷霁光	男	三三	湖南湘潭	教授	中国经济史 魏晋南北朝史 史学方法讲演 史学方法实习		
	李祥麟	男	三五	山东平度	副教授	日本史 西洋外交史 西洋近世史		
	叶国庆	男	三九	福建	同	中国通史 秦汉史		

续表

学校名称	姓名	性别	年龄	籍贯	等别及所兼职务	担任科目	著作及研究	备考
国立河南大学	郭萱霖	男	三四	福建	同	中国近世史 中国政治史 中国外交史		
	张邃青	男	四九	河南	教授兼文学院院长、兼文史系主任	魏晋南北朝史 中国近世史 中国史学史 中国通史		
	邢润雨	男	三一	山西	教授兼经济系主任	经济思想史		
	嵇文甫	男	四五	河南	教授	秦汉史 中国哲学史 中国社会史 中国经济史		
	王毅斋	男	四六	河南	同			
	朱芳圃	男	四四	湖南	同	考古学		
	梁祖荫	男	三三	河南		世界地理 中国地理		
	甄瑞麟	男	三二	陕西	同	西洋经济史		

续表

学校名称	姓　名	性别	年龄	籍　贯	等别及所兼职务	担任科目	著作及研究	备　考
	刘纵一	男	二九	河南	副教授	西洋远古史 西洋中古史 西洋近世史 西洋通史		
	任维焜	男	三二	河南	副教授	中国文学史	中国小品文发展史、中国现代文学史	
	阎宁成	男	三〇	辽宁	副教授	经济地理		
	鲍熙若	男	三九	河南	讲师兼注册主任	中国通史		
英士大学	徐渊若	男	三四	江苏	教员	合作运动史		
山西大学	马元材	男	四五	湖南	教授	中国通史 中国经济史 秦汉史		
	杜　鑑	男	三六	山西	讲师	经济地理		
	陈　超	男	三四	河南	讲师	西洋近世史 西洋通史		
	潘恩博	男	三九	山西	讲师	西洋经济史		

续表

学校名称	姓名	性别	年龄	籍贯	等别及所兼职务	担任科目	著作及研究	备考
复旦大学	乔鹏书	男	三七	山西	讲师	欧洲外交史		
	伍蠡甫	男	四一	广东	教授		世界上古史及中古史	
	李晋芳	男	四〇	湖北	教授	中国田制史 中国通史 中国近代史 中国交涉史		
	李延芳	男	三八	湖北	教授	西洋通史 商业史		
	许德佑	男	三三	江苏	教授	地质学		
	傅角今	男	四一	湖南	教授	经济地理 中国地理 世界地理		
	翁达藻	男	三〇	浙江	副教授	中国通史 英国史		
	陈顾远	男	四八	陕西	教授	中国政治史	中国法制史、中国古代婚姻史	
	胡继纯	男	三七	湖北	教授	中国外交史		

续表

学校名称	姓名	性别	年龄	籍贯	等别及所兼教务	担任科目	著作及研究	备考
	李炳焕	男	四四	福建	教授兼教务主任	西洋经济学	经济思想史	
	郑学稼	男	三六	福建	教授	经济思想史		
	何德鹤	男	三二	安徽	教授	西洋社会思想史 中国社会史		
交大唐山工学院	许炳汉	男				经济思想史		
社会教育学院	徐嗣山	男	三一	山东	讲师	中国通史		
	袁(?)绍鸣	男		江苏	讲师	自然地理		
西北工学院	王祖尧	男	二五	河南	助教	地质实习		
	袁 昭	男			讲师	史地		
西北农学院	叶守济	男	三三	安徽	教授	经济史 经济思想史		
西北师范学院	刘 朴	男	四八	湖南	教授	中国文学史 中国哲学史		

续表

学校名称	姓 名	性别	年龄	籍 贯	等别及所兼职务	担任科目	著作及研究	备 考
	谭戒甫	男	五三	湖南	教授	中国哲学史		
	谌亚达	男	三八	江西	教授兼系主任	中国区域地理		
	陆懋德	男	五五	山东历城	教授	中国上古史 西洋文化史 西洋近世史		
	苗迪青	男	三五	河南	教授	日本史 世界地理 经济地理 政治地理		
	张云波				教授	中国近世史 西洋文化史 中国民族发展史 中国社会史		
	邹豹君	男	三四	山东	教授	地图阅读 中国地理总论 人生地理 气候学		
	殷祖英	男	四四	河北	主任教授	自然地理		

续表

学校名称	姓名	性别	年龄	籍贯	等别及所兼职务	担任科目	著作及研究	备考
	王心正	男	三四	河北	副教授	史学通论 中国中古史 中国文化史		
	林占鳌	男	三五	山东	讲师			
	张建侯	男	五〇	河南	兼任讲师	中国史学专书选读		
	吴宏中	男	三三	江苏	助教兼讲师	本国文化史		
	李存禄	男	三三	山东	助教			
国立贵阳师范学院	金蔼荣	男	三四	广东	教授	西洋教育史		
	向义	男	五〇	贵州	讲师	中国文化史		
	袁寿椿	男	三四	江苏	教授	地理 西洋通史		
	任可澄	男	六三	贵州	同	中国史		
国立女子师范学院	胡光炜	男	五四	浙江	同	中国文学史		
	谢澄平	男	三七	安徽	教授兼系主任	西洋文化史 史学通论		

续表

学校名称	姓 名	性别	年龄	籍 贯	等别及所兼职务	担任科目	著作及研究	备考
	瞿宗沛	女	二七	安徽	讲师	中国文化史		
	叶粟如	男	三三	江苏	讲师	自然地理		
国立师范学院	马宗霍	男	四四	湖南	教务处主任	《史记》《汉书》		
	姚公书	男	四二	江苏	教授	中国文化史 中国历史地理		
	余文豪	男	三三	同	同	西洋上古史 西洋中古史 近代文化史		
	梁园东	男	四一	山西	同	中国上古中古史 中国民族史 中国近古史		
	吴澄华	男	三四	福建	同	西洋近代史 西洋文化史		
	李剑农	男	六二	湖南	教授	中国经济史 中国近代政治史		
	厉鼎勋	男	三三	江苏	副教授	自然地理		

续表

学校名称	姓名	性别	年龄	籍贯	等别及所兼职务	担任科目	著作及研究	备考
	萧熙群	男	三三	四川	同	史学通论 中国文化史 近代文化史		
	邓启东	男	三三	湖南	副教授	人生地理 中国区域地理		
	吴景贤	男	三三	安徽	讲师	中国历史		
	王炳庭	男	三三	安徽	同	中外地理		
	陈定谟	男	五一	江苏	教授	经济史		
	熊梦飞	男	四七	湖南	同	中国上古史		
国立中央工业职业专科学校	王器之	男	三四	河北大名	教员	史地		
	陈士骧	男	二七	河南	同	历史		
国立西北艺专	赵云梦	男	三九	河北大名	副教授	地质学		
	袁又生	男	三六	山东	教授	气象学		

续表

学校名称	姓名	性别	年龄	籍贯	等别及所兼职务	担任科目	著作及研究	备考
四川省立教育学院	张圣奘	男	三九	湖北	教授	中国通史		
	常任侠	男	三九	安徽	副教授	中国文化史		
	刘士沐	男	二八	江苏	同	西洋通史西洋文化史		
甘肃省立学院	赵石萍	男	四〇	辽宁	教授	西洋教育史		
	唐祖培	男	四五	湖北	同	中国文化史		
	张义	男	三三	甘肃	副教授	中国通史		
	王辉明	男	三三	安徽	副教授	政治思想史		
	王志梁	男	三三	江苏	讲师	经济地理		
	戴成龙	男	四四	湖北	同	西洋通史		
私立华南女子文理学院	魏秀莹	女	三五	福建	副教授	历史		
	黄淑娟	女	三三	同	同	同		

续表

学校名称	姓名	性别	年龄	籍贯	等别及所兼职务	担任科目	著作及研究	备考
私立光华大学	归镜明	男	三四	江苏	教授	西洋经济史		
	萧公权	男	四四	江西	教授	中国政治思想史 西洋政治思想史		
	顾学曾	男	三二	南京	同	中国政治史		
	鲁光桓	男	三四	湖南	副教授	中国通史 西洋通史 中国外交史		
金陵女子文理学院	师以法	女	四三	英国	教授	西洋史		
	王杖	男	三〇	浙江	讲师	中国史		
	刘思兰	女	三七	山东	教授	地理		
	朱起凤	男	三九	江苏	讲师	地理		
	崔可石	女	二八	安徽	助教	同		
	计德蓉	女	二六	浙江	同	同		

续表

学校名称	姓 名	性别	年龄	籍 贯	等别及所兼职务	担任科目	著作及研究	备 考
私立诚明文学院	蒋维乔	男	六九	江苏	教授	中国文学史		
	耿淡如	男	四三	同	同	西洋通史		
私立建福学院	刘一昆(?)	男	四五	福建	同	西洋通史 西洋政治及外交史		
	陈存朴(?)	男	四七	福建	教授	中国经济史		
	陈一平	男	三〇	同	兼总务主任	经济思想史		
	郭则杰	男	五一	同	副教授	经济地理		
	林家漾	男	四八	同	讲师	中国通史		
	梁孝忱	男	四五	同	同	中国外交史		
私立上海法学院	王孝通	男	四六	浙江	教授	商业史		
	曹华汉	男	四九	浙江	秘书主任	中国通史		
	武锺灵	男	五二	同		中国法制史		
	王肇鼎	男	四〇	江苏		经济地理		

续表

学校名称	姓 名	性别	年龄	籍 贯	等别及所兼职务	担任科目	著作及研究	备 考
	储玉坤	男	二九	江苏		西洋通史		
	斯继唐	男	三一	浙江		西洋经济史		
	王雨桐	男	三九	浙江		中国经济史		
北平国民学院	谭丕模	男	四一	湖南	教授	中国文学史 中国哲学史		
	张天翼	男	三六	同	同	西洋文学史		
	刘 敏	男	四七	四川	同	中国政治思想史		
	沈 均	男	四二	湖南	同	中国外交史		
	雷 敢	男	三七	同	同	中国政治史 中国通史	《中国史纲》	
	冯希湛	男	三二	广东	教授	西洋通史 西洋政治外交史		
	陈宣理	男			同	中国政治思想史		

续表

学校名称	姓名	性别	年龄	籍贯	等别及所兼职务	担任科目	著作及研究	备考
私立大夏大学	唐孝纲	男		湖南	同	中国经济史		
	卢爱知	男	四〇	同	同	西洋经济史 经济地理		
	谢六逸	男	四五	贵州	兼文学院院长	中国文学史		
	傅启学	男	四〇	同	教授	中国政治外交史		
	谌志远	男	三六	同	同	西洋政治外交史		
	张少微	男	三五	安徽	同	社会思想史		
	邓世隆	男	三九	湖南	同	经济思想史		
	姚薇元	男	三六	安徽	同	中国通史 中国史史籍名著 魏晋南北朝史		
	朱澂	女		江苏	教授	西洋通史 西洋近代史 西洋史 欧洲殖民史		

续表

学校名称	姓名	性别	年龄	籍贯	等别及所兼职务	担任科目	著作及研究	备考
	何基	男	三六	湖南	副教授	中国近代史专题研究 中国史学史 中国近代政治发展史		
	钟耀□	男	三五	广东	教授	西洋政治思想史		
	张伯箴	男	三九	湖北	同	经济地理		
	徐傅季	男	三〇	湖南	讲师	中国外交史		
	刘金章	男			教授	法制史		
	吴忠祥	男	三九	北平	副教授	中国经济史		
	王成组	男	同	江苏	教授	中国地理 西洋史学史 自然地理 经济地理		
	刘大杰	男	三八	湖南	教授	中国哲学史 中国文学史		
	王国秀	女	四八	江苏	同	西洋通史 西洋近代史		

续表

学校名称	姓名	性别	年龄	籍贯	等别及所兼职务	担任科目	著作及研究	备考
私立广东国民大学	陈高佣	男	三九	山西	同	中国通史 中国近世史 中国政治史		
	叶华	男	三六	江苏	讲师	中国通史		
	黄铁铮	男	三五	广东	兼文学院长、兼系主任	西洋文学史		
	阮雁鸣	男	三二	同	兼教育系主任	西洋教育史		
	雷通群	男	三八	同	教授	中国教育史		
	张达璟	男	六九	同	同	中国文学史		
	李军扶	男	五四	同	同	中国通史		
	林焕平	男	三一	同	讲师	西洋哲学史		
	颜虚心	男	四〇	广东	同	中国哲学史		
	伍藻池	男	三七	同	教授	中国政治思想史 西洋政治思想史		
	陈锡壮	男	三八	同	同	西洋外交史 中国外交史 西洋通史		

续表

学校名称	姓名	性别	年龄	籍贯	等别及所兼职务	担任科目	著作及研究	备考
	黄廷真	男	三七	同	同	西洋经济史 经济思想史		
	陈傅成	男	三六	同	同	中国政治史 中国外交史		
	谭步侠	男	三八	同	讲师	中国法制史		
	高橘生	男	三二	同	同	中国经济史 西洋经济史		
	阮康榜	男	三二	同	同	经济地理		
	潘世杰	男	三六	浙江	同	同		
私立齐鲁大学	钱 穆	男	四七	江苏	兼文学系主任	中国学术思想史		
	张维华	男	四〇	山东	副教授	中国通史 秦汉史		
	顾颉刚	男	四七	江苏	教授			
	周谦冲	男	四〇	湖北	教授兼国学研究所主任	西洋通史 欧洲中古史 西洋史学史		

续表

学校名称	姓名	性别	年龄	籍贯	等别及所兼职务	担任科目	著作及研究	备考
	张立志	男	四三	山东	副教授	中西历史		
	王心正	男	三四	河南	同	中国地理地理学原理		
	李树华	男	三六	山西	副教授	西洋现代史		
	罗天乐	男	五二	坎拿大	教授	历史社会		
	沈鑑	男	二八	浙江	副教授	明清史 中国近代史		
	汤吉禾	男	三九	江西	教授	中国外交史		
	陈鹤声	男		四川	讲师	经济思想史		
私立华西联合大学	韩儒林	男	三八	河南	教授	蒙元史 俄国史		
	杜奉符	男	四六	四川	同	中国文学史		
	郑德坤	男	三四	福建	教授	考古学		
	姜蕴刚	男	三八	四川	同	中国政治社会思想史 日本史		

续表

学校名称	姓名	性别	年龄	籍贯	等别及所兼职务	担任科目	著作及研究	备考
	张东荪	男			哲史系教授			
	蒙文通	男		四川	同	中国通史 史学方法 历史地理		
	何鲁之	男		同	同	西洋通史 希腊罗马史 西洋近世史		
	常燕生	男			同	历史哲学		
	刘黎仙	男		四川	副教授	中国近世史 中国通史		
	吴君毅	男		四川	教授	中国经济史 西洋经济史		
私立中法大学	夏德仪	男	四一	江苏	讲师	中国通史		
私立广州大学	黄毅芸	男	同	广东	教员	西洋政治思想史		
	温仲良	男	五四	广东	教员	中国近代史		

续表

学校名称	姓名	性别	年龄	籍贯	等别及所兼职务	担任科目	著作及研究	备考
	陈友琴	男	四一	同	同	经济思想史 中国经济史		
	张贤模	男	五〇	同	同	东洋史 西洋近代史		
	伍乃慈	男	四二	同	同	西洋政治及外交史		
	梁式文	男	三三	同	同	经济地理		
	黄梓荣	男	四三	同	同	中国政治史		
	戴葆铨	男	三五	同	同	各国外交史		
	谢祖贤	男	五八	同	同	中国通史		
	赵华圣	男	三五	同	同	西洋通史 人民地理学 史地教学法		
	梁矩章	男	三六	同	同	西洋经济史		
	陈竞	男	四〇	同	同	中国通史		
	雷华钿	男	三〇	广东	教员	西洋政治思想史		

续表

学校名称	姓名	性别	年龄	籍贯	等别及所兼职务	担任科目	著作及研究	备考
私立岭南大学	陈柏年	男	二八	广东	教员	西洋通史		
	何格恩	男	三三	番禺	讲师	中国近三百年间学术史		
	包令留	男	五二	美国	历史政治系教授兼主任	世界大战前五十年史 世界大战后美国宪法史		
	陈玉符	男	三二	澄海	副教授	中国近代外交史		
	李兆强	男	二七	新会	讲师	世界通史 革命史		
私立震旦大学	胡文炳	男	四六	上海市		中国法制史		
	乐患知	男	四〇	河南		历史		
	韩佰礼	男	三九	法国		经济地理		
	戴安乐	男		法国		历史		
	申宗柴	男	三七	法国		经济学史		

续表

学校名称	姓名	性别	年龄	籍贯	等别及所兼职务	担任科目	著作及研究	备考
	才招梦	男	四六	同		外交史		
	薛丰龙	男	三五	福建		地质学		
	刘季高	男	三八	河南		中国史		
国立中央大学	俞大缜	女	三六	绍兴山阴	专任教授	英国文学史		
	胡光炜	男	五五	浙江嘉兴	教授	中国文学史		
	沈刚伯	男	四六	湖北宜昌	同	希腊罗马史 西洋通史		
	张贵永	男	三四	浙江鄞县	同	西洋近世史 西洋中古史 西洋史学史		
	缪凤林	男	四四	浙江富阳	同	中国古史 中国通史		
	金毓黻	男	五四	辽宁辽阳	同	宋辽金制度文化史 中国文学思潮史		
	郭廷以	男	三九	河南舞阳	同	中国近世史 明史 中国现代外交史		

续表

学校名称	姓名	性别	年龄	籍贯	等别及所兼职务	担任科目	著作及研究	备考
	贺昌群	男	三九	四川马边	同	隋唐五代史 中国政治社会制度史 中国中古史		
	钟道铭	男	三六	安徽和县	同	魏晋南北朝史 印度史 西洋通史		
	罗宝珊	男	三四	河南	同	中国通史		
	方东美	男	四三	安徽桐城	同	西洋哲学史		
	宗之穤	男		江苏常熟	同	历史哲学		
	李翊灼	男	六二	江西临川	教授	印度哲学史		
	唐君毅	男	三三	四川宜宾	讲师	中国哲学史		
	何兹全	男			同	中国通史		
	李春昱	男			教授	构造地质 野外地质		
	孙鼐	男	三三	南京市	助教	工程地质学		

续表

学校名称	姓名	性别	年龄	籍贯	等别及所兼职务	担任科目	著作及研究	备考
	胡焕庸	男		江苏宜兴	教授	经济地理 区域地理研究		
	丁骕	男	二九	云南曲靖	同	地形学 地理实测		
	李旭旦	男	三二	江苏江阴	同	欧洲地理 人生地理 世界政治地理		
	徐近之	男	三七	四川江津	同	地理通论 美洲地理		
	黄正铭	男	四〇	浙江宁海	同	中国外交史		
	孟云桥	男	三七	山东章邱	同	西洋政治思想史		
	程憬	男	三九	安徽绩溪	同	中国政治史 中国政治思想史		
	孙弘	男	三九	四川江津	教授	经济思想史		
	张圣奘	男	三九	湖北江陵	同	史学通论		
	李庆远	男		山东	同	美洲地理		
	李泰华	男	三七	山东	同	西洋经济史		

中等学校史地课程教学时间表

周教学时间 \ 学年		一	二	三	四	五	六
初中	历史	2	2	2			
	地理	2	2	2			
高中	历史				2	2	2
	地理				2	2	2
一贯制	历史			2	2	3	3
	地理		2	2	2	2	
师范	历史				2	3	
	地理				2	2	
简师	历史	3	3				
	地理	3	3				

中等学校史地教学调查报告

目 录

一、绪论
  （表一）调查表之省区及学校种类之分布
  （表二）调查表之学校设立机关种类之分布
二、教师资格
  （一）概论 （二）分论学校 （三）分论省市 （四）分论史地
  （表三）中等学校史地教师资格表
三、教师履历
  （表四）教师履历表
四、史地课本
  （表五）中等历史课本之分配
  （表六）中等地理课本之分配
五、教学方式
  （表七）中等学校史地教学方式表
六、教学设备
  （表八）史地教学设备表（上）
  （表九）史地教学设备表（下）
  （表十）重要之史地参考书举例及其发现次数表
附录（略） 中等学校史地教学调查表样式一份

中等学校史地教学调查表之分析报告

一、绪论

本会于去年曾编制中等学校史地教学调查表一种,请本部各督学及视察员于视察各中等学校时,分请各校史地教员依式填写送会。一年以来,先后已收到一百五十八份,代表一百五十八校。依学校种类论,中学最多,占总数之 63%;师范次之,占 20%;职校最少,占 17%。依省市分布论,仅有闽、甘、皖、陕、宁、青、黔、川、绥、冀十省,其中闽省最多,占总数 43.6%;甘省次之,不足 25%;陕、皖二省则又次之,前者占 11.4%,后者占 7.5%;其余六省各均不足十校,合仅占总数之 12.4%。惟宁、青二省,其报告之校数虽各仅有七校,但已接近该省之中等学校总数,实际上较诸陕、皖等省报告之校数超达十余校者,几有代表全省性之价值。至川、黔、绥三省,仅有少数设立该省之国立中等学校之报告。河北则因沦陷之关系,数目较少。其他则为社会团体设立者,如中英庚款管理委员会、回教同盟会等。总观此一百五十八校,其取样性各省各类学校各设立机关间均有极大之参差,今先作一初步之分析,使明此一百五十八校史地教学之情形,将来俟材料丰富时再作有代表性全国中等学校史地教学实况之研究。

(表一)调查表之省区及学校种类之分布

省别 \ 中等学校类别 \ 数目	中学			师范			职业			总结
	初	高	合	初	高	合	初	高	合	
福建	42		5	8	2		4	6	2	69
甘肃	9	1	8	9	5		5	1	2	40
安徽	2	7			1		1		1	12
陕西	12		4	1			1			18
宁夏	2		1	2	1		1			7
青海	1		2	1		2	1			7

续 表

中等学校类别\数目\省别	中学			师范			职业			总结
	初	高	合	初	高	合	初	高	合	
贵州			1							1
四川			2							2
绥远			1							1
河北	1									1
小结	69	1	31	21	8	3	13	7	5	158
总结		101			32			25		158

(表二)调查表之学校设立机关之种类分布

设立机关\省别	福建	甘肃	安徽	陕西	宁夏	青海	贵州	四川	绥远	河北	总结
国立		7			2	1	1	2	1		14
省立	24	23	6	7	4	4					68
县立	25	5		3							33
私立	20	4	4	8						1	37
其他		1	2		1	2					6

二、教师资格

(一) 概论

在一百五十八校中,所报告之史地教员有四百五十四人,其中确系专科以上学校史地系卒业者仅六十一人,内大学及独立学院史地系卒业者五十六人,专科学校卒业者五人,合仅占总数之 13.4%。

专科以上学校非史地系卒业者(未注系者以不能确定为史地系论),即有中等学校教员资格而教非所学者,计二百九十九人,占总数之 64.75%。在此二百九十九人中,专科占三十九人,大学及独立学院占二百六十人,内有十六人系国外之大学卒业生。又在非史地系卒业生中,有攻习艺术者,有研究理化者,与史地风马牛不相及。

检定合格史地教师计八人，不足总数百分之二。其余 20% 既不合中等学校教师资格，更不合史地教师资格，内中尚未毕业者十九人；师范卒业者五十四人；其他及学校或短期训练班出身者十八人，共九十一人。

（二）分论学校

依学校类别分，在四百五十四名史地教师中，中学占三百五十人，师范占六十九人，职校占三十五人。

就中学教员论，专科以上学校史地系卒业者三十九人，占总数之 11.1%；专科以上学校非史地系卒业者二百三十一人，占总数之 66%。检定合格者八人，其余中学、师范或其他短期训练班出身者七十二人，占总数之 20%。

就师范教员论，专科以上学校史地系卒业者八人，占总数之 11.6%；非史地系卒业者四〇人，占总数 58%；其余中学、师范或短期训练班卒业者二十一人，占总数之 30.4%。

就职校教员论，专科以上学校史地系卒业者三人，占总数之 8.5%；非史地系卒业者二十二人，占总数之 60.3%；其余中学、师范及短期训练班出身者十人，占总数之 31.2%。

综观不合中等学校师资资格者，师范职校占三成，中学占二成。合中学教师资格而不合史地教师资格者，师范职校均在六成上下。中学则近七成。合中等学校史地教师资格者，中学、师范均仅比一成稍多，职校则不足一成。

（三）分论省市

依省别论，在已送到之四百五十四名史地教师调查表中，福建占二百二十六人，甘肃占八十九人，安徽占三十四人，陕西占四十三人，宁夏占十四人，青海占十九人，其余川、冀、黔、绥四省共占二十九人。

福建省二百二十六人中，专科以上学校史地系卒业生二十二人，占总数之 10%；非史地系之专科以上学校卒业生一百五十六人，占总数之 69%；检定合格者七人，占总数 3%；其余中学、师范及短期训练班卒业者四十一人，占总数之 18%。

甘肃省八十九人中，专科以上学校史地系卒业生十三人，占总数之 14%；非史地系之专科以上学校卒业生四十五人，占总数之 50%；其余师范、职校及短期训练班卒业生三十一人,占总数之 35%。

安徽省三十四人中,专科以上学校史地系卒业生六人,占总数之 17.6%;非史地系之专科以上学校卒业生二十六人,占总数之 76.4%;其余中学、师范及短期训练班卒业生二人,占总数之 6%。

陕西省四十三人中,专科以上学校史地系卒业者八人,占总数之 18.5%;非史地系之专科以上学校卒业生三十三人,占总数之 76.7%;其他师范卒业者二人,占总数之 4.8%。

宁夏省一十四人中,专科以上学校史地系卒业者二人,占总数之 15.3%;非史地系专科以上学校卒业生十二人,占总数之 84.7%。

青海省一十九人中,专科以上学校史地系卒业者一人,占总数之 5.2%;非史地系卒业之专科以上学校卒业生五人,占总数之 26.3%;其余中学、师范卒业者十三人,占总数之 68.5%。

川、冀、黔、绥四省二十九人中,专科以上学校史地系卒业者九人,占总数之 31%;非史地系之专科以上学校卒业生五十七人,占总数之 58.6%;其余师范卒业者三人,占总数之 10.4%。

总观:

1. 符合中等学校史地教员资格者,就已送到之调查表而论,似以川、冀、黔、绥四省最高,占 31%;陕西省次之,占 18.5%;安徽省又次之,占 17.6%;至宁夏省占 15.3%,甘肃省占 14.6%,均在百分之十五左右;福建省仅占 10%(合检定者 3%,不过 13%);青海省最低,竟至占 5%。

2. 仅符合中等学校一般师资资格者,宁夏(84.7%)最高,占八成以上;陕西(76.7%)、安徽(76.4%)二省次之,占七成以上;闽省则近七成(69%),川、黔、绥、冀(58.6%)与甘肃省五成以上(50%);青海最低,不过三成(26.3%)。

3. 不合格者,宁夏尚无;青海最多,占总数之 68.5%,占三分之二;甘肃次之,占总数之 35.4%,占三分之一;闽省占 18%;川黔冀绥占 10.4%,约在一二成间;安徽占 6%;陕西最少,占 4.8%。

(四) 分论史地

就史地教师分科而论,四百五十四人中,兼教史地之教师一七九人,专教历史之教师一五九人,专教地理之教师一一六人。①

---

① 下文转表格后第 306 页。

(表三) 中等学校史地教师资格表

省市	学校类别 资格		中学 合			中学 初中			中学 高中			中学 小计	师范 初			师范 高			师范 小计	职业学校 初			职业学校 高			职业学校 小计	总计
			史地	地	史	史地	地	史	史地	地	史		史地	地	史	史地	地	史		史地	地	史	史地	地	史		
福建省	大学	史地系	5	1	1	7	1	2	1		1	13	1		1	2		1	5								18
		未注系	2	2	1	8	9	11	1	1		33	2	1	2	1		2	5		2	1	1		1	3	41
		其他系	5	2	2	21	12	20	1		2	63	4			4	2	3	13		1	1	2		1	5	81
		国外者	2			2	1	1	2			8												1		1	9
	专科	史地系		1		3						3			1				1								4
		其他系				5	5	10				20	1					1	2			1			1	3	25
	中学		1	1		3	3	3				10	1						1								11
	师范			2	1	6	2	7				15			1				1		2					2	18
	检定		2	1		2	1	1				7															7
	短期训练		1			2	1	1				1	3	2	2				7								8
	其他		1			2	1					4															4
	小计		7	7	5	59	35	55	5	4	4	177	11	3	7	5	4	4	34	3	3	3	5	1	3	15	226

续 表

| 省市 | 学校类别 | 资格 | 合计 |||| 中学 ||||||| 师范 ||||||| 职业学校 ||||||| 总计 |
			史地	地	史	初史地	初地	初史	高史地	高地	高史	小计	初史地	初地	初史	高史地	高地	高史	小计	初史地	初地	初史	高史地	高地	高史	小计	
甘肃省	大学	史地系	2	2	1	2	1	1	1			10	1		1		1		2				1			1	13
		未注系	1	2	2	2	1	3				11	5	1	1		1		6		2		1			3	20
		其他系				5	1	1	1			7				1	1		2				1			3	12
		国外者			1								1	1					1								3
	专科	史地系																									
		其他系				2	2	1		1	1	5	1	1	1	1	1		4		1		1			1	10
	中学					1	3	3			1	4								1		1				2	6
	师范		1			5	3	3			1	14	2	1	2	1	1	1	7	1	1	1	1			2	23
	检定																										
	短期训练																										
	其他					1		1				2															2
	小计		4	5	4	18	7	13	2	2	2	55	10	3	4	3	4	2	22	1	3	4	4			12	89

续　表

省市	资格		中学									师范							职业学校							总计
		合			初			高			小计	初			高			小计	初			高			小计	
		史地	地	史	史地	地	史	史地	地	史		史地	地	史	史地	地	史		史地	地	史	史地	地	史		
安徽省	大学 史地系	1	1				1				3								1						1	5
	未注系	1	2		4	4		2			15															15
	其他系			2	1	1	1				5	1						1								6
	国外者					1	1				2															2
	专科 史地系													1		1		1								1
	其他系		2	2	1		1				3															3
	中学																									1
	师范			1		1					1															1
	检定																									
	短期训练																									
	其他																									
	小计	2	3	5	7	7	2	2		2	30	1	1		1			3	1						1	34

续 表

省市	学校类别 资格	中学 合 史地	中学 合 地	中学 合 史	中学 初 史地	中学 初 地	中学 初 史	中学 高 史地	中学 高 地	中学 高 史	中学 小计	师范 初 史地	师范 初 地	师范 初 史	师范 高 史地	师范 高 地	师范 高 史	师范 小计	职业学校 初 史地	职业学校 初 地	职业学校 初 史	职业学校 高 史地	职业学校 高 地	职业学校 高 史	职业学校 小计	总计
陕西省	大学 史地系	1	1	2	1	1	2				8															8
	大学 未注系	1	4	2	5	6	6		1		25								1							26
	大学 其他系				3	1	1				5															5
	国外系									1	1															1
	专科 史地系																									
	专科 其他系						1				1															1
	中学			1							1															1
	师范			1						1	2															2
	其他																									
	小计	2	5	4	9	9	10		1	2	42								1						1	43

续 表

省市	资格	中学 合计 史地	地	史	中学 初 史地	地	史	中学 高 史地	地	史	小计	师范 初 史地	地	史	师范 高 史地	地	小计	职业 初 史地	地	史	职业 高 史地	地	小计	总计
宁夏省	大学 史地系					1	1	1		1	2													2
	大学 未注系			1	1	1				1	3			2			2		1	1			2	7
	大学 其他			2							2													4
	大学 国外者													1			1							1
	小 计			3	1	2	1	1		2	7			3			5		1	1			2	14
青海省	大学 史地系	1																		1			1	1
	未注系			1	1						1			2						1			1	3
	其他						1				1			1			1							2
	国外者																							
	中学		1	1		1		1			4	1		1			2	1					1	2
	师范		1	2	1			1			2	1	1				1	1		1			1	7
	其他				1						1			1			1							4
	小 计	1	2	2	2	1	1	1			10	3	1	1	2		5	2	1	2			4	19

续 表

学校类别		中学									师范					职业学校					总计
		合			初			高			初		高			初		高			
省市	资格	史地	地	史	史地	地	史	史地	地	史	小计	史地	地	史地	地	史	小计	史地	地	史地	地	史	小计	
川	史地系	1	1	1		1	2		2	1	9													9
冀	其他系		2	2	4	3	2	4		3	17													17
黔							1				3													3
绥	师范	1	3	3	4	4	3	4	2	4	29													29
	小计																							
总结		17	25	20	101	64	90	14	4	15	350	28	7	13	8	7	6	69	3	8	12	8	1	3	35	454

史地教师一百七十九人中,专科以上学校史地系卒业及检定者仅三〇人,占总数之16%;非史地系之专科以上学校卒业生一百一十四人,占总数之63.7%;其余不合格者三十七人,占总数之20.3%。

历史教师一百五十九人中,专科以上学校史地系卒业及检定者十九人,占总数之11.9%;非史地系专科以上学校卒业生一百十一人[①],占总数之69.12%;其余不合格者三十人,占总数之18.98%。

地理教师一百十六人中,专科以上学校史地系卒业及检定者十六人,占总数之13.3%;非史地系之专科以上学校卒业生八十二,占总数之70.6%;其余不合格者十八人,占总数之16.1%。

总观:合于史地教员资格者,兼教史地者最高,专教地理者次之,专教历史者最少,约在一二成间;合于一般中等学校教员资格者,专教地理者最多,专教历史者次之,兼教史地者最少,约在六成间;根本不合格者兼教史地最多,历史次之,地理最少,约在一二成间。

三、教师履历

在四百五十四教师中,其履历之统计不以人为单位,以次数为单位,一人履历中有两种以上经验者,其次数即为两项以上。在总次数六百二十八次数中,曾任高初中教员者三百十八次,居占半数,其他半数与史地教学之经验无直接之关系。详细分配参见下表。

(表四)中等学校史地教师履历表

曾任职务	人数	曾任职务	人数
小学教员	22	小学校长	29
初中教员	203	初中校长	28
高中教员	16	高中校长	1
师范教员	107	师范校长	9
职校教员	11	职校校长	1
专科学校教员	19	大学助教	2
讲师教授	5	行政机关职员	64
文化机关职员	10	实业界	2

---

① "一百十一人",疑当为"一百一十人"。

总数六二八次,一人有二科以上经历者从其次数。

四、史地课本

中等学校史地课本情形,以中学论,初中本国历史部分在统计一百二十次中,商务吕思勉著者销行最广,占六十三次。其次则为中华姚绍华著者,占二十六次。正中应九功著者又次之,占十一次。其余约不足十次耳。以分布论,吕本集中于福建,占该省总次数之 86.5%。姚本较为平均分布而较集中于甘、皖二省,各均占该省总数之五成以上。应本则因正中与内地之关系,较集中于西北边陲如绥、青、宁诸省。

初中外国历史,以开明傅彬然著者销行最广,占总次数七十二次中之三十七次,居半数以上。其次则为中华卢文迪著者,占十八次。商务何炳松著者又次之,占十一次。其余均微不足道。故初中外国历史课本之选择,较初中本国历史课本为集中。以分布论,傅本集中于福建省,卢本、何本则较为普遍耳。

高中本国历史在统计三十九次中,商务吕思勉著者销行最广,占十三次。中华金兆梓著者次之,占十次。世界余逊著者又次之,占九次。正中罗香林著者最小,占七次。惟四书之参差性极微,成势均力敌之势。以分布论,吕本较平均分布而集中于安徽,余本、金本各平分福建之秋色,罗本则较集中于甘肃及绥、青、宁诸后方各省。

高中外国历史在统计二十一次中,以中华金兆梓著者销行最广,占十次。商务何松炳著者次之,占六次。正中耿淡如著者又次之,占四次。以分布论,金本集中福建,何本集中安徽,耿本则甘肃较多耳。又高中中外历史课本之选择,又较高中者有集中性。

初中本国地理在总计一百十一次中,以中华葛绥成著者占绝对之优势,共八十二次。商务傅角今著者次之,占十六次。正中王益崖著者又次之,占六次。以分布论,葛本集中福建,傅本较为平均,王本则集中后方陕西及绥、宁、青等省。

初中外国地理在统计六十九次中,亦以中华葛绥成著者占绝对之优势,共占六十次。其次则为商务苏继顾著者,为八次。以分布论,葛本集中福建,苏本以陕西、绥、青、宁、川、黔、冀诸省较为普遍。又其课本选择较之本国地理更有集中之趋势。

高中本国地理在统计三十三次中,仍以中华葛绥成著者为最普遍,共占十七次,居半数以上。商务王成组著者十三次,次之。其次则为张其昀著者,占二次。闽、甘、皖多葛本,其余则多王本,张本之分布无规律。

高中外国地理在统计二十五次中,以世界盛叙功著者为最普遍,共占十二次,近半数矣。商务苏继顾著者次之,占六次。中华丁绍桓著者又次之,占五次。以分布论,盛本集中福建,苏本尤较丁本分布富散漫性。

自然地理则以正中王益崖著者较为普遍,占总次数之六分之五。

若高初中外史地课本综合观之,在总次数四百九十七次中,中华者最多,二百三十一次,占总数之 46.4%,商务次之,一百五十二次,占总数之 30.5%。二者共占总数之 76.9%。故中华与商务占史地课本上之绝对控制地位。其次开明,占四十次,世界占三十一次,正中占三十次,钟山占三次,合不过占总数之 23.1%(共一〇四次)。

就历史论,在总次数二百五十二次中,商务者一百〇五次,占总数之 41.6%。中华者六十六次,占总数之 26.1%。开明三十七次,占总数之 14.6%。正中者二十八次,占总数之 10.2%。世界者十八次,占总数之 7.5%。

就地理论,在总次数二四五次中,中华者一百六十五,占总次数之 67.3%。商务者四十七次,占总数之 19.1%。正中十四次,占总数之 5.7%。世界者十三次,占总数之 5.5%。开明、钟山各占三次,共占总数之 2.4%。

故中华执地理课本之牛耳,商务执历史课本之牛耳。

惟次数最多之教本不尽为最优良之教本,盖或以印刷关系,或以交通关系,课本选择常无自动性。

(表五) 中学历史课本之分配

等级	中外	书名	省别次数	福建	甘肃	安徽	陕西	绥青宁	川黔冀				总结
初中	本国	中华 郑昶		1									1
		商务 吕思勉		59	1	1	2						63
		中华 姚绍华		6	7	5	8						26
		商务 傅伟平		1	1	2		2	1				7
		世界 蔡丏因		2	2		3	0	0				7
		正中 郑昶			3		3	4	1				11
		商务 周予同					5						5
		小 计		68	15	8	21	6	2				120
	外国	中华 卢文迪		9	3	2	3	1					18
		开明 傅彬然		34		1	2						37
		中华 郑昶		1									1
		商务 何炳松		1	2	3	3	1	1				11
		赵心人			1								1
		小 计		45	7	6	8	4	2				72①
高中	本国	正中 罗香林			2		1	2	2				7
		世界 余逊		9									9
		中华 金兆梓		9	1								10
		商务 吕思勉		2	2	5	2	1	1				13
		小 计		20	5	5	3	3	3				39
高中	外国	中华 金兆梓		8	1			1					10
		商务 何炳松		1		3		1	1				6
		正中 耿淡如			2	1		1					4
		正中 陈祖源			1								1
		小 计		9	4	4	1	1	2				21
		总 结		142	31	23	33	14	9				252

① 初中外国史统计数据有缺,以 72 次总数计,各省相加仅 68 次,尚缺 4 次。从表中小计看,可知安徽缺 1,绥宁青缺 2,川黔冀缺 1。

（表六）中学地理课本之分配

等级	中外	书名	次数 省别	福建	甘肃	安徽	陕西	绥青宁	川黔冀				总结
初中	本国	中华 葛绥成		59	12	6	4		1				82
		商务 王成组		1									1
		商务 傅角今		1	5	2	4	2	2				16
		中华 俞易晋			1								1
		正中 王益崖					3	3					6
		开明 傅彬然					3						3
		商务 余俊生						2					2
		小　计		61	18	8	14	7	3				111
	外国	中华 葛绥成		45	8	5	1		1				60
		商务 苏继顾		1		1	3	2	1				8
		商务 余俊生					1						1
		小　计		46	8	6	5	2	2				69
高中	本国	中华 葛绥成		12	3	2							17
		商务 王成组		1	2	2	4	2	2				13
		钟山 张其昀			1		1						2
		世界 张省三						1					1
		小　计		13	6	4	4	3	3				33
	外国	世界 盛叙功											〔12〕①
		商务 苏继顾		1		2	1	1	1				6
		中华 丁绍桓											〔5〕②
		正中 王益崖			1		1						2
		小　计		11	6	3	2	1	2				25
	自然地理	正中 王益崖		6									6
		钟山 张其昀						1					1
	总　结			137	38	21	25	13	11				245

①② 此两处数字，据表前说明文字补，但不能确知其教材具体行于哪一省。

五、教学方法

教学种类可分十二类，中以：(一)注重直观教学、利用图表者最普遍，共达一一四次，总占次数五四四次之五分之一。惟此项有赖教学之设备，查各学校史地教学设备多不完善，颇影响此类教学之效果。(二)参观、野外实习、搜集乡土教材资料者次之，占一〇〇次，不足总次数之五分之一，或为假期旅行，或为定期参观。(三)次为作练习题及绘制图表模型，占七〇次，不足总次数之八分之一。(四)次为演讲笔记大纲，共陆拾四次，占总次数之九分之一。(五)次为课外演讲、作史地之宣传，共五四次，占总次数十分之一。此项演讲或由各人讲师担任，或由学生轮流担任，或为定期，或不定期，或在课内，或在课外集会。(六)次为指定课外读物及参考书作为补充教材，共四五次，占总次数百分之八。惟此亦赖于史地教学之设备而完成其教学效果。(七)次为注重时事教学，或在课内作时事联络之教学，或在课外作时事问题之讨论，按期规定阅报进度，举行时事测验，其法颇为良善(共四十四次，亦占总次数之百分之八)。(八)注重自发活动问题研究，以兴趣为中心，启发辅导共三三次，占总次数百分之六。以上八类教学种类，已占总次数百分之九十以上。其余四类：(一)课外史地研究组织，(二)注重他科联络，(三)注重遗教，(四)注重考试。合尚不足总次数百分之十耳。

至在第八类教学种类下所用教学方法，约大别之，共有九种，以问题法与演讲法最多，启发式、自学辅导法次之，至表演法、旅行法、注入式、社会化教学法与直观法则微乎其微矣。

学生对于史地教学兴趣，凡填注者均称尚有兴趣，亦仅有对史地某科或某科中某科内容富有兴趣，故兴趣不但为教法问题，且为教材问题。

（表七）中等学校史地教育方式表

教学方式 \ 省别次数		福建	甘肃	安徽	陕西	宁夏	青海	川黔绥冀	备 注	总结
演讲笔记大纲		37	17	3	1	3	2	1		64
参观、野外实习、搜集资料		60	14	8	8	5	4	1		100
指定课外读物及参考书（补充教材）		26	9	3	3	2	2			45
注重实物教学、利用图表之类教具		57	27	7	8	7	6	2		114
注重自发活动问题兴趣中心启发辅导		18	3	2	6	3	1			33
注重劳作之义，制图练习、制表模型		47	13	2	3	4	1			70
课外演讲，史地、宣传方面		40	6	2	2		2	2		54
注重时事联络、时事研究、阅报、时事讨论、时事测验		32	4	3	2			3		44
课外史地研究组织		5	2		1		1			9
注重他科联络运用		2	2			1				5
注重考试		1								1
注重三民主义、民族主义遗教、边疆开发			1					4		5
教学方式	1.问题法	8	3	2	1	2			自学辅导室	16
	2.预习法	1	1		2					4
	3.启发法	3	1							4
	4.演讲法	3	4	2		2	1	3		15

续　表

教学方式 \ 省别 次数		福建	甘肃	安徽	陕西	宁夏	青海	川黔绥冀	备　注	总结
教学方式	5. 表演法	1								1
	6. 旅行法		1							1
	7. 注入式		1							1
	8. 社会化			1					辩论会	1
	9. 直观法	1								1
小　　计		17	11	5	3	4	1	3		44
总　　结		325	98	30	34	25	19	13		544

六、史地教学设备

史地教学设备有参考书、挂图、图表、照片、影片、画片、模型、仪器、画像、标本数种，在仅有极少数具体之数字报告中，就参考书而论，在一五八校中，史地之参考书在五百册以上者仅二校，千册以上者仅一校，二千册以上者更仅有一校矣。有五〇校均在五百册下，有三十三校在一百册以下，有二十余校在五十册以下，极端比为一千分之一二。就挂图图表论，三十五校有三十三校不出一百幅，二十五校不出五十余幅，六校不出十幅，其极端比约为百分之一。就画片、照片、影片、名人画像论，仅有七校报告，四校在一百张以上。就模型论，仅有二十二校不出一两具地球仪之类仪器。就仪器论，五校报告，四校不出五件。就标本论，四校数字不出百件。又参考书属历史者，其最高数多属于地理者，但挂图等属地理者其最高数多于属历史者。

兹将仅有各校所开参考书之书名表列如下，以资参考。总之，史地教学设备似有待于积极扩充，先须草拟中等学校史地设备标准，再定分年补充。计划前项标准，可由会设计之。

（表八）史地教学设备表（上）

册、幅、张数 / 次数	参考书			挂图与图表			画片、照片、影片	模型	仪器	标本	参考书及挂图	名人像	其他
	史地	史	地	史地	史	地							
1—5	2			4				22	4				
5—10	5	1	1	2		2							
10—20	5	1	3	6	2	1		1					
20—30	4				1	1	1			1			
30—40	1	1	4	7				1					
40—50	5			1		1							
50—60	7		1	4	2					1	1		
60—70	2												
70—80	1			2									
80—90	1		1	1						1			
90—100	1			1			2			1			
100—110	3	2	1		1								
110—120	3												
120—130													
130—140	1												
140—150				1		1							
150—160	1										1		
160—170	1												
170—180													
180—190													
190—200	1			1		1							
200—210													
210—220													
220—230			1										
230—240	2				1								
240—250		1								1			
250—260	1												

续　表

次数 册、幅、张数	种类	参考书		挂图与图表			画片、照片、影片	模型	仪器	标本	参考书及挂图	名人像	其他
		史地	史	地	史地	史	地							
260—270														
270—280														
280—290		1												
290—300		2												
300—310		2												
310—320														
320—330		1												
330—340														
340—350														
350—360														
360—370														
370—380														
380—390														
390—400		1												
400—410				1										
410—420														
420—430														
430—440		1												
440—450														
450—460														
460—470														
470—480														
480—490														
490—500		2												
500—510		1												

（表九）史地教学设备表（下）

次数 册、幅、张数 \ 种类	参考书			挂图			画片、照片、影片	模型	仪器	标本	参考书及挂图等	其他
	史地	史	地	史地	史	地						
510—520												
520—530												
530—540												
540—550												
550—560												
560—570												
570—580												
580—590												
590—600												
600—610												
610—620												
620—630												
630—640												
640—650												
650—660												
660—675												
670—680												
680—690												
690—700												
700—710												
710—720												
720—730												
730—740												
740—750												
750—760												
760—770												
770—780												

续 表

种类 次数 册、幅、张数	参考书			挂 图			画片、照片、影片	模型	仪器	标本	参考书及挂图等	其他
	史地	史	地	史地	史	地						
780—790												
790—800												
800—810	1											
810—820												
820—830												
830—840												
840—850												
850—860												
860—870												
870—880												
880—890												
890—900												
900—910												
910—920												
920—930												
930—940												
940—950												
950—960												
960—970												
970—980												
980—990		1										
990—1000												
1000—1000以上	1											
2000以上	1											

（表十）重要之史地参考书举例及其发现次数表

书　　名	次数	书　　名	次数	书　　名	次数
二十五史	7	资治通鉴	4	纲鉴易知录	2
中华通史	6	中华二千年史（邓之诚著）	4	中国近百年史资料（左舜生编）	2
万有文库	6	世界史纲	8	中国史	3
中国人民大辞典	2	世界人名大辞典	2	外国史（何炳松编）	2
世界文化史	3	中国通史	5	中国历史研究法	1
史通	1	十三经	1	中外人名大辞典	1
中国史话	6	中国文化史	1	〔中国〕历史研究法（梁启超著）	1
中国考古学史（卫聚贤著）	1	中国古代史	1	先秦文化史（孟世杰著）	1
中国近代史（李鼎声著）	2	四部备要	1	古史辨（顾颉刚编）	1
人类史话（王桐龄著）	1	人类文化史	1	世界史纲（梁思成译）	2
西洋史要（樊炳清译）	2	九通	1	明鉴	7
清鉴	1	新元史	1	史记	2
中国民族史（宋文炳著）	2	本国史纲（朱翊新著）	2	清史纲要（吴曾祺著）	1
世界大事记	1	唐宋元中西通商史（桑原骘藏编）	1	世界史（李泰棻著）	2
中日交通史（木宫泰彦著）	1	日本历史大纲	1	日本的历史（孙静生著）	1
日本国际现势（锺悌之著）	1	日本对华政策（越夫著）	2	中日战争与国际（夏衍著）	1
美国史	1	英国史	2	俄国简史	1
德国史	1	法国史	1	意大利史	1

续 表

书　名	次数	书　名	次数	书　名	次数
土耳其史	1	希腊史	1	西洋近百年史	2
最近十年世界大势(林希谦著)	1	西洋古代史	1	近世欧洲史	1
法国革命史	1	中国国防史略	1	不平等条约史	1
中国史表解	1	西洋史表解	1	中外历史表解	2
本国历史参考书	1	纪事本末	2	中国社会经济史纲	1
我们的史绩	1	中国社会发展史	1	中国政治思想史	1
革命纪念日史(中宣部)	1	中古欧洲史	2	世界大战史	1
国耻痛史	1	中外名人传记	1	民族运动史	1
中国外交史	1	各国政治史	1	中日文化史	1
先秦政治思想史	1	经济史	1	东洋史(王桐龄著)	2
历史教学法	1	Modern History (Hayes & Moon)	2	Concoint of Medial History (Hayes & Moon)	1
白话本国史(吕思勉著)	1	马可勃罗游记	1	中外条约汇编	1
抗战形势发展图解(金仲华著)	1	中国大事年表(刘大白著、陈庆麒编)	2	中国历代疆域沿革图(童世亨著)	14
历年分合系统年表	12	历代名人生卒年表	1	中外大事年表	2
清代通史	1	清朝全史	1	汉书	1
中外地名辞典	2	中国古今地名大辞典	3	中外地理大全	2
读史方舆纪要(顾祖禹著)	2	经济年鉴	1	申报年鉴	1
世界经济地理	2	人地学论丛	1	自然地理学	1
人生地理	2	人文地理学	1	地形学择要	1

续 表

书 名	次数	书 名	次数	书 名	次数
地球概要	1	经济地理学	1	中国地理新志（葛绥成著）	2
世界各国志	1	地图读法作法	1	世界经济地理讲话	2
地理学	1	地理学史	1	高中地理史	1
景观地理	1	生活地理	1	中国经济地理（张其昀著）	1
中国经济地理（焦敏之著）	2	实用地理学（余绍忭著）	1	本国地图（王振编制）	1
东北现状	1	东三省之工业（屠哲隐著）	1	华北五省经济	1
地理教学法	2	世界地名大辞典	1	亚洲史地大纲	1
东亚地理	1	中国边疆地理讲话	1	中国边疆（华企云著）	1
地理学报	1	地理教育	1	方志月刊	8
	1	袖珍列国地图	1	本国形象地图集（陈铎编制）	1
	2	中国地理沿革图（苏甲荣编绘）	2	中国新地图	2
中国分省图		世界最新形势图		世界新形势图	2
中华民国全图（《北方快览》增刊）		国耻图表		中部欧洲图	
中国抗战地理		我们的中国（曹松叶著）	1	东北地理（王华隆著）	1
日本间谍（范士白著）	1	满蒙问题（华企云著）	1	新疆问题（华企云著）	1
西藏问题（华企云著）	1	云南问题（华企云著）	1	少年史地丛书	1
世界史话	1	世界文化史纲	1	一九一四年后之世界（谢元范译）	1

续　表

书　　名	次数	书　　名	次数	书　　名	次数
六十年来中国与日本	1	国难痛史(陈觉著)	1	远东史(张立志编)	1
日本侵略东北史(陈觉著)		建国方略		伪满洲国真象(何新吾著)	1
世界新形势	1	新大陆(苏尔梅蔡夫著)	1	欧洲与不列颠(非尔格林等著)	1
世界地理	1	世界文化地理(葛绥成著)	1	世界人生地理(葛绥成著)	1
地理创造家	1	亚洲内幕	1	欧洲内幕	1
阿比西尼尔与意大利		希特勒与法国	1	少年史地丛书(商务)	1
最新世界地图集		最新世界挂图	1	世界大地图	
The Oxford Press P□□□ Atlas					

中等学校史地教员名册

中等学校史地教员名册

学校	姓名	性别	年龄	籍贯	学历	经历	职务	担任学科	每周教学时数	月薪	到校年月
国立一中	张耀林		40	河北固安	北平私立燕京大学毕业	曾任保定同仁中学、青岛市立女中教务主任,邢台女师教员	历史教师兼级任导师	历史	18小时	200	廿七年五月
	王振江		41	河北完县	北平师范大学毕业	河北正定师范,天津女师教员	历史教师兼级任导师	地理	19小时	200	廿七年五月
	林梦正		35	河南商丘	日本早稻田大学毕业	曾任中学教员	历史教员	历史	8小时	80	卅年十月
国立五中	崔述周		47	河北晋县	国立武昌高师毕业	河北赵县省中教务主任	教导课主任	地理	12小时	180	廿七年五月

续表

学校	姓名	性别	年龄	籍贯	学历	经历	职务	担任学科	每周教学时数	月薪	到校年月
国立六中	刘学陂		41	河北深县	齐鲁大学史学系毕业	河北乡师史地教员	教员	史地	18小时	150	卅年八月
	谷凤池		46	山西左云	北平师大地系毕业	天津南开中学，山西进山中学，甘肃高中教员	教务注册组长兼高中部教务课主任暨导师	地理	2小时	160	卅一年二月
	祁明堂		33	山西绛(?)县	北平大学历史系毕业	山西太原五师教员	高中部导师	史地	14小时	180	廿七年五月
	陈慧庵		38	同	北平大学史地系毕业	山西太原平民中学教员	同	同	同	180	廿八年五月
	蒋赞廷		44	山东诸城	沈阳高师文史地部毕业	国立十中高中部主任	高中部教文史	同	19小时	190	卅一年二月
	张延举		31	山东禹城	国立清华大学毕业	山东德县中学史地教员	导师兼教员	同	11小时	180	廿九年八月
	万九河		34	山东惠民	北平师范大学毕业	山东省立益都师范学校专任教员	教员	史地	20小时	200	廿七年一月
	马承修		48	北平	国立武昌师范毕业	济南初中地教员	同	同	10小时	100	卅一年三月

续 表

学校	姓名	性别	年龄	籍贯	学历	经历	职务	担任学科	每周教学时数	月薪	到校年月
	崔丹亭		39	山东临邑	山东省立	山东省立桓台中学,济宁中学,训育主任为公民教员	导师兼教员	地理	13小时	160	廿八年四月
	张培伦		48	山东博山	北平师范大学毕业	山东省立四师及济南中学教员	教员	史地	22小时	170	廿九年八月
	马克先		48	北平	武昌高师史地系毕业	山东省立一中史地教员	导师	同	16小时	170	卅一年三月
	林丕经		32	山东潍县	武昌大学史学系毕业	广西柳州中学史地教员	同	同	同	170	廿八年四月
国立七中	张步武		48	山西临晋	国立北京大学毕业	山西省立国民师范学校教员	高中教员	历史	14小时	180	廿七年六月
	荣若绅		29	山西桓台	北平师范大学毕业	国立西北师范学院助教	同	地理	14小时	119	卅年十月
	董炽昌		46	山西平陆	日本东京大学毕业	山西省立运城中学教员	教学课主任	史地	12小时	180	廿七年五月
	刘学圣		54	山西浑源	山西大学毕业	山西浑源中学教员	初中导师	地理	10小时	120	廿七年五月
	陈士选		35	山西临晋	私立北平中国学院毕业	山西私立运城明日中学教员	初中教员	历史	18小时	160	廿七年六月

续表

学校	姓名	性别	年龄	籍贯	学历	经历	职务	担任学科	每周教学时数	月薪	到校年月
国立八中	王江		27	山西曲沃	国立西北大学毕业		初中教员	地理	4小时	26	卅年八月
	陶梦安		36	安徽舒城	中央大学法学院毕业	安徽省立二中、安庆女中及本校高二部训育主任及史地教员	教员兼级任导师	历史	20小时	240	廿九年八月
	高列彭		35	安徽芜湖	大夏大学史地系毕业	安徽省立芜中、芜关中学、务实女中等校史地教员	同	地理	20小时	240	廿七年九月
	刘云涛		45	安徽霍邱	武昌师范大学文史地部毕业	安徽省立五师、五中等校史地教员	教员	历史	20小时	200	廿九年八月
	盛福圭		33	山东清平	北平师大地理系毕业	威海卫公立中学、国立三中等校地理教员	同	地理	18小时	180	廿九年二月
	谢瑞若		38	安徽霍邱	大夏大学毕业	安徽省立一中、六中教员，南京两广中学教导主任、宁夏教厅视察、安徽霍邱初中校长	教员兼导师	西史地	18小时	220	卅年八月

续 表

学校	姓名	性别	年龄	籍贯	学历	经历	职务	担任学科	每周教学时数	月薪	到校年月
	罗秀荷	女	34	安徽庐江	国立中央大学毕业	安徽省立三女中、凤阳师范、庐州师范教员	教员	历史	10小时	100	廿八年八月
	傅炳瑜	女	31	安徽滁县	安徽大学毕业	安徽省立滁州中学史地教员兼女生指导	训导副主任兼教员	史地	10小时	220	廿八年八月
	杨钧元		34	安徽巢县	安徽大学毕业	安徽省立徽州中学一临中教员,本校女高部教员、导师主任	教员兼导师	地理	10小时	140	卅一年二月
	张仲伟		31	安徽巢县	安徽大学毕业	曾任本校师范部、湖南省立所里师范学校教员	教员兼导师	地理	4小时	80	卅一年二月
	范剑奇		39	安徽合肥	安徽省立第六师范毕业	安徽省立六师附小、六中实小庐师附小学校教员(临中事务员)	教员兼事务主任	史地	6小时	172.5	廿七年八月
	王维升		49	同	国立北京高等师范史地部毕业	安徽省立一女师、八中女中、一女中、安庆女中、庐女师、庐中一临时中学史地教员	教员兼导师	史地	18小时	197.5	廿七年八月

续 表

学校	姓名	性别	年龄	籍贯	学历	经历	职务	担任学科	每周教学时数	月薪	到校年月
	朱希圣(?)		47	安徽舒城	安徽省立第一师范本科毕业	安徽省立三临中级本校初中第一部教员兼教导主任	事务主任	历史	9小时	198	廿七年八月
	刘潜廷		35	安徽庐江	国立武汉大学史学系毕业	安徽省立宣城初中地理教员及安庆初中及本校高中第三部、初中第一部史地教员兼导师	导师	史地	18小时	198	廿七年八月
	龚积慈		48	安徽合肥	国立北京大学毕业	芜中、三职、甲商、五中等校教员、本部教导主任	训导主任	地理	9小时	198	廿七八月
	柳之口		31	安徽凤阳	中央大学法学系毕业	安徽省立、县立中学国文教员兼导师、本校初中地三部教员、训导副主任兼导师	导师	历史	16小时	180	廿八年五月
	吴口周		34	江苏镇江	安徽大学法学经济系毕业	安徽女中、奎文中学教员、湖南屯区小学教员兼教导主任	训导副主任兼导师	地理	5小时	198	卅一年二月

续　表

学校	姓名	性别	年龄	籍贯	学历	经历	职务	担任学科	每周教学时数	月薪	到校年月
国立九中	万毓璋	女	30	安徽合肥	上海大夏大学教育学院毕业	安徽省立第一临中历史教员	教员兼训导主任及导师	地理	4小时	195	廿八年八月
	龚毅存		43	安徽合肥	北京中国公学法科毕业	安徽省立一中公民史地教员	教员	史地	17小时	148.75	廿七年八月
	宋鸿山		41	安徽怀远	上海持志大学政治系毕业	安徽蚌埠汇淮中学国文教员	教员	历史	16小时	140	廿八年十月
	刘宁秀	女	26	安徽合肥	齐鲁大学毕业		教员兼导师即训育员	史地	9小时	198.25	廿九年十月
	吴锡生		39	安徽舒城	中央大学教育系毕业	安徽省各中小学校主任教员	教务处主任	地理	8小时	260	廿七年九月
	高治民		32	湖北大冶	大夏大学文学院毕业	安徽无为等县中学教员	教务组长	地理	6小时	180	廿七年九月
	项英杰		29	安徽和县	武汉大学文学士	国立十四中学专任教员	教员	历史	17小时	160	卅年十一月
	夏文炳		27		复旦大学毕业		同	地理	12小时	96	卅年二月
	何之瑜		45	湖南安乡	北京大学毕业	汉口博学、白沙聚奎中学教员	同	历史	12小时	136	卅年八月

续　表

学校	姓名	性别	年龄	籍贯	学历	经历	职务	担任学科	每周教学时数	月薪	到校年月
	张耀祖		35	江苏金坛	吴淞中国公学毕业	第一中山中学班教员	同	首席史地	16小时	220	廿九年八月
	郭慎侯		32	安徽怀宁	安徽大学毕业	安徽各中学教员，九江中学教导主任	同	同	8小时	72	卅年八月
	雷云峰		39	安徽合肥	大夏大学毕业	安徽一中教员兼导师	同	同	18小时	190	廿七年八月
	孙功炎		39	浙江海宁	新华艺专毕业	中央研究院职员	教员	历史	18小时	198	廿八年十月
	吴允中		36	安徽合肥	金陵大学毕业	徐州中学教员，本校教务课主任	同	同	10小时	134	卅年十月
	杨俊元		30	安徽合肥	安徽大学毕业	安庆中学专任教员	教导课主任	同	5小时	200	廿七年十月
	郭宝森		26	安徽合肥	中央训练团童子军教导人员训练班毕业	合肥县立体育场长	教员	同	7小时	109	卅年八月
	马伸铎		29	安徽巢县	四川大学毕业		同	地理	18小时	146	廿九年八月
	王尧		29	安徽滁县	安徽大学毕业		同	同	4小时	28	卅年一月
	史锺英	女	39	安徽桐城	北平女师毕业	安徽艺专教员	历史	10小时	80	廿七年十月
	曹昌期		34	安徽舒城	安徽大学毕业	安徽乡村师范教员	同	地理	10小时	150	卅年二月

续表

学校	姓名	性别	年龄	籍贯	学历	经历	职务	担任学科	每周教学时数	月薪	到校年月
国立十中	晁敬孚		48	河南濮阳	北平大学政经系毕业	河南大学注册课员,泌阳县立师范校长	训导处主任	历史	6小时	250	廿八年二月
	刘国藩		38	河南安阳	河南大学史学系毕业	河大附高中教导主任,焦作工学院特约教员,河南博物馆特约专门委员,河南通志馆特约助修	高中第二部主任	历史	6小时	250	卅一年三月
	袁郁文		38	河南延津	河南大学文史系毕业	河南附现代中学教导主任	初中部主任	历史	4小时	250	廿八年四月
	禹金声		31	河南汜水	河南大学史学系毕业	河南私立现代中学教导主任兼教员	教员	地理	24小时	200	廿八年三月
	田蓝田		37	江苏砀山	上海持志大学经济系毕业	砀山,商丘,金乡师范校长,教员等职	同	文史	18小时	132	廿九年四月
	陆会川		37	山东临清	山东大学国文系毕业	山东省立聊城师范教员及临清中学教员	导师教员	同	19小时	159	卅年八月
	韩福祥		29	河南荥阳	河南省立第一高级师范毕业	河南郾城,考城县立中学教员	教员	史地	20	146	廿七年十二月

续 表

学 校	姓 名	性别	年龄	籍 贯	学 历	经 历	职 务	担任学科	每周教学时数	月薪	到校年月
国立十二中	刘景尧		26	河南汜水	北京大学史学系毕业	河南汜水县立中学教员	导师教员	同	26小时	200	廿八年三月
	陈绳其		36	湖北武昌	武昌中华大学教育系毕业	湖北省立四中、宜昌中学训育主任、巴东初中教员	训育组组长	地理	6小时	180	廿九年二月
	石潭龙		40	湖北大冶	武昌中华大学国文系毕业	湖北省立中等学校教职员	教务课主任	地理	6小时	200	卅年二月
	高扬勋		46	湖北当阳	国立武昌高师史地系毕业	四川、湖北、贵州等省中学教员	训导课主任	同	10小时	200	廿九年八月
	熊子功		40	湖北松滋	湖北省公立法政专门学校毕业	湖北省立、县立中学教员	导师	历史	8小时	180	廿九年十二月
	华 润		31	贵州遵义	大夏大学毕业	贵州省立高中、私立导文中学、湖北巴中高三分校教员	导师	地理	10小时	150	廿八年十月
	巩树械		38	山东濮县	国立北京大学毕业	国立六中、江北志达中学教员	专任教员	历史	18小时	180	卅年十二月

续表

学校	姓名	性别	年龄	籍贯	学历	经历	职务	担任学科	每周教学时数	月薪	到校年月
	蔡步青		43	湖北黄陂	武昌中华大学毕业	湖北教育厅督学及湖北省公私立学校教员	兼任教员	同	4小时	90	廿八年九月
	萧仁瑞		36	湖北襄阳	中华大学政经系毕业	中华附中、巴东初中分校教员及私立三楚中学校长	初中部主任	同	4小时	240	廿八年七月
	刘群		30	湖北武昌	武昌中华大学毕业	武昌端本女中教员、川东中学女子部主任	导师	同	4小时	150	卅一年二月
	胡文洽		35	湖北广济	中华大学外文系毕业	广济县中教导主任、武昌博文、汉口商职等校教员	导师	地理	10小时	130	卅一年三月
	陈祖英		51	湖北江陵	湖南法政学校毕业	厦门道尹公署教育科长、荆南中学、沙市职业学校国文教员	专任教员	历史	11小时	150	廿八年十一月
	华绍先		34	湖北应城	中华大学毕业	湖北党部干事、省政府视察及中央警校战训组长	兼任教员	地理	4小时	80	廿八年八月
	黄在襄	女	31	湖北钟祥	中华大学毕业	湖北省一女中会务指导、恩施女高、巴东女高、四女高教员	干事	地理	4小时	120	卅一年二月

续 表

学校	姓名	性别	年龄	籍贯	学历	经历	职务	担任学科	每周教学时数	月薪	到校年月
国立十三中	王国铨		37	江西崇仁	北京大学文学士暨研究院研究员	江西省立一中、三女中,九江女师高中部主任.级任导师兼教员	教务处主任兼教学组组长及高三上乙组导师	历史	8小时	260	廿九年二月
	周荀之		36	江西萍乡	国立清华大学毕业	萍乡中学教务主任,省立第一中学高中师范科主任,省立临川中学校训育主任	训导主任兼训导组组长及高二下导师	同	11小时	260	卅一年六月
	张泽		34	江西万年	武汉大学史学系毕业	萍乡县立中学教员兼学生部主任	高二上导师	历史	12小时	200	廿九年二月
	马巨贤		28	江西九江	武汉大学文学系毕业	私立光华中学史地教员	导师	地理	16小时	200	廿九年二月
	黎国昌		35	江西吉水	武汉大学文学系毕业	吉安中学高中国文教员兼导师	同	历史	13小时	200	卅年八月
	龚仕兴		44	江西上饶	北京大学国文系毕业	江西省立第六中学、上饶中学、私立章贡中学教员及教务主任导师	教员	历史	18	160	卅年四月

续表

学校	姓名	性别	年龄	籍贯	学历	经历	职务	担任学科	每周教学时数	月薪	到校年月
国立十五中	邱彬		43	江西	私立北京中国大学文学士	江西省立第二师范、私立振民中学等教员及教务主任	同	同	19小时	160	卅年四月
	蔡君令		25	江西九江	武汉大学毕业	江西省立商职教员	教员	史地	22小时	180	卅一年二月
	高汝焕		32	江西宜春	上海私立大同大学毕业	私立心远中学国文、历史教员	导师	历史	14小时	160	廿八年一月
	胡林孙		42	江西	北京大学文科毕业	江西省立上饶中学第六中学国文及教员	教员	同	18	150	廿九年八月
	江国援		28	江西上饶	国立清华大学毕业	浙江气象台主任、省立一中地理教员	教员	地理	20小时	150	廿九年二月
	欧阳师		29	湖南衡阳	庐山暑期训练团第一期毕业	重庆市私立人中学教导主任	教务主任	历史	8小时	260	卅年八月
	关文溥		29	浙江	中华大学毕业		教员	同	12小时	160	卅一年二月
	王国安		30	辽宁	东北大学毕业	第四中山中学班史地教员	同	地理	12小时	160	同
	宋子开		39	安徽	北平大学艺术学院毕业	第四服务团中山中学史地教员	同	同	12小时	140	同

续表

学校	姓名	性别	年龄	籍贯	学历	经历	职务	担任学科	每周教学时数	月薪	到校年月
国立十六中	张鸿寿		32	河北保定	师范大学史地系毕业	青岛市立女中史地教员	同	同	12小时	140	卅一年三月
	王铃		26	江苏	中央大学文学系毕业		史地教员	史地	14小时	140	卅一年二月
	邵瑞珍	女	25	江苏昆山	国立浙江大学教育系毕业	浙大教育系助教，乐山青年会学校国文历史教员	兼级任导师组导师	历史	18小时	177.12	卅年八月
	朱晓嶂		44	山东平原	山西大学文科毕业	山东省立中学师范教育，教育部特设中山中学班教员	同	地理	18小时	177.12	同
	万载芳		37	江西九江	上海光华大学教育学士	上海光华中学教员，江西德安县政府第三科科长，四川省第三区国民教育师资训练班首席导师	导师	历史	18小时	175.2	卅年八月
	于隆业		34	安徽滁县	中央大学地理系毕业	安徽省立芜湖女中学校地理教员	导师	地理	18小时	175.2	卅年八月
	孙德陶		34	江苏江都	北平中国大学毕业	扬州中学教员，第六中山中学班历史教员	教员	历史	22小时	161.04	同

续　表

学校	姓名	性别	年龄	籍贯	学历	经历	职务	担任学科	每周教学时数	月薪	到校年月
	杨世海		35	同	国立暨南大学毕业	暨南大学文学院助教,第六中山中学地理教员	同	地理	同	同	同
	魏　俊		35	四川	成都大学卒业	天府中学教员	同	史地	18小时	180	卅一年二月
国立十七中	夏漾琬	女	47	南京	前江苏省立第一女子师范卒业	江宁市立小学、句容县立高小、望衡小学等校校长,教育部大学先修班教务员,重庆女师附小教导主任	导师	历史	12小时	160	卅年八月
	陈嗣昌		42	河北清苑	燕京大学历史系卒业	保定同仁中学教导主任,河北省立高中师范教务主任等职	导师	历史	10小时	160	卅年二月
	孙伯容	女	27	湖北武昌	河北省立女子师范学院史地系卒业	北平市立女一中史地教员,四川隆昌县立乡村师范国文史地教员,第四中山中学班史地教员	同	地理	14小时	160	廿八年五月

续 表

学校	姓名	性别	年龄	籍贯	学历	经历	职务	担任学科	每周教学时数	月薪	到校年月
国立十八中	郑步鸿		35	江苏益成	大夏大学高师科毕业、法学院政经系卒业	上海市立小学校长，第五中山中学班主任兼教员	教员	历史	15小时	160	卅年八月
	王啸云		32	安徽合肥	安徽大学卒业	安徽圣保罗中学，教育部中山中学班教员	同	地理	12小时	160	卅一年二月
	尹士恒		36	辽宁海城	国立东北大学教育系卒业	北平市立蒙哑学校专任教员，陕西省陕德县督学，国立东北大学专任教员等职	教学组组长	同	4小时	180	卅一年二月
	纪文达		27	辽宁铁岭	国立东北大学卒业	曾任高初中地理专任教员	设备组长	地理	4小时	180	卅一年一月
	王盛溥		32	辽宁沈阳	国立北京大学卒业	曾任山东博山中学训育主任，国立东北中学公民地理教员	公民地理教员	同	18小时	200	卅年十月
	朱子方		29	江苏丰县	国立西北大学卒业	北平私立文台中学教员，陕西西安力行中学教务主任	历史教员	历史	20小时	180	卅年十月

续表

学校	姓名	性别	年龄	籍贯	学历	经历	职务	担任学科	每周教学时数	月薪	到校年月
	刘峻瑞		33	山东菏泽	河南大学文史系毕业	山东省立临沂乡村师范、郓城乡村师范教员,河南通志馆助修	同		20小时	180	卅年十月
	谷润秋	女	29	辽宁义县	国立东北大学史地系毕业	私立国本中学地理教员	地理教员	地理	20小时	200	卅年十月
	赵泽光		27	辽宁沈阳	同	国立东北中学,四川省立三台中学教员	史地教员	史地	14小时	200	卅一年二月

国立二中三十年二学期教员表

编号	姓名	性别	年龄	籍贯	学历	毕业年月	经历	职务	担任学科	每周教学时数	月薪	专任或兼任	到校年月	备注
6	蒋立峰	男	29	江苏沛县	国立四川大学文史学系	廿九六月	曾任江苏省立徐州中学教员	高中主任及导师	公民历史	6	200	专任	廿九年九月	
9	郑相潘	男	31	福建莆田	上海大夏大学教育学院毕业	廿一年七月	曾任上海东方中学教导主任,莆田高师范、镇江中学教员等职	设备组长,教务干事			180	同	廿九年三月	

续表

编号	姓名	年龄	性别	籍贯	学历	毕业年月	经历	职务	担任学科	每周教学时数	月薪	专任或兼任	到校年月	备注
12	桂仙樵	44	男	江苏镇江	国立南京高等师范教育科,中央大学社会学系	十七年六月	苏皖各中学职教员,江苏泰兴,沛,溧阳,丹阳等县教育局长	文书组长			160	同	廿七年三月	
33	刘景崇	37	男	江苏如皋	国立中央大学文学院历史地理副系	十八年	曾任山东第六,七中学,南京钟山中学教员	级任导师	史地	14	200	同	廿九年七月	
58	陈谋琅	47	男	浙江鄞县	日本农商务省水产讲习所养殖科		曾任浙江省立水产学校校长、事业部兼任技士	水产部主任	养殖	3	260	同	廿七年五月	
59	康世诚	32	男	察哈尔省	中央政治学校教育系	廿五年四月	曾任教育科长、中校校长、总务科长、教育长等职	教导课主任兼级导师	公民历史	7	240	专任	卅年八月	
77	孙宝琳	40	男	江苏江都	国立东北大学理学院化学系	十三年七月	曾任江苏、安庆等中学教导主任,徐中初中部主任等职	初中分校校长			260	同	廿九年十一月	

续表

编号	姓名	年龄	性别	籍贯	学历	毕业年月	经历	职务	担任学科	每周教学时数	月薪	专任或兼任	到校年月	备注
85	殷漆生	39	男	江苏东台	中央大学文学系	十八年十二月	曾任南京中学教员、东台教育局长	教员	历史国文	14	150	同	卅年三月	
102	俞钰	42	女	江苏无锡	国立北平女子大学师范哲学教育系	十八年七月	曾任南开、浙江、江苏徐州女中校长，教员，三民主义青年团组长，秘书等职	女中分校校长			260	同	卅年九月	
112	冯瑞兰	31	女	安徽绩溪	暨南大学教育系	廿三年七月	曾任锺南中学、求精中学教员	教员	国文历史	10	80	同	卅年二月	
124	刘祖泽	37	男	江苏仪征	中央大学历史系	廿三年七月	曾任乐嘉群、南充、资中等中学教员	同	历史	19	190	同	同	
126	单树模	27	男	江苏萧县	中央大学理学院地理系	卅年七月		教员	地理	19	180	同	卅年八月	
144	吴合玄	31	男	安徽宣城	国立中央大学	廿三年	曾任庐江师范、国立三中、八中教员，江苏正则中等专科训育主任兼国文教员	同	公民国文历史	15	160	同	卅一年二月	

续表

编号	姓名	年龄	性别	籍贯	学历	毕业年月	经历	职务	担任学科	每周教学时数	月薪	专任或兼任	到校年月	备注
148	邵则云	26	男	江苏砀山	中央大学史学系	卅年七月	曾任綦江中学教员	级任导师	历史	14	190	同	同	
159	章仰篠	29	男	安徽滁县	中央大学理学院地理系		安徽滁县中学史地教员及级任导师，重庆建文中学教务主任	教员	地理	20	180	同	同	

国立三中三十年度第 学期教员表

编号	姓名	年龄	性别	籍贯	学历	经历	职务	担任学科	每周教学时数	月薪	专任或兼任	到校年月	党证	备注
54	刁鸿翔	31	男	山东滨县	国立清华大学历史系毕业	山东省立德县中学、山东省立济南初中等校教员		历史				廿七年四月		
98	隆长卿	35	男	四川鄞都	日本东京高等师范史地系毕业	曾任湖北省立二（中）及四川鄞都私立平都中学地理专任教员		地理				卅一年二月		
102	傅家寿	22	女	南京	复旦大学文学院史地系毕业	曾任贵州图书馆编辑主任，綦江县立中学国文算术教员		历史				卅年元月		

续 表

编号	姓名	性别	年龄	籍贯	学历	经历	职务	担任学科	每周教学时数	月薪	专任或兼任	到校年月	党证	备注
3	刘儒	男	41	河南汲县	北平演进大学教育系毕业	曾任南昌保灵女中师范科主任、河南训政学院教务主任及汾阳〔铭义〕中学教务主任、贵州教厅编辑		同				同		
61	彭义棵	男	46	湖南浏阳	雅礼大学文学系	曾任安徽省立一中、湖南雅礼中学、铜仁师范学校教员、安徽大学讲师						卅年八月		
71	涂纯	男	47	江西南昌	江西省立第二师范本科暨江西私立法政专校法律系毕业	历任国内外中小学校教员、校长共十七年		同				廿九年四月		

国立第四中学教员表

号数	姓名	性别	年龄	籍贯	最后毕业学校院系及年月	到校年月	职务	任教科目及时间	月薪	备注
24	史文明	男	31	山西五台	国立师范大学史学系毕业（廿七年七月）	廿七年四月	专任教员	历史十四时，公民二时	160	
26	马寿山	男	28	河北栾城	国立师范大学史学系毕业（廿九年七月）	廿九年十二月	同	地理	200	

续表

号数	姓名	性别	年龄	籍贯	最后毕业学校院系及年月	到校年月	职务	任教科目及时间	月薪	备注
45	王凤鸣	男	32	绥远和林	北平朝阳大学法律系毕业（廿五年七月）	廿七年十一月	初中部主任		260	卅年八月党训班十六期毕业
54	李俊	男	35	绥远萨县	清华大学史学系毕业（廿六年七月）	同	初中部专任教员	历史	160	

中学教师人员表（3）

学校	姓名	性别	年龄	籍贯	学历	经历	职务	担任学科	每周教学时数	月薪	到校年月	备注
国立绥远中学	张淑良		41	绥远省丰镇县	师范大学史地系毕业	察省党部训练组织科主任及市党部执行委会□□专校训育主任、绥远第一中学教务主任、省政府地政研究委员，地政局秘书	校长	地理	8	300	廿九年十月	
	孙蔚章		34	绥远清水	山西大学中国文学系毕业	绥远教育厅科员	训育主任	同	10	240	廿八年八月	
	程维城		31	绥远归绥	师范大学国文系毕业	察省教育厅督导员，视察员，绥蒙指导长官公署主任，绥远省自卫军秘书	初中导师	历史	13	160	廿八年六月	

续表

学校	姓名	性别	年龄	籍贯	学历	经历	职务	担任学科	每周教学时数	月薪	到校年月	备注
中央大学师范学院附中	戴业绅(?)	女	30	广东新会	广州大学毕业	香港培德中学、礼传中学教员	教员	历史	18	150	卅一年四月	
	朱楚祺		34	安徽巢县	中央大学毕业	安徽省各中学教职员、湖南省立江沅群中学、香山女校等教员及军政部秘书职	导师	同	13	110	卅年二月	
	王隆业		26	安徽	中央大学地理系毕业		教员	地理	21	200	卅一年二月	
	孙云鸿		26	江苏	中央大学毕业	江苏公立南菁中学校长、国立西康巂实验中心学校校长、军政部教育部特设训政班教导主任、西昌委员会行辕特派员至少校干事	初中部主任	历史	9	240	同	
	王誉芳	女	32	安徽铜陵	中央大学教育系毕业	安徽省女中、女师、国立二中、九中等校教导主任、训育主任兼教员	教务组长兼教员	历史	6	180	卅年八月	
	郭子通		40	山东巨野	国立东南大学教育学士	中央大学助教、南京私立燕子矶小学、青木关中学校长	初中分部教导组长、导师兼教员	同	10	180	卅年十月	

续　表

学校	姓名	性别	年龄	籍贯	学历	经历	职务	担任学科	每周教学时数	月薪	到校年月	备注
	刘古德	女	34	江苏阜宁	中央大学毕业	徐州一中、安徽四中、女中、广西省立桂林女中、湖北省立武昌女职女教员及教导主任	导师	地理	14	150	卅一年二月	
	樊冠华	女	26	皖安庆	安大毕业	西康明德教学化学教员、教育部战区学生指导处会计班女导师	教员	化学历史	7	150	卅一年二月	
	孙蕙兰	女	28	皖怀宁	齐鲁大学毕业，齐鲁文学研究所研究生	女青年会干事、协和中学、资北中学史地教员	训育干事兼教员	地理	8	120	卅一年二月	
	蒋恭晟		39	浙江			教员	同	6	48	同	
	锺功甫		26	广东新会	中山大学毕业	中英庚款中国地理研究所助理员	同	同	16	180	卅一年四月	
	邰镇华		28	江苏	中央大学毕业	南开中学教员、中大附中初中部主任	教导主任	同		200	同	
	韩宗祥		27	江苏泰县	中央大学毕业	江苏泰县县立韩家洋小学校长、中大附中等校教员	事务组长兼历史教员	历史		180	卅一年二月	

续 表

学校	姓名	性别	年龄	籍贯	学历	经历	职务	担任学科	每周教学时数	月薪	到校年月	备注
国立女子师范学院附中	冯绳武		27	甘肃秦安	国立清华大学毕业	复旦大学史地系助教,国立七中分校地理教员	教员	地理	20	180	同	
	胡英楣	女	32	浙江	国立中央大学毕业	编译馆黄河志编纂六年,江苏省立松江女中教员	导师	历史	14	170	同	
	齐笑尘	女	36	河北高阳	国立北平师范大学史地系毕业	青岛圣功女中教员,北平市立女子二中历史教员,西安女中教员兼训导主任兼史地教员,直属第六保育院院长,十七中学女中分校教导主任						
国立西北师范学院附属中学	贾晰光		35	河北束鹿	北平师范大学史学系毕业		教员	历史	21	200	廿九年八月	
	屈履泰		26	河北衡水	北平师范大学史学系毕业		同	地理	10	92	廿九年八月	
	韩尧纲		30	河北束鹿	北平师范大学史学系毕业	西北大学地理系助教	教员	地理	6	58	廿九年八月	

续表

学校	姓名	性别	年龄	籍贯	学历	经历	职务	担任学科	每周教学时数	月薪	到校年月	备注
国立浙江大学附属中学	袁昭		29	湖北光华	北平师范大学史学系毕业		教员	地理	2	20	卅年十二月	
	邢腾龙		35	河北平山	北平师范大学毕业，中央军官学校第十四期毕业	河北南宫中学教导主任						
	沈自敏		25	浙江富阳	浙江大学史地系毕业		教员	历史	12	100	卅年八月	
	姚文琴	女	24	浙江杭县	浙江大学教育系毕业		教员兼级任导师	历史	8	110	廿九年八月	
	王道骅		32	浙江嘉善	中央大学地理系毕业	中大实中地理教员	教员兼级任导师	地理	18	170	廿九年八月	
交通大学唐山工学院兼办平越中学	赵宗庆		41	江苏	复旦大学毕业	唐院讲师	教员	史地	13	60	廿九年九月	

续表

学校	姓名	性别	年龄	籍贯	学历	经历	职务	担任学科	每周教学时数	月薪	到校年月	备注
国立侨民师范学校	潘忠民		33	皖怀宁	国立武汉大学毕业	福建省地方行政干部训练委员会组长兼政训团教员	主任导师兼级导师	地理	12	180	卅年九月	
国立茶峒师范学校	吕景贤		47	皖阜阳	国立武昌师范大学文史地部毕业	安徽阜阳县立中学教务主任，省立颍川师范及国立八中教员	教员	史地	15	190	卅一年二月	
国立梓潼师范学校	廉立桐		33	山东泗水	师范大学史学系毕业	山东省立寿张简易师范育主任	教务组长	史地	6	170	廿七年二月	
	高文敏		50	北平	北京高等师范毕业	山东省立第二乡建师范学校教员	导师	史地	16	200	廿七年二月	
	楚宪曾		34	山东菏泽	中央大学史学系毕业	山东省立文登简易乡师史地教员	导师	史地	16	200	廿七年二月	
	李婉咨	女	25	北平	国立北京大学史学系毕业	北碚兼善中学历史教员，文史杂志社助理编辑	级任导师	历史	14	180	卅一年五月	
国立女子师范学校	王景唐		45	江苏萧县	无锡国学专修院毕业	江苏铜山县立师范、江苏萧县教育局督学	导师	历史	12	120	卅一年三月	
	黄主一		34	四川岳池	国立成都大学肄业三年，北京大学国学研究所研究二年	湖北省立第二乡村师范、第四中学旅宜四川中学校教职员	导师	地理	20	190	卅年十月	

史地教育统计

目录

一、各校研究院所史地学部数(三十一年度第一学期)
二、史地各学系数(三十一年度第一学期)
三、史地各学系学生数(三十年度第一学期)
四、史地研究生数(三十年度第一学期)
五、历届史地各学系学生数(二十六年度至二十九年度)
六、大学独立学院史地各学系毕业生数(二十六年至二十九年)
七、史地教授副教授讲师助教统计表(三十年度)
八、各省公私立中等学校史地教师资格统计
九、国立中学史地教员资格统计

一、各校研究所史地学部数(三十一年度第一学期)

学　部	数目	学　　　　校
历史学部	六	西南联大　中山大学　金陵大学　燕京大学　辅仁大学　中央大学
史地学部	二	东北大学　浙江大学
文史学部	一	武汉大学
地理学部	一	中央大学
地质学部	一	西南联大
合　　计	十一	

二、史地各学系数(三十一年度第一学期)

院别	系别	数目	学校名称
文学院	哲学史学系	1	华西协合大学
文学院	文史学系	4	中法大学　河南大学　云南大学　中正大学
文学院	文史地系	3	震旦大学　华南女子文理学院　南华学院
文学院	历史政治系	1	岭南大学
文学院	历史地理系	7	暨南大学　浙江大学　四川大学　复旦大学　大同大学　广东文理学院　金陵女子文理学院
文学院	历史社会系	3	大夏大学　齐鲁大学　华中大学
文学院	历史学系	15	中央　西南联大　西北　中山　武汉　东北　厦门　贵州　山西　金陵　光华　燕京　辅仁　东吴　福建协合大学
理学院	地理学系	3	中央大学　中山大学　东北大学
理学院	地质学系	3	中央大学　中山大学　重庆大学
理学院	地质地理气象学系	1	西南联合大学
理学院	地质地理学系	1	西北大学
师范学院	史地学系	8	中央大学　西南联大　浙江大学　四川大学　师范学院　西北师范学院　女子师范学院　中山大学
	合　计	50	

三、史地各学系学生数(三十年度第一学期)

学系	学生数(大学)	学生数(独立学院)	合计
历史学系	六四八	二二	六七〇
历史社会学系	九二		九二
历史地理学系	九九	一二六	二三五
历史政治学系	五九		五九

续　表

学　　系	学生数（大学）	学生数（独立学院）	合计
文史地学系	三一		三一
文史学系	一八二	五六	二三八
哲学史学系	一九		一九
地理学系	八七	四	九一
博物地理学系	○	三	三
地质学系	一二三	○	一二三
地质地理气象学系	一○六		一○六
地质地理学系	五三		五三
师范学院史地系	一六四	二○○	三六四
一年级	三六	一五六	一九二
二年级	四七	七二	一一九
三年级	三四	四五	七九
四年级	四一	四五	八六
五年级	六	○	六
师范史地系第二部	四		四
合　　计	一八三一	七二九	二五六○

四、史地研究生数（三十年度第一学期）

学　部	研究生数	一年级	二年级	三年级	注
历史学部	四七	一五	一八	一四	燕京大学9　金陵大学1 中央大学2　西南联大4 辅仁大学18　其他3
地理学部	五	四	一	○	中央大学3 西南联大2
历史地理学部	一四	六	五	三	浙江大学14
合　　计	六六	二五	二四	一七	

五、史地各学系学生数（二十六年度至二十九年度）

	学　系	二十九年度	二十七年度	二十八年度	二十六年度
文学院	历史学系	六四八	五〇二	五二八	四三二
	历史社会学系	一五八	一九〇	三二二	一七四
	历史地理学系	一六八	一四〇	一四〇	一四九
	文史学系	一三九	一八六	一七六	一九九
	历史政治学系	四六	五二	四一	四八
	文史地系	三一	〇	三一	〇
法学院	政治历史学系	〇	〇	〇	八
理学院	博物地理系	〇	六〇	二九	九〇
	地理气象学系	九九	〇	〇	四八
	地质地理学系	五六	九八	一七四	〇
	地质学系	八六	六九	九五	七二
	地理学系	七	一〇〇	九二	一一七
师范学院	史地系	二七一	九四	一七六	〇
合　计		一七〇九	一四九一	一八〇四	一三三七

六、史地各学系毕业生数（二十六年度至二十九年度）

学　系	二十九年度	二十八年度	二十七年度	二十六年度
历史政治学系	7	8	0	18
文学系	15	29	36	65
史地学系	40	26	18	23
历史社会学系	15	63	24	41
历史学系	108	79	75	73
博物地理系	10	13	24	29
地质地理气象学系	22	27	0	19

续表

学系	二十九年度	二十八年度	二十七年度	二十六年度
地质地理学系	11	8	0	0
地质学系	8	24	30	9
地理学系	30	7	20	35
师范学院史地系	7	0	0	0
合计	273	284	293①	

七、史地教授副教授讲师助教数(三十年度)

学校	史				地			
	教授	副教授	讲师	助教	教授	副教授	讲师	助教
东北大学	六			一	四			一
复旦大学	五	一			三	一		
云南大学		一	四				一	
西北大学	三	二	三	一	三		四	二
四川大学	五		一	一				
山西大学	一		二					
大夏大学	二		二					
河南大学	二				一	一		
厦门大学	二	三						
中正大学	一				一			
暨南大学	一				一			
齐鲁大学	四	四				一		
国立师范学院	五	一			二			一
金陵女子文理学院	一		一	一				三
中法大学			一					
广东国民大学	一							
中山大学	六	一	二		二	三	一	三
中央大学	六			一	七		一	四
武汉大学	七			二	一			
金陵大学	二		一					

① 此栏(二十七年度)数据登录有缺失,各项相加与合计数不合。

续　表

学　校	史				地			
	教授	副教授	讲师	助教	教授	副教授	讲师	助教
浙江大学	一	一	四	二	五	一		
南华大学	二							
震旦大学	四							
女子师范学院	一		一				一	
贵州师范学院	一		一		一			
西北师范学院	二		三	一	四	一		
合　计	七六①	一八	二八	一一	三四	一一	八	十四

八、各省公私立中等学校史地教师资格统计（略）②

九、国立中学史地教员资格统计

资　格	地理教员人数	历史教员	史地教员	合计
大学未注系列	27	40	13	80
历史学系	4	14	9	27
地历学系	7	0	0	7
史地学系	7	2	4	13
外国大学卒业	0	2	0	2
大学硕士	0	1	0	1
公学卒业	0	0	2	2
特别训练	0	2	0	2
师范卒业	0	3	2	5
其　他	0	3	0	3
合　计	45	67	30	142

上表包括国立第一、二、三、四、五、六、七、八、十、十一、十二、十三、十四、十五、十六、十七、十八、东北，华侨一、二，绥远等二十一校，共史地教员一四二人。

---

① 此合计数与各校相加数不合，当有缺失，或为编者计算错误。
② 本统计表与前文《中等学校史地教员调查报告》表三"中等学校史地教师资格表"内容相同，此略。

附录

教育部史地教育委员会章程
1941年3月

第一条　本部为促进史地教育之发展起见,依修正教育部组织法第五条之规定,设置史地教育委员会(以下简称本委员会)。

第二条　本委员会之任务如下:
　　一、计划关于中国史地书籍之整理研究事项;
　　二、计划各级学校关于史地教学之改进事项;
　　三、审议各学校或团体关于史地学术之研究事项;
　　四、关于史学书籍及一般史地读物之编撰事项;
　　五、关于中国地理之调查研究事项;
　　六、其他有关史地教育之事项。

第三条　本会委员以左列人员充任之:
　　一、聘任委员:十五人至二十一人,由本部聘任之;
　　二、当然委员:本部司长三人、秘书一人、参事一人、国立编译馆馆长、教科用书编辑委员会主任委员为当然委员。

第四条　本委员会得应需要设置专门委员会。

第五条　本委员会设主任委员一人至三人,由部长于委员中指定之。

第六条　本委员会设秘书一人、编辑二人、干事二人,由本部委派或指定职员兼任之。

第七条　本委员会每半年开会一次,由部长主持,遇必要时得开临时会。

第八条　本委员会开会遇必要时,得请专家列席讨论。

第九条　本会委员除专任委员外,均为无给职,但外埠委员到会开会时得由部酌送旅费。

第十条　本会议决事项呈请部长采择施行。

第十一条　本章程自呈准公布之日施行。

(载《教育通讯》(汉口)三卷15期,1940年4月20日。另收入《中华民国史档案资料汇编》第5辑第2编"教育"(一),江苏古籍出版社1997年版)

史地教育委员会工作计划大纲

一、本委员会每半年开大会一次①,检讨过去工作情形,并以定将来工作之计划。

二、本委员会于二十九年五月以前召集第一次会议,详订工作方针及计划,并即聘派会内工作人员,开始工作。

三、本委员会先分设史学及地理两组,于第一次大会时决定应行整理编辑之中国史地书籍,由各委员或另聘专家进行整理及编辑工作。

四、本年十二月召集第二次大会,检讨关于整理编辑及其他一应工作。

五、三十年六月召集第三次大会,审核已经完成之稿件,并讨论下期进行整理编辑之书目。

六、三十年十二月召集第四次大会,会议事项如前。

七、编整完成之稿件,随时由专任委员依性质分送各委员审查。

八、本委员会工作每半年呈报部、次长一次。

(载《教育通讯》(汉口)三卷十五期,1940年4月20日)

---

① 按:此仅为初步计划,实际并未做到每半年一次会议。

教育部史地教育委员会工作近况

江应澄

教育部遵奉总裁"革命教育以史地教育为中心"之指示，特于二十九年四月间设立史地教育委员会。根据该会章程第二条之规定，该会任务有六：一为计画整理研究中国史地书籍，二为计画改进各级学校史地教学，三为审议各学校或团体史地教学研究，四为编撰史地书籍以及一般史地读物，五为调查研究中国地理，六为研究其他有关史地教育。半年以来，本此任务，并依照第一次全体委员会议决，分别进行如下：

（一）编辑《中国史学丛书》

其目的在运用科学方法，整理吾国史料，兼作大中学校之历史参考书，约分甲乙二辑：甲辑通史，分为(1)远古、(2)春秋战国、(3)秦汉、(4)魏晋与南北朝、(5)隋唐五代、(6)两宋辽金、(7)元、(8)明、(9)清及(10)现代十册，分请顾颉刚、黎东方、萧一山、郭廷以诸人编撰，各书务期于体例上冶纪传表志为一炉。于分章上，以时间为经，以空间为纬。所谓时间，即每一断代之再分期；所谓空间，即中央与地方、本国与四裔。于叙述之方法上，则以政治之演进为体，经济及知识之演进为用，平民之生活为背景，中心人物之事功与德业为主题。乙辑为文化史，略师《通典》《通志》《通考》之意，兼采甲辑编例，聘请专家撰述，分成下列诸专册：

(1) 民族构成史（朱延丰）   (2) 政治制度史（唐鸿烈）
(3) 政治思想史（萧公权）   (4) 国民经济及财政史（罗仲言）
(5) 社会史（方壮猷）   (6) 哲学史（唐君毅）
(7) 科学史（张资珙）   (8) 伦理思想史（张君劢）
(9) 经学史（张西堂）   (10) 美术史（滕固）
(11) 文学史（胡小石）   (12) 教育史（陈东原）
(13) 宗教史道教编（郭本道）   (14) 佛教篇（邓永龄）
(15) 回教篇（白寿彝）   (16) 公教篇（方豪）
(17) 基督教篇（刘廷芳）   (18) 文化交通史（向达）
(19) 水利史（许心武）   (20) 中国史学史（金毓黻）

(二) 编辑一般史地读物

内分(1)历代名人传记丛辑、(2)民族英雄传记丛辑、(3)中国先哲传记丛辑、(4)嘉言类钞丛辑、(5)经史译注丛辑、(6)游记丛辑、(7)风土记丛辑、(8)物产志丛辑、(9)边疆史地丛辑、(10)沿革地理丛辑十类。

第一类中,复分:(1)中国之哲学家,(2)中国之教育家,(3)中国之政治家,(4)中国之法律家,(5)中国之经济家,(6)中国之发明家,(7)中国之科学家,(8)中国之工艺家,(9)中国之艺术家,(10)中国之文学家,(11)中国之军事家等十一册。

第二类中,复分:(1)黄帝,(2)周公,(3)孙武,(4)吴起,(5)司马穰苴,(6)秦始皇,(7)汉武帝,(8)张骞,(9)马援,(10)班超,(11)诸葛亮,(12)唐太宗,(13)郭子仪、李光弼,(14)韩琦、范仲淹,(15)岳飞,(16)文天祥,(17)成吉思汗,(18)明太祖,(19)戚继光,(20)秦良玉,(21)史可法,(22)瞿式耜,(23)郑成功,(24)洪秀全等十四册。

第三类中,分为:(1)孔子,(2)墨子,(3)孟子,(4)董仲舒,(5)郑玄,(6)张衡,(7)刘知幾,(8)玄奘,(9)李白杜甫,(10)韩愈柳宗元,(11)周濂溪,(12)程颢、程颐,(13)王安石,(14)张载,(15)朱熹,(16)陆九渊,(17)王守仁,(18)顾亭林、黄宗羲,(19)王船山,(20)陆世仪、张履祥,(21)颜元,(22)戴震,(23)曾国藩等二十三册。

第四类中,分为:(1)孔孟嘉言类钞,(2)理学嘉言类钞,(3)文集嘉言类钞等六册。

第五类中,分为:(1)《论语》译注,(2)《孟子》译注,(3)《诗经》译注,(4)《左传》译注,(5)《礼记》译注,(6)《易经》译注,(7)《春秋公羊传》译注,(8)《国语》译注,(9)《书经》译注,(10)《战国策》译注等十册。

其他各类,尚未分册,现已进行编著者有:(1)罗根泽之《墨子传》《孟子传》《荀子传》,(2)黎锦熙之《周濂溪传》《张横渠传》,(3)卢美意之《朱熹传》,(4)高良佐之《伟大的国父》,(5)邬翰芳之《中国之地理学家》等八册。

(三) 编辑大学教本中国通史

编辑办法:分为甲、乙两种。甲种为集体之创作,全书分成十篇,每篇述一断代,由《中国史学丛书》甲辑之各册撰述人分任之,预期半年完成。乙种为单独之撰作,由会先行函请缪凤林、吕思勉、张荫麟等三人,各撰一部。另由黎东方先生就民生史观之观点,撰述中国历史通论一部,每一断代一篇,每篇四章,每章约万余字,合四十章,分四十周授毕。

(四) 修订中学史地课程标准

原有中学史地课程标准,乃系二十五年六月颁定,现因情势变迁,多不适用。此次修订,签注意见三十余条,已于二十九年九月选纳颁布。

(五) 评选中小学史地教科书

查现行中学史地教科书,向用传统之方法编辑,陈陈相因,取材颇嫌琐碎,以致教学方法亦受影响。今进行审查看,计有下列诸书:

1. 高小历史课本	范作乘编	中华
2. 高小地理课本	喻守真编	中华
3. 高小历史课本教学法	韩非木编	中华
4. 高小地理课本教学法	楼云林编	中华
5. 初中本国历史	姚绍华编	中华
6. 初中本国地理	葛绥成编	中华
7. 初中本国历史参考书	范作乘编	中华
8. 初中本国地理参考书	韩非木编	中华
9. 初中外国历史	卢文迪编	中华
10. 初中外国地理	葛绥成编	中华
11. 高中本国史	金兆梓编	中华
12. 高中外国史	金兆梓编	中华
13. 高中本国地理	葛绥成编	中华
14. 高中外国地理	丁绍桓编	中华
15. 建初本国史	应功九编	正中
16. 高中本国史	罗香林编	正中

除消极审订外,更积极订办法十条,重金公开征求初高中史地教科书。

(六) 编审影片剧本

(1) 函请国立戏剧专科学校编撰历史话剧两部,一以名将为中心,而一以学术家为中心,现正着手选编。

(2) 函请实验剧院编撰歌剧一部,剧名为《文天祥》。

（3）与社会教育司审制历史幻灯演片五部。

（4）与中央大学地理系、中国教育电影协会及中国电影制片厂合作摄制地理影片。拟先以四川为中心，分为四川概况、行都重庆、成都灌县、剑门川北、三峡川东、自流井盐、峨嵋嘉定、松潘草地八部摄制。

此外尚有问卷调查中学史地教学现况，推进大学史地学会组织诸端，兹不赘述。除此，该会尚附有以下之二室：

（1）抗战史料编辑室　二十九年六月间成立，负责整理编印抗战以后教育史料。

（2）十三经之注疏室　由顾颉刚先生主持，以阮刻十三经为蓝本，以其他古写本与单疏本辅之，增益校勘材料，先点疏文，后点注文，再点经文，期以五年完成。

至下年度新的工作计划，最重要者约有下列诸端：

甲　改进学校史地教育部分

一、大学方面

  1. 汇集各校历年史地课程之笔记讲义及参考书等，送请专家查核采用。
  2. 规定各校史地学系最低限度设备标准，指定专款分别予以补助，并拟从速绘制史地挂图，以便分送各校采用。
  3. 扩充大学之史地研究所并酌统筹研究事宜。
  4. 调查审核各校史地师资。

二、中等学校方面

  1. 举办有定期之中学史地师资进修训练。
  2. 协助编撰职业学校、师范学校史地课本以及乡土教材。
  3. 绘制中学应用史地图表。
  4. 联络有关学校，从事实际中等学校史地教材教法研究。

三、小学方面

  1. 编审民族中心小学历史教材，民生中心小学地理教材。
  2. 研究史地中心小学各科教材之编制法。

乙　社会史地教育

1. 编印史地教育季刊。
2. 举办有关史学学术演讲。
3. 编制史地中心音乐教材歌谱一部,中国历史幻灯演片一部。
4. 联络史地学术研究团体,举行联席会议,商讨史地学术推进事宜。

(载《教与学》(月刊)第 5 卷第 11、12 期合刊,1941 年 6 月 30 日)

教育部史地教育委员会函陈寅恪所附聘书

教育部史地教育委员会函附聘书(1943 年 7 月 16 日)

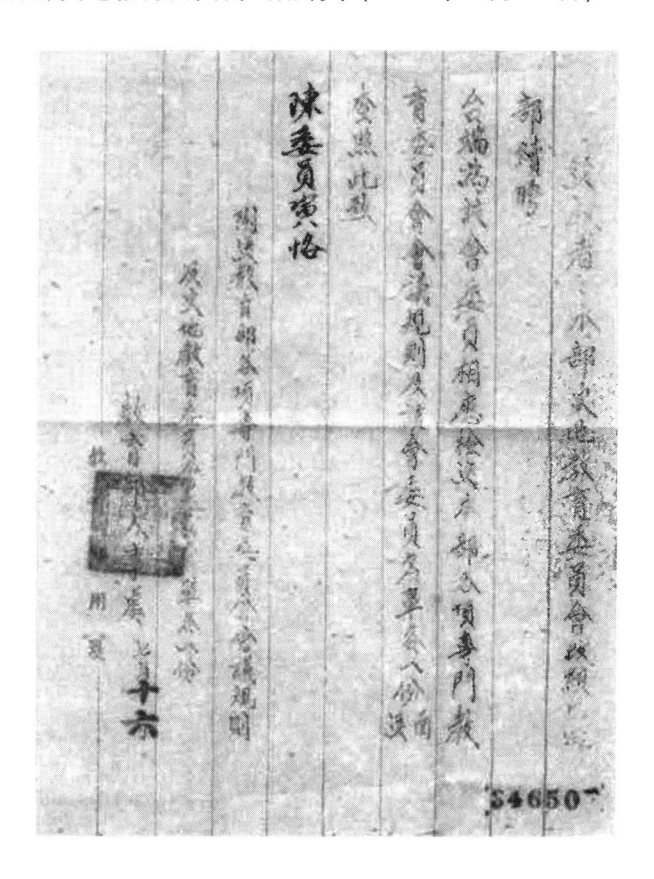

径启者：本部史地教育委员会议改组，已由部续聘台端为该会委员。相应检送本部各项专门教育委员会会议规则，及该会委员名单各一份，函达查照。此致陈委员寅恪。

附送教育部各项专门教育委员会会议规则，及史地教育委员会委员名单各一份。

教育部　人事处　七月十六日

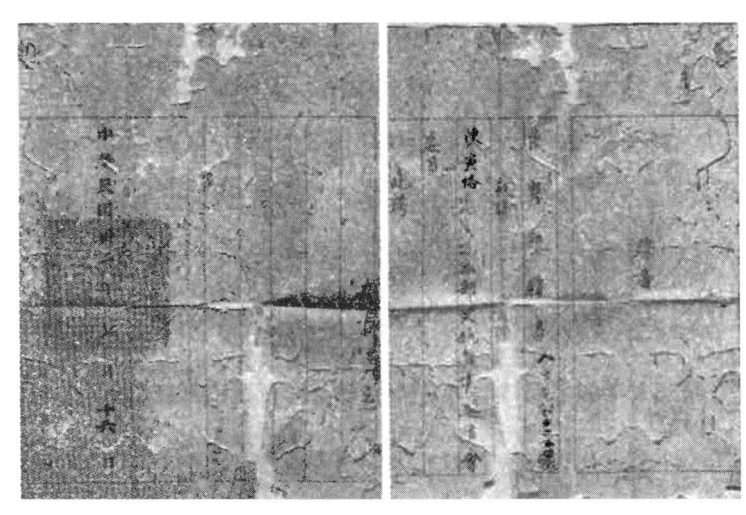

教育部聘书（人字第 34649 号）

敬聘
　　陈寅恪先生为本部史地教育委员会委员
　　　　此聘

部长：陈立夫
中国民国卅二年七月十六日
监印：左　仲
校对：韩幼珊

图书在版编目(CIP)数据

抗战时期教育部史地教育委员会史料汇编/胡逢祥编校. --上海：上海古籍出版社，2020.10
（中国近代史学文献丛刊）
ISBN 978-7-5325-9744-4

Ⅰ.①抗… Ⅱ.①胡… Ⅲ.①教育史-史料-汇编-中国-1937-1945 Ⅳ.①G529.5

中国版本图书馆 CIP 数据核字(2020)第 180207 号

中国近代史学文献丛刊
抗战时期教育部史地教育委员会史料汇编
胡逢祥 编校
上海古籍出版社出版发行
（上海瑞金二路 272 号 邮政编码 200020）
（1）网址：www.guji.com.cn
（2）E-mail：guji1@guji.com.cn
（3）易文网址：www.ewen.co
浙江新华数码印务有限公司印刷
开本 635×965 1/16 印张 24.25 插页 5 字数 350,000
2020 年 10 月第 1 版 2020 年 10 月第 1 次印刷
ISBN 978-7-5325-9744-4

K·2901 定价：108.00 元
如有质量问题，请与承印公司联系